中传学者文库编委会

主　任： 廖祥忠　张树庭
副主任： 蔺海波　李　众　刘守训　李新军　王　晖
　　　　　杨　懿　柴剑平

成　员（按姓氏笔画排序）：
　　　　　王廷信　王栋晗　王晓红　王　雷　文春英
　　　　　龙小农　付　龙　叶　龙　刘东建　刘剑波
　　　　　任孟山　李怀亮　李　舒　张绍华　张　晶
　　　　　张根兴　张毓强　林卫国　郑　月　金　炜
　　　　　金雪涛　周建新　庞　亮　赵新利　徐红梅
　　　　　贾秀清　高晓虹　隋　岩　喻　梅　熊澄宇

中传学者文库

1954-2024

主编／柴剑平　执行主编／龙小农　副主编／张毓强　周建新

走向"后受众"

刘燕南自选集

刘燕南 著

中国传媒大学出版社

·北京·

图书在版编目（CIP）数据

走向"后受众"：刘燕南自选集 / 刘燕南著. -- 北京：中国传媒大学出版社，2024.8.

（中传学者文库 / 柴剑平主编）.

ISBN 978-7-5657-3689-6

Ⅰ.G206.2-53

中国国家版本馆 CIP 数据核字第 2024VY7543 号

走向"后受众"：刘燕南自选集
ZOUXIANG "HOUSHOUZHONG": LIU YANNAN ZIXUANJI

著　　者	刘燕南
责任编辑	欧丽娜
封面设计	锋尚设计
责任印制	李志鹏

出版发行	中国传媒大学出版社			
社　　址	北京市朝阳区定福庄东街 1 号	邮　编	100024	
电　　话	86-10-65450528　65450532	传　真	65779405	
网　　址	http://cucp.cuc.edu.cn			
经　　销	全国新华书店			
印　　刷	北京中科印刷有限公司			
开　　本	710mm×1000mm　1/16			
印　　张	21.5			
字　　数	322 千字			
版　　次	2024 年 8 月第 1 版			
印　　次	2024 年 8 月第 1 次印刷			
书　　号	ISBN 978-7-5657-3689-6/G · 3689	定　价	99.00 元	

本社法律顾问：北京嘉润律师事务所　郭建平

总　序

　　媒介是人类社会交流和传播的基本工具。从口语时代到印刷时代，再经电子时代至今天的数智时代，媒介形态加速演变、融合程度深入发展，媒介已然成为现代社会运行的基础设施和操作系统。今天，人类已经迈入媒介社会，万物皆媒、人人皆媒，无媒介不社会、无传播不治理。今天，无论我们怎么用力于信息传播的研究、怎么重视信息传播人才的培养都不为过。

　　中国传媒大学（其前身为北京广播学院）作为新中国第一所信息传播类院校，自1954年创建伊始，即与媒介形态演变合律同拍、与国家发展同频共振，努力探索中国特色信息传播人才培养模式、构建中国信息传播类学科自主知识体系，执信息传播人才培养之牛耳、发信息传播研究之先声，被誉为"中国广播电视及传媒人才摇篮""信息传播领域知名学府"。

　　追溯中传肇始发轫之起源、瞩望中传砥砺跨越之未来，可谓创业维艰而其命维新。昔日中传因广播而起，因电视而兴，因网络而盛，今天和未来必乘风破浪、蓄势而上，因人工智能而强。在这期间，每一种媒介兴起，中传均吸引一批志于学、问于道、勤于术的

学者汇聚于此,切磋学术、传道授业,立时代之潮头,回应社会需求,成为学界翘楚、行业中坚,遂有今日中传学术研究之森然气象,已历七秩而弦歌不断,将传百世亦风华正茂。

自新时代以来,中传坚守为党育人、为国育才初心,励精图治、勠力前行,秉承"系统治理、创新图强、交叉融合、特色发展"的办学理念,牢牢把握高等教育发展大势、传媒业态发展趋势,瞄准"智能传媒"和"国际一流"两大主攻方向,以世界为坐标、以未来为向度,完成了全面布局和系统升级,正在蹄疾步稳、高质量推动学校从传统高等教育向未来高等教育跨越、从传统传媒教育向智能传媒教育跨越、从国内一流向世界一流跨越,全力建设中国特色、世界一流传媒大学。

中国特色、世界一流,在于有大先生扎根中国大地,汇聚古今、融通中外;在于有大先生执教黉门,学高为师、身正为范;在于有大先生躬耕杏坛,敦品积学、启智润心。习近平总书记更强调,高校教师要立志成为大先生,在教书育人和科研创新上不断创造新业绩。中传广大教师素来以做大先生为毕生职志,努力成为新时代"经师"与"人师"的统一者,做真学问、立高品行,践履"立德树人"使命。

2024岁在甲辰,欣逢中传建校70华诞,学校特邀约部分学者钩玄勒要、增删批阅,遴选已公开刊发的论文汇编成集,出版"中传学者文库",意在呈现学校在学科建设、科学研究、服务行业实践等方面的最新成果,赓续中传文脉,谱写时代新声。

文库汇聚老中青三代学者,资深学者渊渟岳峙、阐幽抉微;中年学者沉潜蓄势、厚积薄发;青年学者踌躇满志、未来可期。文库与五十周年校庆所出版的"北广学者文库"相承接,大致可勾勒中传知识生产薪火相传、三代辉映之概貌，反映中传在构建中国特色新闻传播类、传媒艺术类、传媒技术类学科体系、学术体系和话语体系方面的耕耘与收获，窥见中国特色信息传播类学科知识体系构建的发展脉络与轨迹。

这一构建过程，虽筚路蓝缕，却步履铿锵；虽垦荒拓野，亦四方辐辏。一批肇始于中传，交叉融合、具有中国特色的学科，如播音主持艺术学、广播电视艺术学、传媒艺术学、数字媒体艺术学、政治传播学等，从涓涓细流汇入滔滔江河，从中传走向全国，展现了中传学者构建中国自主知识体系的学术想象力和创新力。文库展示的虽然是历史，实则是呈现今天；看似是总结过去，实则是召唤未来。与其说这套文库的出版，是对既有学术成果的展示，毋宁说是对未来学术创新的邀约。

回首过往，七秩芳华。我们深知，唯有将马克思主义基本原理与中华优秀传统文化相结合，才能推动中华学术创造性转化和创新性发展，推动中国自主知识体系的构建。我们深知，唯有准确把握媒介形态演变的脉动、深刻认知媒介形态变革所产生的影响，才能推动中国信息传播类学科自主知识体系的构建与时俱进。

展望未来，星辰大海。我们深知，以人工智能为代表的产业和科技革命正迅疾而来，媒介生态正在加速重构，教育形态正在全面重塑，大学之使命与价值正在被重新定义；我们深知，唯有"胸怀国之大者"、面向世界科技前沿、面向经济主战场、面向国家重大需求，才能确保中传始终屹立于中国乃至世界传媒教育发展之潮头。

如何应对人工智能带来的深刻变革，对中传而言是一场要么"冲顶"、要么"灭顶"的"兴亡之战"。我们坚信，不管前方是雄关漫道，还是荆棘满途，唯有勇敢直面"教育强国，中传何为？"这一核

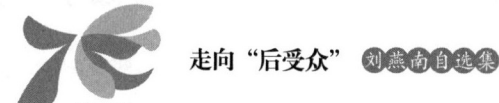

心命题，奋力书写"智能传媒教育，中传师生有为！"的精彩答卷，才能化危为机，奋力开创人工智能时代中传智能传媒教育新纪元。

功不唐捐，芳华七秩；风帆正举，赓续创新。

是为序。

第十四届全国政协委员，中国传媒大学党委书记、教授、博士生导师

序 言

编写自选集，在我看来，就像学术生涯中的一个时间闹铃，适时响起，提醒自己已经埋首走过一段不倦岁月，来到新节点；又像是打开一本研究经历的"合订本"，提点自己翻看曾经的文字，那些观点的前世今生。今年，欣逢中国传媒大学迎来70周年校庆，我有幸受邀加入"中传学者文库"项目，有机会藉此盘点学术成果，回望研究来路，这无疑是一次极有意义的"自我重访"。

光阴似箭，转眼间，我在中国传媒大学任教已有27年，学术生涯的大半时光都在这里度过。

1997年夏天，我从中国人民大学博士毕业来到中国传媒大学（时称北京广播学院）电视学院。其时，学院正策划推出"电视学系列教程"，从学科的完整性来看，还需要方法类内容。在主编的鼓励下，我自告奋勇申报了《电视传播研究方法》一书，想利用自身文理交叉的知识背景优势，结合我对电视的理解，做点创新尝试。1998年前后，学校申请博士点，刘继南校长组织出版一套传播学书系，鼓励大家报选题。时值电视业市场转型风头正劲，人们对于新的收视率机制既好奇又不解，需求很是迫切。我考虑到方法一书的成熟仍需时日，便将其中的收视率部分抽取出来，重新架构，加强系统性和深度，单独成书，题名《电视收视率解析》。收视率虽然是引进的，但是落地中国，不是也不可能是简单的"模仿秀"，我国电

视实践中关于收视率指标和机制的分析应用,有相当一部分是基于国情的创新。中国新闻理论大家、我的导师甘惜分先生专门为这本书撰写了序言:"研究电视收视率是每一位电视工作者的责任。"

这段经历,成为我结合实际思考问题和从事研究的一个契机,也使我的教研生涯由此开始了三个转向:一是从报纸转向电视;二是从偏传播和内容转向关注"受众—效果";三是从偏理论转向关注"理论—实践—方法"的结合,注重应用研究,尤其是后者。

我从事应用传播尤其是受众和效果研究多年,主持这个专业方向将近二十载,深切感受到,这是一个响应实践需求,研究见诸实践,并时常要经受实践拷问的领域。它不是纯粹的、一个人的案头学术,而常常是复杂的、一群人的"地头"探究。换言之,它需要走进行业一线,与受众为伍,与数据相伴,与需求对接,尤其是与各种各样的问题"零距离"。在我主持开展的70余项课题中,有一大半是来自管理部门、广电传媒、调研机构、广告公司、网络平台等委托的横向项目,它们不仅与行业实践密切关联,而且大都从问题出发,有着鲜明的问题导向。

传播学原本就是一个应用性极强的学科,发现、分析和解决问题,是实现其应用价值的题中应有之义。

问题就是刺激,有问题就有疼痛,它来自社会、行业、个人敏感的末梢神经。在实践中捕捉这种痛感,不麻木、不回避、不懈怠,适时回应,这是传播研究者的职责所在。当然,传媒转型和融合发展矛盾丛生,许多问题有着复杂的经纬。例如数据污染、收视率之争,纷纷扰扰,看上去是技术和市场争端,其实背后是关于行业秩序、竞争机制、意识形态乃至体制与市场关系如何重构之争。对于前者,我们以科学方法和行业规范去对接,反对"把孩子和洗澡水一同泼掉";而对某些深层次问题,受制于特定时空,常常只能浅尝辄止,或者暂时无解,痛感尤甚,但这并不意味着放弃、放弃思考,也不意味着不去触碰实际问题。还有一些因新媒体发展带来的前沿课题，如跨屏测量、融媒评估等，基本上没有现成的答案，也鲜少理论或案例可循。面对挑战，以创新求突破，则是应对前沿课题正确的打开方式。

时常有人质疑，一些学者乐于呈现事实，展开批判，或热衷于高深的理论讨论，却很少解决实际问题。空谈理论和不切实际，或有可批评之处，然而，应用研究同样离不开理论指导，两者并不对立。解决实际问题是应用研究追求的高标准，却不是唯一标准；发现问题，并加以分析或批判，是解决问题的基本前提；即使是在设计图而非施工图的意义上，应用研究也有其价值。

事实上，面向实际的应用研究，大都是在与各种边界条件和约束变量的博弈中"解决问题"，知易行难。以我所在的受众研究中心多年研究的传播效果评估为例，从单一指标评估，到综合多指标的系统评估，再到融合新旧媒体等多维度、多要素的综合性评估体系的建构，这里既有融媒战略的推动，也有品质与市场、社会效益与经济效益等因素的博弈，遵循的是中国式实践逻辑而非纯粹的专业逻辑。在实践中，评估方案及其实施，时常会受到来自管理、市场、技术、资源和时间等因素的影响，需要不断协调这些因素之间的关系，平衡各方权重，而不被这些因素所击穿。

任何学术进步都需要对话，应用研究也一样。除了与学术共同体对话外，应用研究更要时刻保持与行业实践的对话能力，而回应问题，不啻是保持并强化这一能力的有效途径。十几年来，我们与包括中央广播电视总台、北京台在内的十几家电视台（频道）和网信办等机构合作开展研究，比如我们与央视中文国际频道合作，连续十年开展海外华语受众年度调查，这项调查也是我国国际传媒中持续时间最长、专业性最强、内容最丰富的一项国际受众调查。如今，技术创新加速，带来更多实践的压力和研究的不确定性。不确

定是数智时代的一个显著特征，有太多的未知等待探索。要在不确定中寻求确定性，不断拓展破圈的边界，加强沟通和对话很有必要。因为，对话的本意就是为解决问题提供可能。

在学术研究的所有对话中，最重要的对话，或许不是与行业、与学术共同体的对话，而是研究者的自我对话。"思想无羁，落笔有痕"，将无羁的思想落笔为有说服力的文字，除了丰富思想和擅长表达外，还有赖主我和宾我之间更全面深入的交流。

这本自选集可谓是一本自我对话的产物。全书分为受众篇、评估篇、融合篇三部分。受众篇聚焦受众和"后受众"分析、视听率测量和华裔新生代研究；评估篇探讨传播效果评估体系的建构；融合篇围绕数字出版、后真相、媒介融合和国际传播研究的知识生态等问题展开。由于字数限制，有些论文未能入选，只能忍痛割爱。对于所选论文，我未做大的调整，基本保持原貌，希望体现内容的客观性和时代性，也如实反映对事物认识的历史阶段性。

从受众到"后受众"是一个历史性过程，反映受众演进的必然，也是本书诸篇论文的共同底色。"后受众"是鉴于目前受众动态和媒介生态而提出的一个新概念，力图涵盖从受众到用户这种历时性变迁又共时性并存的不同群体，以及同一群体不同样貌的变化图景。

走向"后受众"则是一个兼具媒介演进、受众变迁和社会变革意义的时代命题。自选集以此命名，一方面力图反映书中内容的背景脉络和论述基调，另一方面希望以一种面向未来的目光，回溯既往，拥抱未知，体现研究的开放性、包容性和进步感。这样的重访，便多了一些审视，多了一些反思，也多了一些从容和展望。

刘燕南
2024年8月于中国传媒大学

受众篇

从"受众"到"后受众":媒介演进与受众变迁 ·········· 003
数字时代的受众分析
　　——《注意力市场》解读与思考 ·········· 016
跨屏受众收视行为测量:现状、问题及探讨 ·········· 028
市场货币的重构:美国跨屏受众测量的进展与思考 ·········· 045
收视率调研的中国景观:技术、市场与意识形态
　　——对电视从业者四次调查结果的纵向梳理与思考 ·········· 065
再谈收视率造假:缘起、技术与监管 ·········· 077
《受众分析》:解读与思考 ·········· 089
麦奎尔学术背景探源:评《受众分析》 ·········· 103
华裔新生代受众的三维建构:媒介时空、代际关系、身份认同
　　——基于华语电视国际传播的新思考 ·········· 118

评估篇

国际传播效果评估指标体系建构:框架、方法与问题 ·········· 135

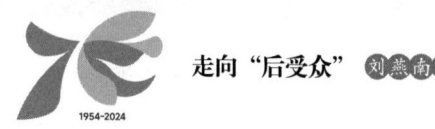

内容力·传播力·互动力
　　——电视节目跨屏传播效果评估体系创新研究 …… 152
电视评估体系的顶层设计与基层实践
　　——来自电视台一线的报告及思考 ………………… 170
电视评估：公共电视 vs 商业电视
　　——英美及我国台湾地区的经验与思考 …………… 184
再谈节目评估：反思、借鉴与探讨 …………………… 197
城市文化网络传播效果评估指标体系研究 …………… 211

融合篇

中国国际传播研究的议题变迁、知识生态和共同体建构 …… 229
融合视角下的出版概念辨析与展望 …………………… 255
"后真相"的理论谱系与现实反思 ……………………… 266
电视节目"多维组合"分类法及其编码设计 …………… 282
公共广播体制下的市场结构调整：韩国个案 ………… 298
转型：在变与不变之间
　　——全球化背景下公共广播的发展及思考 ………… 317

受众篇

从"受众"到"后受众":媒介演进与受众变迁*

受众形态,受众与媒介之间的关系互动,是表征受众生态的两大指标。互联网发展到今天,其对社会发展的撬动作用,可谓深刻而巨大。媒介(网络新媒介)被认为是一种技术社会系统,兼有技术与社会双重意涵,通过技术层面的产品影响社会层面的人类行为。①媒介作为技术社会系统的观点,帮助我们在思考受众生态问题时,从历史与现实、社会与媒介等维度出发,在互联网大背景下,聚焦"媒介—受众"框架,重新认识受众,对媒介与受众的关系进行再探讨。

按照美国传播学者保罗·莱文森(Paul Levinson)的说法,媒介演进遵循两大规律:一是人性化趋势,一是补救性媒介。前者指技术的发展,是在不断模仿、复制人们的认知模式和感知模式;后者则表明人类在媒介演进中进行的理性选择,任何后续媒介都是一种补救措施,是对以往某一媒介功能的补救或补偿。②莱文森从人性和功能两个维度,将受众与媒介相勾连,阐释了媒介发展的内在动力,即通过功能拓展和优化,不断适配受众的生理和心理特性,不断适应受众的需求,提升媒介效力。

---

* 本文原载于《新闻与写作》2019年第3期,系中国传媒大学"双一流"学科建设项目"融媒体前沿创新研究"(项目编号:YLTS180505)的成果之一。
① 福克斯.社交媒体批判导言[M].赵文丹,译.北京:中国传媒大学出版社,2018:38.
② 莱文森.软利器:信息革命的自然历史与未来[M].何道宽,译.上海:复旦大学出版社,2011:3.

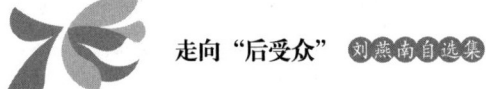

目前正紧锣密鼓进行的媒介融合，是传统媒介的数字化转型升级，其实质是传统媒介的互联网化。在我国，媒介融合经由行政力量的强力推动，已经成为传媒界的重中之重。然而，除去行政力量这一外源性因素之外，媒介融合还有其内生性动因，即由技术创新和受众需求所主导的一面。媒介融合的目标，无论是传播力、引导力、影响力和公信力的建立，还是新型主流媒体集团的建设，均无不围绕覆盖、影响、引导和取信于受众进行，无不与建构新型传受关系相关联。媒介融合并非新旧媒介的简单捏合，也远非"你中有我、我中有你""你就是我、我就是你"这种从相加到相融的渐变模式所能概括，因为最后的"你"和"我"，都有可能变成了一个"他"。这个"他"是什么，需要打开想象力。"他"可能既不是你也不是我，或是兼有你我，又超越你我，变成了一个全新的互联网新生物。当然，无论是怎样的想象力，外源性因素的作用都不可能替代内生性的遵循媒介发展内在规律的要求。媒介融合有必要性，更有必然性。更好地连接、匹配、赋权、激活受众，是媒介融合的根本方向。

互联网的发展，经历了从Web1.0到Web2.0的迭代更新，网络新媒介从早期的门户网站，向内容平台、社交平台、分发平台、综合性服务平台的方向嬗变，新的"功能模块"被不断创新和开发出来。媒介的发展呈现出一些新的趋向：媒介功能的多元聚合和破维生成，平台化走势明显；内容分发从传播环节细分出来，成为整个传播链条的关键；手机小屏成为受众使用媒介的主要入口；传播日益智能化、交互化、移动化。所有新媒介的目标，都是在为打通、优化、变现与受众连接的"最后一公里"而努力；而连接受众，不只是弥合时空上的距离，也是适应心理上的需求，以及消弭传受之间的角色差异。

网络媒介的演进，不仅改变着受众，也改变着受众生态。这些改变有些属于世界趋势，有些属于中国特色。它打开了受众与媒介互动的多维空间，促使我们深入到媒介与受众关系的细部，从平台与受众、信息与受众、终端与受众等多个维度，考察受众问题。

一、"后受众": 变化中的媒介与受众

现代意义上的受众（audience），又称为大众受众（mass audience），是与大众传播（mass communication）相对应的一个集合体，也是大众传播语境下的一个概念。受众指的是传播中信息的接收者，是读者、听众、观众的统称。

回溯历史，受众的产生可以追溯至古代现场观看体育竞技、公共戏剧与音乐表演的观众，以及聆听演讲的听众，古希腊古罗马时期的城邦观众是其原始雏形。[1] 15 世纪印刷品的出现，催生了最早的一批媒介受众——阅读公众，但他们并非真正意义上的大众受众，而是部分有闲有钱有文化阶层。19 世纪大众化报刊的出现，开启了大众传播时代的序幕。电影的发明和影院批量拷贝式放映方式的出现，使得千百万人能够分享相同的、非现场性的、经媒介传播的信息和情感，大众受众（mass audience）开始登场。到 20 世纪中期广播电视的发明和普及，受众身份第一次与收音机、电视机等技术手段的拥有相联系，共时性信息接收行为开始出现，大众受众从属性、规模、构成上被进一步定格化。

大众和受众，分别来自社会学和传播学两种不同的话语体系。大众或受众的形成，与 19 世纪以来工业化和城市化的发展、交通运输的发达、信息传播的普及、人们识字率的提升，均密切相关。大众具有分散性、匿名性和无根性的特点，既非有一定组织性的群体，亦非有政治自觉意识的公众；与受众一样，不仅人数众多、分布广泛、层次参差、流动松散，而且缺乏自为意识和自我认同，也缺乏组织性和功能性。从大众社会理论的视角，"大众传播的受众无疑就是大众本身，受众具备大众的一切特点。"[2] 大众与受众在大众传播时代相勾连，形成今天人们所熟悉的大众受众。大众受众是社会发展和大众传播的伴生物。

---

[1] 麦奎尔.受众分析[M].刘燕南，李颖，杨振荣，译.北京：中国人民大学出版社，2006：3.
[2] 郭庆光.传播学教程[M].北京：中国人民大学出版社，1999：172.

互联网时代，网络媒介的多功能平台化发展，使得受众向用户的嬗变日益明显。"互联网＋"平台上，搭载着从门户网站到内容生产、重组、分发以及社交等多种功能。门户网站融汇所有传播符号，提供菜单式内容服务；内容平台提供专业性 PGC 和非专业性 UGC 等产品；社交平台的强弱连接和互动关系建构；信息分发从传统的中心式走向社交式和智能式……，新媒介向多功能平台化方向发展，不再囿限于既有的媒介或平台，而是向所有内容和服务敞开大门，并不断衍生出更适配受众特性和需求的新功能，媒介也因此变得"不仅可读、可听、可看，还可用、可玩"①。

媒介多功能平台化发展是一个动态过程，不同功能平台模式并存或嵌套，每一种模式的出现都反映了网络媒介发展的不同阶段，也反映了媒介平台化的演进历史。这个过程，也是赋予受众更多能动性和自主权的过程。受众从被动的信息接受者到主动的点餐者，从进行内容生产和传播的"受传者"到社交互动的参与者和多种服务的使用者，大众受众的单一面目被新的受众/用户样貌所迭代和丰富，与媒介多元而复杂的关联，使其自身面目也逐渐多元化和复杂化。

关于互联网时代的受众，有各种不同的称谓。有网民、网众，也有创造性受众（卡斯特尔语），更多的是与用户相关的合成词，旨在从使用者的意义上，重新定义受众。比如，观看用户（viewser），意指电视观众兼手机或网络内容的使用者；生产用户（produser），特指参与维基百科或 Youtuber 内容生产的用户，等等。②对"用户"一词的偏好，与互联网语境有关，与媒介从内容生产、互动社交、分发传播到综合性服务的平台化发展也密切相关，一个"用"字，翻转了受众的被动角色，将其自主和能动的一面展现无遗，也隐含

---

① 谭天. 媒介平台论 [M]. 北京：中国人民大学出版社，2016：5.

② HARRIS D. Watching the Internet [M]//The new media Book. London：British Film Institute，2002.

　BRUNS A. Blogs, Wikipedia, second life, and beyond: from production to produsage [M]. New York: Peter Lang, 2008.

　转引自：张雪静. 媒介融合视域下跨屏受众行为及影响因素研究 [D]. 北京：中国传媒大学，2018：30.

了为其提供用武空间的平台背景。

然而，用户只是网络时代受众演变中新的角色之一，不能完全反映受众特征，也不能代表受众角色的全部。互联网发展到今天，新旧媒介此长彼消，但是传统大众媒介并未退场，亦未被新媒介所完全覆盖，而是新旧并存，新媒介本身也在不断迭代更新。迭代并不意味着完全替代或取而代之，更多的是补偿递进。

当下媒介同时进行着三种传播（或分发）——大众传播、小众传播和非众传播：面对大众，进行中心式分发；面对小众或分众，进行社交式分发；面对非众或个人，进行个性化智能分发。即使作为新媒介的门户网站，其也仍然具有传统的中心式编辑分发的特点，所面对的点餐式受众，距离大众受众，并不遥远。受众在不同分发模式和不同平台上扮演不同的角色，甚至在同一平台上扮演多种角色。无论受众也好，用户也罢，都难以全面、完整地表达和概括这个日益复杂而多面的主体。

丹尼斯·麦奎尔曾经坚持认为，在传统大众媒介与网络新媒介并存的当下，相当多的人仍然出于传统的目的，以传统的意识、传统的方式来使用新媒介，旧有的传受模式和受众形态仍会延续，"只要'大众媒介'依然存在，关于受众的传统含义和传统现实，也将继续存在并且仍然适宜"[①]。当人们奋力追赶新媒介时，传统大众媒介的影响可能被低估了；当人们普遍谈论用户时，传统大众受众也可能被忽视了。然而今天，网络新媒介的平台化、智能化、交互式发展，推动着媒介功能的全能化，媒介竞争的主场已经开始从传统大众媒介向数智新媒介转移，受众已经非传统意义上单一的大众受众，受众内涵的丰富，需要新的诠释和表达。

今天媒介所面对的受众，既非真正传统意义上的大众受众，或传播意义上的受众，也非全然商品和服务意义上的使用者，或互联网语境下的用户，而是"后受众时代"的新主体。"后受众"，超越了单纯的受众或用户意味，

---

① 麦奎尔.受众分析［M］.刘燕南，李颖，杨振荣，译.北京：中国人民大学出版社，2006：176.

比受众，多一分丰富和时代感；比用户，更具全面性和概括力。后受众是一个构成多元、属性多重、身份多样、功能复杂的群体。其特征是：（1）从传播面向的角度，包括大众、小众、非众三类主体；（2）从传受关系的角度，具备由受到传的功能，是"受—传"者或"产—消"者；（3）从行为身份的角度，由信息的传受者，扩大为各种服务的使用者或参与者。

"后受众"是鉴于目前受众动态和媒介生态而提出的一个新概念，确切地说，这是一个兼容性的群体或（主体）和生态概念，力图涵盖从受众到用户这种历时性变迁而又共时性并存的不同群体，以及同一群体不同样貌的变化图谱。虽然人们身份各异，扮演不同角色，发挥不同功能，但是在媒介与社会演变的维度上，他们是共在的。这个时代还没有从大众受众整体性地、无差别地一步跨越到用户阶段，而是共时性地嵌入了大众受众的解构与新媒介用户的建构这个双向过程，是受众演进和用户迭代的现在进行时。传统的大众与小众、非众这"三众"传播相激互构；受众与媒介的关系，从单纯的接触模式主导，向以受众的自主选择、能动参与、内容创新为特征的"后接触模式"转型；决定注意力规模和走向的，不再只是大众传播的中心式辐射力，而是包括受众/用户参与的多元传播力量的共谋与互动。显然，单纯用受众或用户都不足以涵盖这样一种群体和生态。

或许考虑到术语使用的一致性、延续性和共享性，在未出现更为人们所公认的概念之前，我们仍然可以继续使用"受众"一词。其实，是否采用新术语或者采用什么样的新术语，并不重要；重要的是，要理解"受众"中所包含的"后受众"的新内涵。后受众不意味着无受众，后受众时代还留存着许多受众的特点，只是已处于剧烈的嬗变之中。总之，受众的自主性和能动性在不断增强，相应的受众生态也在发生改变。

二、社交分发与圈层受众

内容分发大体分为中心式分发（又称编辑分发）、社交分发、智能分发三类。网络技术的支撑，使得内容分发从传统的相对虚泛的传播环节中分解出来，独立于内容生产，落实到真正与受众的连接上，成为适配受众和最具变现能力的环节，因为，它离受众最近。

社交分发是依托社交媒体平台，如微信、微博等，向特定受众群进行的信息分发。社交分发与智能分发一样，都是互联网时代具有标志性意义的创新。

社交媒体（如社交网站、微博、微信、博客等）作为一种关系平台，通过信息、交流、分享、协同等方式建构其社会性[1]，与受众形成协同共生关系。社交媒体又被称为网络辅助器和网络增强剂，能促进社会价值的连通[2]，在为用户赋权和提供交流时空的同时，自身也获得或有形或无形的收益。比如，微信App下载量超过10亿，日活用户超过9亿[3]，几乎每位下载了微信的用户，每天都会打开微信至少一次，用户黏性高，吸引的注意力甚巨，这是微信社交的一大特征。另外，社交用户在交流、分享的过程中，有可能产生一定的协同性，这意味着社交用户能够形成一定的组织性和功能性群体，这与一盘散沙式的、缺乏自为意识和组织性的大众受众，形成鲜明对比。

社交式分发所面向的受众，是小众或分众，又叫圈层受众，是通过受众之间的强连接或弱连接而形成的具有相同或相似的属性、经历、偏好和价值观等的群体（例如在微信平台上，以朋友圈、微信群、订阅号、看一看等为入口形成的用户群）。其特点是：大众传播中被遮蔽的小众和个体，在社交式分发的开放性网状结构中，成为内容生产—分发—消费的能动主体或节点；他们在虚拟空间里进行的关注、建群和订阅等活动，建构出对自身社会关系的真实感知；信息把关的权力部分下沉，除了社交平台的过滤把关外，主要由社交用户自主把控；被大众传播所忽略的个体之间的相互作用，社交平台上的阅读、点赞、转发、评论等行为，成为影响信息流的关键因素。

---

[1] 福克斯.社交媒体批判导言[M].赵文丹,译.北京：中国传媒大学出版社，2018：6.
[2] 福克斯.社交媒体批判导言[M].赵文丹,译.北京：中国传媒大学出版社，2018：36.
[3] 微信日活用户超9亿，QQ日活仅5亿，为什么微信功能还没QQ强大？[EB/OL].（2018-02-08）[2018-06-15]. https://baijiahao.baidu.com/s?id=1591817492802226585&wfr=spider&for=pc.

社交式分发的优势是：（1）分享性好。依托受众关系网过滤和分发信息，基本适应圈层受众的偏好和需求，能够覆盖较大的可响应人群。（2）卷入度深。圈层受众之间"有话可说"的概率较大，相互讨论和争议会激发受众用心参与，并衍生出新话题乃至新热点，吸引受众深度卷入。（3）完成度高。相同或相似的属性和倾向，容易引发兴趣共鸣和喜好共振，推动受众完整阅读或收看。

以某部环保纪录片为例，笔者曾经在一个超百人的研究生课堂上做过一项非正式调查（不一定有代表性，权作参考），结果发现，在90%以上观看过这部片子的观众中，有80%以上是通过微信朋友圈和微信群收看的，其中将近80%的人从头看到尾，完整收看了这部长达100多分钟的纪录片。社交分发覆盖好，收视完成度高，因为有朋友和熟人的加持，他们的点赞、转发、评论，推动收看者深度卷入，并参与到互动中。圈层受众传播，搭载在友情、亲情、侪情、乡情之上，它寻求的是共情和共鸣，这是一种更深层次的抵达。

圈层受众的社交分发，有利有弊。以微信为例，社交分发是基于"物以类聚，人以群分"的"人脑算法"进行，在精准匹配和分发效力方面，与智能个性化分发机制仍有一定距离。圈层受众以自身关系网进行信息把关和过滤，难免人员参差、信息品质良莠不齐，稍有不慎，容易损害人与人之间的信任，侵蚀社交关系的根基。另外，社交分发存在人为屏障，隔离了圈层之外的信息流，一定程度上排除或减少了异类或异质声音，可能导致对固有偏好和观点的强化。

三、智能推荐与闭环受众

基于算法的智能推荐或分发，是根据受众兴趣和需求进行的个性化推荐或分发。在无限接近受众、打通连接受众的"最后一公里"方面，它走在了所有传统媒介和新媒介的前面。一些新兴的分发平台不生产内容，只做内容的搬运工，但是在内容分发环节所获得的效益和影响力，超过绝大多数内容生产机构。

所谓智能式分发，是指运用算法、数据挖掘和机器学习等技术，通过对受众/用户网络行为（搜索、点击、订阅、停留时长等）的持续监测和对数据的动态挖掘，勾画用户的兴趣图谱，对用户特征进行画像，且不断优化；同时，聚合全网内容资讯，对所有内容进行特征分析和关键词标引，然后根据用户画像，将内容与用户精准匹配，推荐与用户相匹配的、认为用户会喜好或感兴趣的内容。①

智能式分发的运行核心，是一套由代码搭建而成的机器算法。它所面对的是非众，即活生生的个人（或自我），是真实存在的、有差别的个体，而不是大众或小众、那些面目模糊或者标签化的群体。这是智能式分发不同于传统的中心式分发，同时也区别于新兴的社交式分发的根本之处。

如果说技术创新、数据驱动、受众需求是媒介发展的三大动力，则智能式分发凭借网络技术的支撑，以及数据算法的强有力支持，对受众需求进行一对一的个性化满足，做到千人千面，而非千人一面，较好地实现了技术、数据、受众三者的内在统一。

然而，智能式分发容易产生闭环效应，将受众套进"分发—反馈—再分发"的闭环，使受众无意识中成为闭环受众。这背后起作用的，正是所谓的"受众信息机制"，又被称为"用户信息机制"②——一种同时提供受众/用户的效果信息和受众/用户上网服务的机制。

传统受众反馈的特点是，只提供基于受众群体的效果反馈信息，为市场机构服务，不提供媒介接触服务，只是一种"市场信息机制"③。比如，传统的受众测量（如收视率测量）就是典型的"市场信息机制"。它一边测量受众群体的收视行为，一边监测节目播出，两者按时间点进行匹配，最终产出收视

---

① 张维宁，李梦军.今日头条：继BAT之后的"超级玩家"[J].清华管理评论，2017（6）：95-105.
② 参见詹姆斯·韦伯斯特.注意力市场：如何吸引数字时代的受众[M].郭石磊，译.北京：中国人民大学出版社，2017：78.
③ 市场信息机制，指为媒介市场各方提供市场信息的机制。
詹姆斯·韦伯斯特.注意力市场：如何吸引数字时代的受众[M].郭石磊，译.北京：中国人民大学出版社，2017：40.

率数据,将数据传给电视台,反馈到此为止。后续电视台根据收视率进行传播调整,是下一步的工作。中间的时间间隔,短则一天,长则两周,时间差明显,此其一。其二,传统受众测量反映的是抽象的群体特征,如受众群构成、性别、年龄、文化程度分布等,而非观众的个体面貌;是集体照,而非单人照。其三,受众与内容的对应仅仅局限于效果测量阶段,只是完成了从传播到效果确认的线性过程,不关注也不帮助受众对媒介再接触。这种"测量—反馈"机制是单向而简略的,在时效性、精准性和针对性上都存在不足。

智能分发则不同。它不仅监测用户的网络行为,了解受众的内容偏好,确认用户与内容的特征,并且勾连两者,得出效果数据。但是,它并不止于效果反馈,而是紧接着向用户推送与之相匹配的内容,帮助人们接触媒介内容,"监测—匹配—推荐—再监测—再匹配—再推荐"的循环,几乎以零时间差不断转换,持续往复,灵敏高效。

智能分发被视为一把双刃剑,它将同类或同质信息周而复始地向用户推荐,将受众封锁在一个闭环当中,久而久之这个闭环就会变得越来越狭窄,"躲进小楼成一统",容易导致所谓的"信息茧房"效应。虽然"信息茧房"这个比喻性假说,目前还缺乏全面科学的实证支持,但在当前这个信息供给以超链接、跨时空、多嵌套等方式无比丰富和多元的网络时代,人们的信息行为是否一定会局限于所谓的"茧房",仍有不少可探讨的空间。

对受众来说,个性化推荐是上门服务,将信息送到眼前,从"人找信息"到"信息找人",大大降低了信息获取成本。然而,在这个为受众提供了更多选择、让他们自主寻找(拉取)媒体的数字时代,受众却越来越依赖各种推荐机制来消费内容,这似乎又是在强化推送媒体的特征。推荐机制让受众在无意识中被把握、被"算计",这不能不说是另一种意义上"受众的困境"[1]。他们的能动性,有可能从主动搜索、自主关注、能动接触,退回到被动状态,退回到传统大众传播下的接受状态。

如果说社交分发是受众能动性的一种发挥机制,智能分发则几乎是对受

---

[1] 刘燕南.数字时代的受众分析[J].国际新闻界,2017(3):167–176.

众自主性和能动性要求的某种反噬。

四、小屏主场与屏端受众

媒介竞争正从电视大屏向电脑中屏和手机小屏迁移,屏端尤其是移动小屏逐渐成为竞争的主赛场。凯文·凯利在《必然》一书中曾经指出:"我们已经成为屏之民,屏端构成了新的媒介生态系统。"① 从言语之民到书籍之民,再到屏幕之民,受众从纸媒向屏媒凝聚。在智能手机日益普及的今天,人们读屏、听屏、看屏,以往通过报刊、广播、电视等媒介传播的内容,如今都汇集屏端,一方屏端成为媒介活动的平台、信息流的端口。

屏端尤其是小屏移动端已经成为注意力的聚集地。截至2018年6月,我国互联网网民为8.02亿,手机网民为7.88亿,占比达98.3%,其中网络视频用户达6.09亿。② 就网络视频而言,《2018中国网络视听发展研究报告》显示,网络视频收看设备继续向手机集中,98.0%的用户会选择手机观看视频,而选择智能电视大屏和电脑中屏的用户分别为55.2%和42.1%。③ 再以媒介接触时长来看,手机上网时长,人均日均约4.25小时④;电视观众人均日均收视时长为139分钟,约2.31小时⑤,前者比后者超出近2小时。以手机端为主要入口的微信,日活用户超过9亿⑥,这样的渗透率和使用率,是传统纸媒和传统屏媒都难以想象的。

---

① 凯利.必然[M].周峰,董理,金阳,译.北京:电子工业出版社,2016:93.
② CNNIC发布第42次《中国互联网络发展状况统计报告》[EB/OL].(2018-08-20)[2018-09-15].http://www.cac.gov.cn/2018-08/20/c_1123296882.htm.
③ 中国网络视听节目服务协会·2018中国网络视听发展研究报告[EB/OL].(2018-11-29)[2018-12-15].http://ent.ifeng.com/a/20181129/43142743_0.shtml.
④ 中国互联网趋势报告[EB/OL].(2018-05-31)[2018-12-15].http://www.199it.com/archives/731255.html.
⑤ 徐立军.中国电视收视年鉴2018[M].北京:中国传媒大学出版社,2018:19.
⑥ 微信日活用户超9亿,QQ日活仅5亿,为什么微信功能还没QQ强大?[EB/OL].(2018-02-08)[2018-06-15].https://baijiahao.baidu.com/s?id=1591817492802226585&wfr=spider&for=pc.

随着视频内容和信息服务向多屏渗透，受众的跨屏媒介使用日益普及。其特点主要有三：一是多时态多场景化，全时空随心使用；二是自主碎片化，受众游走于多个屏端，自由出入和切换；三是多任务整合化，不同屏端的传受和参与等行为互嵌交织。① 而在所有跨屏媒介使用中，手机都是必不可少的。调查显示，同步跨屏，即同时使用两个屏端，在不同屏端两两组合的使用者前三排名中，手机名列其中；异步跨屏也一样，在接续使用两个不同屏端时，手机也出现在前三排名中。②

手机的使用呈现出"强渗透+高黏性+多组合"的特点。强渗透意味着使用的广泛性和深入性；高黏性意味着使用的忠诚度和高频率，对手机深度依赖；多组合则表明手机在多屏组合中的重要性，成为与其他屏端的全搭性要素。手机作为全能型媒介，已经深度切入受众生活的主场。手机的使用并非完全碎片化的，人们并不只是在零碎时间使用手机，大块时间的使用中，手机也在扮演着主角。随着视频网站的崛起以及短视频的兴起，手机小屏已经成为"兵家必争之地"。

这一背景下的"屏之民"或曰屏端受众，是多屏并存、小屏崛起生态下成长起来的受众，以移动触屏、视觉认知、参与创新为主要特征。移动触屏意味着媒介接触以移动小屏为主，且接触行为与场景时空相关；视觉认知成为受众感知和认识世界的主要方式，注重视觉思维和表达，成为网络视频尤其是短视频蓬勃兴起的动因；而短视频UGC等新生物则成为市场内容的主导，与受众的参与和创新分不开。移动小屏的主场化，为受众自主性的发挥打开了新的空间。

屏端受众，与传统的大众受众不同，读屏受众也不同于历史上出现的阅读公众。他们感知世界和接触现实的方式，以及思维模式和行为模式等，基本上属于屏端化乃至小屏化的。以抖音为代表的短视频平台，上线短短三年

---

① 刘燕南，张雪静.跨屏受众收视行为测量：现状、问题及探讨［J］.现代传播，2016（8）:1-7.
② 张雪静，刘燕南.媒介使用：跨屏、移动和参与［J］.新闻与写作，2018（7）:12-18.

时间，日活用户超过 2.5 亿①，不少主流行政机构纷纷入驻抖音平台，用短视频、轻信息、快餐、快闪的方式，进行官宣和推广。短视频的风行，进一步凸显了屏端受众的特征诉求，显示出强烈的后喻文化特征②，一种以年轻人为主导的、前辈向后辈学习的文化。

随着数字技术的快速发展，年轻人因网络基因、创新动能、知识迭代、汲取能力等方面的优势，逐渐成为网络时代技术与文化的中坚，开始出现"知识反哺""文化反哺""反向社会化"等动向。当然，后喻文化中有青春蓬勃和阳光朝气的一面，也有感观性强却意义缺乏、冲动有余却价值含量不足，难以引发更多联想和思考等问题。如何发挥其进取和反哺的积极作用，避免可能出现的逆反和走极端现象，值得认真思考。

媒介技术及功能的不断变革，打破了既有的关于受众的界说，让我们重新认识受众，重新审视媒介与受众的关系。"横看成岭侧成峰，远近高低各不同"，这里的受众，或许只是不同角度的侧面像，只是不同历史景别中的轮廓，要将这些侧面像拼贴成受众的全貌，用这些轮廓勾画出受众的完整真实，仍然需要进行持续深入的分析和研究。

---

① 梁梦婷.抖音日活突破2.5亿 月活突破5亿[EB/OL].（2019-01-15）[2019-01-20]. http://www.pcpop.com/article/5146123.shtml.
② 后喻文化是与前喻文化和并喻文化相对应的概念。前喻文化也可称为"老年文化"，知识文化由前辈向后辈传递；并喻文化是一种过渡性文化，知识文化的传递大体在同辈人中进行；后喻文化则同为一种"青年文化"，是与前喻文化相反的文化传递过程，即由后辈向前辈传递。
参见：米德.文化与承诺[M].周晓虹，周怡，译.石家庄：河北人民出版社，1987：7-9.

数字时代的受众分析*
——《注意力市场》解读与思考

数字时代，是一个内容丰裕而注意力稀缺的时代，也是一个传受关系不断刷新的时代。随着各种媒介朝着数字网络平台"殊途同归"，电子阅读、移动视听、自主互动等极大地改变了人们的媒介行为和生活方式，也重塑着传媒格局和数字生态。如何认识数字时代的受众？如何把握受众的形成？受众的媒介使用方式将对社会产生怎样的影响？美国西北大学詹姆斯·韦伯斯特教授在其《注意力市场：如何吸引数字时代的受众》一书中，通过构建一个新的分析框架——注意力市场，对这些问题进行了若干分析和解答。

《注意力市场：如何吸引数字时代的受众》是詹姆斯·韦伯斯特于2014年出版的力作，2015年荣获美国新闻与大众传播教育协会（AEJMC）媒介管理与经济学分会的罗伯特·皮卡特著作奖。在该书中文版即将付梓之际，我应出版社之邀写作一篇序言，也因此有幸拜读了大作。

詹姆斯·韦伯斯特是享誉世界传播学界的一位学术名家，他的早期代表作《视听率分析：受众研究的理论与实践》（*Ratings Analysis：The Theory and Practice of Audience Research*）是受众测量领域的学术奠基之作，至今已经再版3次，并被译成多种文字。20世纪90年代后期我开始从事电视收视率研究时，偶然读到这本书，颇为受益，也因此知晓作者。2004年，该书中文版面世，詹姆斯·韦伯斯特的名字开始被中国读者所熟悉。

---

* 本文原载于《国际新闻界》2017年第3期。

在三十多年的学术生涯中，詹姆斯·韦伯斯特一直从事与受众和视听率等相关的研究，著述甚丰。他兼有心理学、电信学、传播学等多学科背景，不仅是一位学科上的"杂食者"，也是一位研究上的"专注者"。跨学科的知识背景和对受众相关领域的深入钻研，使他能够在各种理论、观点和方法中左右逢源，游刃有余。他推崇结构分析，长于模型建构，善于应用数据，这些在《注意力市场：如何吸引数字时代的受众》一书中都有体现。

在该书中，韦伯斯特从阐释建构注意力市场的意义和构成入手，对数字时代受众、媒介、测量机制三者的内涵变化和相互关系进行探讨，对受众的形成、受众的困境、受众行为之于社会发展和公共空间的影响等问题进行分析。该书旁征博引，信息量大，有理论建构，有新锐观点，亦有将质化量化方法相结合进行的个案研究，为数字时代的受众分析开疆拓土，也提出了不少值得思考和探讨的问题。

一、注意力市场"三构件"

数字时代，内容和渠道的增长有如井喷，相伴而来的，便是无限的内容供应与有限的注意力资源之间不断尖锐的矛盾，这是注意力市场最主要的矛盾。传统媒体时代，人们在有限的媒介菜单中做选择，如果说"受众是谁"相对容易把握的话，那么数字时代，面对纷繁海量的媒介内容，面对转型中的受众/用户，"受众是谁"变成了一道难题，而为海量的数字内容寻找注意力，则是一个更加严峻的挑战。

詹姆斯·韦伯斯特为此建构了一个注意力市场，力图在这个框架下对受众进行分析。注意力市场主要由三者构成：受众/用户、内容提供者、测量提供者，他们分别扮演着注意力的提供者、注意力的意图占有者、两者匹配程度的评估者的角色。韦伯斯特认为，由这三者构成的注意力市场是一个结构化的世界，结构化理论是解释注意力市场的最好的框架。①

---

① WEBSTER J G. The marketplace of attention [M]. Cambridge: The MIT Press, 2014: 11.

结构化理论是英国社会学家安东尼·吉登斯探讨个人的能动行为与社会结构之间关系的一种理论。在《社会的构成：结构化理论大纲》一书中，吉登斯针对社会学界的两种理论分野——功能主义和结构主义强调结构、解释（社会）学强调个人能动性——进行了批判。他认为这些理论将宏观与微观、个人与社会、行动与结构、主观与客观完全对立起来的做法是不可取的。行动者与结构二者的构成过程并不是彼此独立的，即某种二元论，而是相互包含的，体现着结构的二重性。相对个人而言，结构并不是"外在之物"，而是"内在于"人的活动的。结构同时具有制约性和使动性，社会系统的反复构成正是得益于行动者自身的活动。① 吉登斯的理论也被认为是将两种理论综合起来进行考察的一种有益尝试。

韦伯斯特推崇吉登斯的结构化理论。事实上，在传媒界，以往有关媒介使用的相关研究中同样存在两种不同的理论取向，一种关注结构性因素（如观众可得、节目编排等）如何形塑了人们的媒介消费，一种强调心理因素（如需求与偏好等）如何影响了人们的媒介选择。前者常常被用于研究节目编排对于吸引和维持观众的影响，通常采用量化的视听率总体指标和数据，结构性因素对于电视收视效果具有统计意义上的较高解释力；后者将受众视为能动的行为体，能够有目的、理性地选择和消费内容。最典型的莫过于"使用与满足研究"，受众的媒介使用以满足自身需求为目的，其他一些研究则聚焦于受众的心理状态和心理倾向，作为媒介选择的前提。

韦伯斯特在其早期出版的《视听率分析》一书中，曾经引入结构化理论来解释受众行为。他构建了一个"受众行为的整合模型"，将受众因素和媒介因素通过视听率指标体系相勾连，其中，受众因素和媒体因素均同时包含结构性和个体性因素两类。② 他认为，吉登斯的理论有助于理解特定媒介环境中的个人行为，或者说行动者（媒介使用者）在媒介结构性资源环境下伸展腾

---

① 吉登斯. 社会的构成：结构化理论大纲 [M]. 李康，李猛，译. 王铭铭，校. 北京：生活·读书·新知三联书店，1998：60，89.
② WEBSTER J G, LAWRENCE W L. Ratings analysis: theory and practice [M]. Mahwah: Lawrence Erlbaum Associates, Inc., 1991: 179.

挪，以实现其自身目的的行为，这些资源包括可得技术、节目和服务等。受众作为媒介使用的能动者，他们再生产和改变了媒介环境的结构特征。①

对于数字时代的受众（能动者）和媒介结构之间的相互作用及其张力，韦伯斯特仍然采用吉登斯的结构化理论进行分析。在他看来，受众／用户和媒介（或内容提供者）作为注意力交换的两大主体，并不对立，作为能动者的受众与媒介结构两者之间相互影响，互不可分而又相互建构。在媒介与受众的互动乃至"互构"的过程中，传受双方需要彼此看见，了解市场，由此引入的测量机制，能够通过量化的方式让传受双方"看见"彼此并且把握市场，评估选择和决策的正误。数字时代，无论受众、媒介还是测量机制，都已经不复传统的模样。受众向用户的转型，媒介供应和消费方式的变化，都在将受众从刚性结构中解放出来，赋予其新的能量；而结构本身既具有约束性亦具有可塑性，受众行为通过测量机制的评估和引导，影响和改变着媒介的结构特征。在这个过程中，测量机制通过将能动者受众与媒介结构连接起来，发挥中枢作用，从而推动了注意力市场的结构化进程。②

韦伯斯特特别强调了测量机制的重要性，书中专门辟出一章对测量问题进行探讨。这在有关受众与注意力的研究中并不多见。媒介测量是一个相对专业且颇具技术含量的领域，涉及测量原理、测量方法、技术设施、指标体系、数据生成及分析应用等一系列知识，非常重要，但也比较小众。韦伯斯特在注意力市场框架中，将测量机制视为其中不可或缺的组成部分，无疑与他一直以来的研究专长有关，同时与媒介测量在传媒业发展中所发挥的独特作用也密切相关。

数字时代，无论是传统媒体还是新媒体（社交平台或自媒体），无论是公共媒体还是商业媒体，也无论是为影响民众还是为赚取金钱，几乎都毫无例外地渴求注意力。这无疑加剧了无限的内容与有限的注意力之间原本已经十

---

① TANEJA H，WEBSTER J G，EDWARD C M，etc. Media consumption across platforms：identifying user-defined repertoires [J]. New media society，2012（14）：951.
② WEBSTER J G. The marketplace of attention [M]. Cambridge：The MIT Press，2014：130-131.

分尖锐的矛盾。获取注意力并非易事,能否获得受众,一定程度上取决于内容,但又不完全取决于内容本身。媒介行为是"推送"还是"拉取",也是决定因素之一。前者是媒体找受众,后者则是受众找媒体。数字时代的媒介测量,功能更加拓展,一方面为市场客户提供评估数据,另一方面又增加了为受众提供上网帮助的新任务。推荐机制作为一种新型测量机制,正是为帮助受众寻找媒体,帮助他们在海量内容中做出选择而产生的一种新工具,而且,它无形中也在建构着受众。媒介与受众之间关系的结构性变化,既会反映在测量结果中,也将成为改进和创新测量机制的新动因。

在媒介领域,目前共享经济与商业经济并存。所谓共享经济,是指通过互联网以看似免费(或廉价)的方式,实则以声名、影响力或其他"衍生"方式兑现收益的新经济模式。共享经济并不意味着免费经济,同样需要媒介测量提供量化交易的"凭据"。相比传统时代媒介测量为传媒商业经济提供的辛迪加式服务,共享经济对于测量服务的个性化、精准化、及时性等方面的要求还会更高。

总之,在所有这些服务受众、构建受众或者"货币化"受众的活动中,测量机制正扮演着越来越重要的角色,它帮助人们寻找受众、辨别受众和适应受众需求,自身亦不断与时俱进,已经成为注意力市场上的关键枢纽。

二、媒介测量今昔辨

媒介测量起源于美国,又时常被称为受众测量,已经有将近一个世纪的发展历史。今天,不论是在商业广播体制还是公共广播体制的国家或地区,媒介测量作为效果反馈的量化表达已经深深嵌入传媒业当中,成为推动其有效运转的重要力量。如果说传统时代的媒介测量只是一种"市场信息机制",为媒介市场各利益相关方提供市场信息,视听率测量正是其中最典型的代表之一,那么数字时代的媒介测量就不仅仅是一种"市场信息机制"(market information regimes),它还是一种"用户信息机制"(user information regimes)。

随着数字媒介的爆炸式生长，受众被内容的海洋所包围，要获取信息，需要最大限度快捷而有效地利用各种媒介资源，于是搜索引擎、门户网站和社交平台等开始为人们提供帮助，而帮助受众进行上网选择的工具，便是所谓的"用户信息机制"。

在目前的数字环境中，"市场信息机制"和"用户信息机制"同时并存，因为时下新旧媒体并存，也因为一些新媒体同时兼容了两种信息机制。以往"市场信息机制"（如传统的视听率测量）为机构提供监测服务，如今"用户信息机制"则为受众上网提供服务。两者看似不同，实则有不少相同之处：两者都需要对媒介受众的行为或表达进行记录，并汇总数据；两者都需要对数据进行处理和简化，再制成排行、推荐和统计概要，最后成为用户行动的依据。由于这些数据来自对受众行为或表达的汇总统计，因此通常被认为具有某种可信性。谷歌、Facebook、推特等一些"Web2.0"平台所采集的数据一度被认为是市场信息，其实，这里"市场信息机制"和"用户信息机制"之间的界限模糊，或者说兼有两种机制，因为这些数据既可以服务于广告商和其他机构，也可以服务于受众/用户。

不过，数字媒介测量与传统媒介测量的确有很大的不同。比如，传统的视听率测量是在受众样本知情和配合的情况下进行的，是受众知情同意的，而Web2.0平台的数据收集却是在受众的无意识中悄无声息地进行的，受众既不知情也未必同意；而且，这些搜索引擎和社交媒体一方面尽情享用受众贡献的注意力及其数据带来的利益，另一方面对人们保护隐私的呼声却往往置若罔闻，毫不在意。

我们知道，数字媒体大多采用服务器测量，其缺点之一是难以把握用户的社会属性。服务器生产大量与受众/用户相关的数据，尽管这种测量在一定程度上能够解决抽样测量在数字时代遭遇的难题，即由于受众的碎片化和信息源的海量而致有限样本无法完全覆盖测量目标，但是这种测量相比传统的视听率样本测量，也存在难以获得用户人口统计特征的缺点。在这种情况下把握受众，即使是最复杂的算法和最给力的数据挖掘，也大都会采取某些措施将多维受众进行简化处理。虽然，通过过滤机制推断的受众偏好，或许比实际情况更纯粹、更清晰，却也不可避免地会将真实受众概念化、卡通化，过滤机制随后会迎合这些卡通形象，由此产生的受众画像往往是粗略而失焦的，并非真实的受众。按照韦伯斯特的说法，推荐机制无疑会提高判断人们需要什么的能力，但是它的判断永远不会完全准确。①

更重要的是，传统的媒介测量由第三方进行，而数字媒体（如社交媒体）测量却往往由各媒体自行操作。各家媒体的数字生产方式不透明，测量标准和算法也不完全公开，而是各有其隐秘和利益，这与测量机构必须是客观公正的第三方的要求，无疑有相当大的距离。现实中，不少搜索引擎和社交媒体是集信息平台、广告传播、数据采集、数据使用于一身的"多重利益主体"，也要靠数据生存，它们不仅测量知名度，某种意义上，还会创造知名度。正因为如此，韦伯斯特认为："用社交媒体评估公众注意力的态势，具有一定的欺骗性。"②

数字时代的媒介测量和信息机制为我们洞察受众、把握市场动向提供了新的途径，同时也提供了关于测量机制的辩证思考。测量机制是被建构的，并非中立。数据生产也是一个利益场，测量机制的技术特性并不能完全掩盖其背后的利益博弈乃至意识形态干扰。

三、受众的困境

数字技术对受众的赋能与激活，使受众摆脱特定渠道或时间流的束缚，拥有了选择和参与传播的更大自主性和能动性。今天，受众已经不再是原子化的、被动的个体，不再是消极的、毫无鉴别力的大众受众，也不再是缺乏自觉、自主意识的乌合之众，他们通过进入一个或多个社交网络，彼此意识到对方的存在，并相互影响各自的行为，乃至形成有一定功能的群体。

然而，现阶段受众的能动性仍然遭遇诸多的挑战。就媒介选择而言，受

---

① WEBSTER J G. The marketplace of attention [M]. Cambridge: The MIT Press, 2014: 144.
② WEBSTER J G. The marketplace of attention [M]. Cambridge: The MIT Press, 2014: 84.

众通常被描述为理性的选择者,具有自主判断和选择的能力,这一点在有关理性选择、内容偏好、选择性接触等研究传统中,都有不少体现。但是,受众理性选择的能力受到诸多因素的制约。他们有理性的一面,却也往往受制于"有限理性";他们会出于偏好而选择,但是偏好并不是选择的唯一原因,在很多情况下,偏好也是被"建构"的,是对各种各样偶然事件做出的反应,偏好可能会因为情绪、社会状况或消费对象的变化而改变;而且,习惯性或仪式性的媒介接触,而非绝对的偏好驱动,往往成为受众行为的常态。在传媒时空和行为方式都发生了巨大变化的数字时代,受众的媒介选择并不是完全随心所欲的,他们也面临着一系列的困境。

首先,数字内容丰富且漫灌,选项过多,受众面临"挑花眼"的窘迫。没有人能够完全了解所有媒介产品,这些产品通常也很难得到详尽而客观的描述。媒介产品正如美国学者 P. 尼尔森所言,是典型的经验品,只有经过使用才能得知其真正的品质,以及是否满足自身需求。[①] 面对种种不确定性,受众在时间和精力有限的情况下,在难以最大限度地实现自身目的时,用赫伯特·西蒙的话说,只能"追求实现目的之最低要求"[②]。

其次,为了避免选项太多而无所适从,受众会为自己设置"保留曲目",也就是在预设的有限范围内寻找内容。这个"保留曲目"多半来自人们对于此前媒介内容的归类、评价和取舍,基本上与人们的心理预期和喜好厌恶相符合。这种方式虽然方便了受众自身进行选择,让决策变得简单和容易,但同时也将更加丰富的内容和更加多元的观点排斥在选择范围之外。

再次,面对海量内容,受众会借助搜索引擎、推荐机制、社交网络等做出选择,无形中也会遭遇"暗算"。比如,谷歌的排名推荐、亚马逊的把"和你类似的人们"匹配起来,社交媒体依据类型筛选推荐那些在你的"好友"

---

① 美国学者 P. 尼尔森在其《信息与消费者行为》(1970)一文中,首次将商品分为搜寻品、经验品和信任品三类。搜寻品是指消费者在购买过程中,通过外观等因素就能获得充分信息从而对其质量做出准确判断的商品;经验品是指只有在购买之后,通过实际消费过程才能获知其品质状况的商品;而信任品则是指即使在消费之后,消费者也难以判断其品质的商品。
② WEBSTER J G. The marketplace of attention [M]. Cambridge: The MIT Press, 2014: 36.

中流行的节目①，等等。推荐机制通过提供帮助工具影响人们的偏好，进而影响人们的内容选择，乃至进行归类画圈，这与其说方便了受众决策，不如说更易于催生"羊群效应"和"从众效应"。正是在这个意义上，韦伯斯特认为，推荐机制这样强大的受众建构工具所带来的后果，可能比简单地操纵注意力更令人担忧②，因为这些工具并非中立和超然的，而是各有利益和图谋。这或许是更深层次上的受众的困境：他们不是变得更独立、更自主、更能动，而是在不知不觉中被建构、被引导和被利用。

人们的媒介选择会受到各种结构性因素的影响，日常生活规律、地理、语言、文化亲缘性以及媒介结构都会影响人们的选择。就媒体而言，如果说"推送"媒体而非"拉取"媒体是传统时代的常态，那么在这个看起来为受众提供了更多选择，让他们能够更加自主地寻找（拉取）媒体的数字时代，受众却越来越依赖"保留曲目"，越来越依赖经验法则和各种推荐机制来消费内容，这似乎又在强化"推送"媒体的特征，这不能不说是另一种意义上"受众的困境"。

四、展望意见市场

意见市场又称为意见的自由市场或观念市场（marketplace of ideas），概指意见的多元表达和相互碰撞之地，是自由主义报刊理论的一大主题。它的基本内涵是，人们享有利用报刊充分表达各种观点的自由权利，而表达观点的前提是充分了解各类信息；报刊作为社会公器，有责任、有义务提供真实全面的信息和多种意见的讲坛。从历史来看，与意见市场相关的理论，从自由主义理论到社会责任论，再到哈贝马斯的公共空间理论，意见市场的思想几经点化，在不断革新和发展。无论是在传统媒体时代还是在数字时代，建构和拥有一个自由而多元的意见市场或公共空间，一个"真理与谬误交手"的

---

① WEBSTER J G. The marketplace of attention [M]. Cambridge: The MIT Press, 2014: 42.
② WEBSTER J G. The marketplace of attention [M]. Cambridge: The MIT Press, 2014: 71.

竞技场，一直被认为是一个必须遵从的传媒规范和价值追求，也是民主社会的基本保证。

传统媒体时代，受传播技术和渠道所限，人们使用媒介和表达观点的可能性受到抑制，意见市场的理想往往沦为某种空想，在现实中举步维艰。数字媒介时代，各种融媒体、社交媒体、自媒体纷纷涌现，海量信息和多元声音似乎无处不在，无时不有。那么，意见市场是否也会像人们所希望的那样蓬勃发展并且无障碍地运行呢？

关于人们是否能从数字技术所带来的多样性中获益，新的媒介使用方式是否有助于意见市场的发展，一直存在两种不同的观点。乐观者认为，被新技术赋能和赋权的受众，多数情况下是"杂食者"，社交媒体是多元观点表达的平台，推荐机制将舆论的决定权交给了一个更加民主的力量，从而产生所谓的"媒体净效应"，即观点自由传播，公众注意力集中在最佳（最优秀）的观点上，所有这些都会创造出一个更加强健的意见市场。悲观者则认为，理性的用户会坚守自己的偏好，更加极端，他们会利用丰富的选择来逃避意见的碰撞，各自撤退到"只有一个真理版本、毫无争议可言的空间"[①]，形成各种极端化的"飞地"。比如，政治意识形态偏好会将政见一致的人们圈入"飞地"，将与其政见相悖的人们排斥在外。社交媒体会强化这一趋势，而过滤和推荐机制则会让同质性人群更加聚集，由此形成一种离散的、彼此缺乏交集的、独立分裂的、注意力不集中的局面。

在韦伯斯特看来，媒介的多样性，未必意味着受众使用的多样性，但是，就算有些人会固执地寻求或避免某些类型，多数人仍然会拥有一份"杂食性"的消费菜单。他们沉溺于自己喜爱的媒介中，但是其媒介消费菜单仍然具有多样性。[②] 他认为，在数字时代，集中而不是分化更有可能出现。原因主要有四：一是媒介结构因素，因为"互联网似乎天然倾向于将大量链接指向少数站点：网络挑选赢家"[③]，这样一来，分散的注意力会重新聚集；二是质量因

---

① WEBSTER J G. The marketplace of attention [M]. Cambridge: The MIT Press, 2014: 152.
② WEBSTER J G. The marketplace of attention [M]. Cambridge: The MIT Press, 2014: 161.
③ WEBSTER J G. The marketplace of attention [M]. Cambridge: The MIT Press, 2014: 102.

素，人们的注意力总是会相对集中于高质量的内容上，而忽视那些一般性的内容；三是媒介消费的社会性，比如媒介事件的知名性和社交谈资性，都会促使人们的注意力集中；四是新型媒介测量中推荐机制的作用。

媒介测量尤其是推荐机制定向投放信息和引导受众的能力，一直广受关注。推荐机制具有二重性，既可能导致个性化偏见，也会将人们引向流行内容，尤其是在既定的内容范围内。流行度驱动的排名，既体现了一种"群众的智慧"，也提供了某种程度的质量标准，至少是一些话题和谈资。由此，流行度偏见会抵消个性化偏见，流行度偏见不是将人们赶入一些小的同质化的营地或岩洞，而是使公众的注意力更加集中，从而更有可能形成更加广泛的共有文化经验。①

对于意见市场的未来，韦伯斯特表达了谨慎的乐观。他一直努力证明，存在"大规模重叠文化"（massively overlapping culture）及其所代表的开放性和包容性。在这种文化中，人们在各种文化和内容间自由流动，因关注公共议题而形成更大的公众群体，个性与共性、独立与集中，相辅相成，相得益彰。而所谓的"大规模重叠文化"则是相对"大规模平行文化"（massively parallel culture）而言的。受众在媒介使用过程中，基于不同的兴趣和品味而分成不同的群体，这些群体有的相互有交集，即重叠；有的彼此无交集，即平行。

韦伯斯特认为，虽然数字媒体改变了公众注意力的聚集方式，但是就此假定人们只能存在于由大量"飞地"和"部落漩涡"组成的"大规模平行文化"中，那就错了。传统媒体提供的文化压舱石作用依然存在，它帮助社会保持平衡，创建共同的政治议程，将人们聚集在容易辨识的公共空间中。那些集中公众注意力的力量被低估，而可能极化社会的力量多半被夸大了。他说："如果我是对的，那么媒体依然会发挥凝聚功能，尽管这更多源于人们使用手头资源的方式，而不是少数几个媒体的功劳，其结果便是大规模重叠文化出现。"② 而大规模重叠文化的出现，将有助于推动公共领域的重构和健康成长。

---

① WEBSTER J G. The marketplace of attention [M]. Cambridge: The MIT Press, 2014: 158.
② WEBSTER J G. The marketplace of attention [M]. Cambridge: The MIT Press, 2014: 161.

五、受众研究再思考

韦伯斯特所构建的注意力市场，是一个基于美国样本的市场，也是一个具有"世界性"外在效度的市场，因为数字世界是全球化的，没有人能够自外于这个市场。

近年来，国内关于新媒体环境下的受众及相关领域的研究，无论在数量还是质量上，都取得了不少进展。新媒体日新月异，不断改变着受众，改变着传媒生态和测量机制，也给受众研究带来持续不断的挑战。受众的形成和演进离不开社会和媒介等因素的影响，受众研究的发展也离不开基于社会变革和媒介进化的知识脉络，需要从多种因素而不只是技术因素中探寻受众变化的缘由、问题和内在逻辑，并观照其社会影响及意义。然而，综观目前这一领域的研究，有不少仍在不假思索地拥抱技术，为技术便利、技术赋权、受众的能动性而欢呼，对于目前技术和社会条件下受众所面临的困境，观察和思考还显得不足。尤其是对推荐和过滤机制下，受众可能被无形中归类和操纵的危险，可能会形成同质性极化社群的弊端，缺乏足够的分析和批判；关于数字环境下受众行为对于公共领域发展的影响，亦鲜见深入探讨。

技术既是撬动注意力市场变革的有力杠杆，也是推动社会前进的重要力量。然而，技术进步不代表社会进步，技术逻辑也无法涵括社会发展的全部规律。今天，我们在媒介技术方面与国外几乎处于同一起跑线上，并无太大差距，但是受众研究要想取得成就，为世界学术研究做出自己的贡献，必须走出技术迷思，不仅要有新思维，要有问题取向和专业精神，更要有人文意识和社会进步追求。

数字时代的受众与注意力市场分析，无论是探讨传统的线性传受模式还是新媒体非线性产消模式，也无论是分析传统的商业传媒经济还是现代共享经济，最终，都要回到是否有利于推动社会的民主多元进步和公共领域的发展这一目标上来。这不只是一个学术命题，也是一个时代命题。

跨屏受众收视行为测量：现状、问题及探讨*

跨屏传受是一种全新的传媒生态和市场形态。提供科学客观的跨屏受众行为数据，是促进这个新生态和新市场良性发展的第一步，也是不可或缺的重要一步。作为由此产生的一个新事物，目前，跨屏受众收视行为测量正成为中外努力攻关的一项前沿性课题。

在我国，随着跨屏传播的热潮兴起，受众跨屏收视日益普及。视频内容在大、中、小屏之间不断渗透和游走，传统的电视"一屏独大"被"多屏分立"所取代，受众的注意力从电视屏分散到不同的屏端，视频内容尤其是电视节目的跨屏传播为实现内容的价值增量提供了新的途径，而这"刺激了视频产业相关利益主体对跨屏受众进行评估的需求"[①]。电视台希望通过跨屏测量来综合考察节目的传播效果，以全面科学地反映节目影响力和广告溢价力；广告主/广告商力图通过评估不同平台的价值，为广告预算分配提供客观依据；管理者或研究者则希望了解受众/用户在不同屏端的时间分配和运动规律……，社会需求作为技术创新的重要源泉，再一次成为推动跨屏测量发展最强劲的动力之一。

---

* 本文原载于《现代传播》2016年第8期，与张雪静合作撰写，系国家新闻出版广电总局社科项目"电视节目跨屏传播效果评估体系研究"（项目编号：GD1527）的成果之一，收入本书时略有调整。人大复印报刊资料《新闻与传播》2017年第3期全文转载。《新华文摘》网络版全文转载。

① TANEJA H, MAMORIA U. Measuring media use across platforms: evolving audience information systems [J]. International journal on media management, 2012, 14 (2): 121-140.
WEBSTER J G, Patricia F P, Lawrence W L. Ratings analysis: the theory and practice of audience research [M]. Hillsdale, NJ: Lawrence Erlbaum Associates, Inc., 2005.

媒介融合环境下的跨屏受众测量，不再囿限于传统的电视端，而是延伸和辐射到节目视频所能到达的多个屏端，并在测量方式、技术路径、数据来源、测量指标等方面呈现出新特征，同时也带来一些新问题。

一、跨屏收视与受众特征

（一）跨屏与多屏

所谓跨屏，是指内容或受众在以电视大屏、电脑中屏、手机（或IPAD）小屏为代表的不同屏端的传播或流动。相对于传统电视，数字有线电视、IPTV、智能电视以及所有中小屏端又被称为新媒体。跨屏与多屏常常被混用，但是二者略有不同：多屏意味着屏多，是对目前多种屏端并存状态的一种描述，表征多个屏端的平行并列关系；跨屏源于多屏，但一个"跨"字，形象地描述了内容或受众在多个屏端间的游走和切换状态，表征的是各屏端之间因内容或受众流动而产生的关联性和交叉性。

跨屏收视行为测量是指采用一定技术手段对不同屏端的受众收视行为所进行的识别、跟踪、记录和整合。

（二）收视方式

跨屏传播带来全新的受众收视模式。随着视频内容通过数字有线网、宽带、移动互联网等多种形式在大、中、小屏等各种屏端播出，受众收视也由单一收看电视直播拓展为在多个屏端的直播、回看和点播等收视形式并存。若以播出屏端和收看方式为横纵坐标，我们可以将跨屏受众的收视方式划分为如下四类：（1）大屏看电视节目直播；（2）大屏节目回看、点播和网络视频点播；（3）中屏看直播、回看、点播；（4）小屏看直播、回看、点播（详见表1）。

表 1　跨屏受众收视模式分类

收看方式	大屏		中屏	小屏	
	普通电视	联网电视（数字电视、IPTV、智能电视、OTT 设备①）	电脑（台式电脑、笔记本电脑）	手机	平板电脑
直播	√	√	√	√	√
回看	×	√	√	√	√
点播	×	√	√	√	√

来源：本研究编制。

从受众规模和收视时长来看，上述四类收视中，第一类收视仍居主流，即传统电视仍是老大，其他三类收视尚未颠覆以电视直播为主导的视频收视格局，但它们对视频行业的影响正日益显著。2015 年，我国电视观众人口约 12.78 亿，受众群规模高居第一，而人均日均收视时长却由上年的 161 分钟下降到 156 分钟②，下滑态势持续；反观网络视频，短短几年内发展迅速，尤其是手机视频收视已进入发展快车道。根据中国互联网络信息中心（CNNIC）的统计，截至 2015 年 12 月，中国网络视频用户规模为 5.04 亿，其中手机视频用户规模为 4.05 亿，增长率高达 29.5%。③而就跨屏受众而言，2013 年我国视频媒体复合用户总规模达到 20.72 亿，有 75.7% 的网络用户使用三屏及以上屏端观看视频。④

（三）受众收视特征

跨屏传播的发展不仅催生出日益庞大的跨屏受众群，也形塑了跨屏受众新的收视行为特征：

---

① 2014 年原国家新闻出版广电总局出台相关政策，取消 OTT 盒子的直播、时移功能。
② 封翔. 2015 年收视市场盘点［J］.收视中国，2016（3）：9-12.
③ CNNIC 发布第 37 次《中国互联网络发展状况统计报告》［EB/OL］.（2016-01-22）［2018-08-30］.http://www.cnnic.cn/hlwfzyj/hlwxzbg/hlwtjbg/201601/P020160122444930951954.pdf.
④ 张海潮，郑维东.大视频时代：中国视频媒体生态考察报告［M］.北京：中国民主法制出版社，2014：3-4.

1. 多时态多场景化

如果说现阶段电视仍是家庭媒体，那么电脑尤其是手机则是地地道道的个人媒体和日常伴侣，随时随地、随心所欲、线性和非线性的"直播+回看+点播"结合，收视时空早已突破了单一场景下实时同步收看的"客厅—线性"局限，实现了多元场景下的多时态、非线性收看。

2. 自主碎片化

如果说传统收视是固守单一电视屏，且收视相对集中，可以瞬间集聚起庞大受众群的话，那么新技术则给予受众更强的自我赋权能力，使其拥有更大的收视自主性和选择性。他们游走于不同的传播渠道，在多个屏端间自由出入和切换，收视更加零散和碎片化；而"海量的视频内容使受众可以在主流内容之外，按照自己的个性偏好选择内容，偏好驱动的忠诚将受众分化成不同的利基市场"[1]，受众群亦趋于碎片化和蓝海化。

3. 多任务整合化

新技术的创新普及，使受众对同一内容的收看可以轻松地从一个屏幕无缝切换到另一个屏幕，并可以凭借同一账号续播，实现同一任务的多屏间无缝对接。此外，越来越多的人同时使用多种媒介，甚至同时进行收视、评价、参与传播等行为。例如，在看电视的同时通过手机搜索与节目相关的内容或查阅电子邮件，等等，实现多任务、多行为重叠。有国外学者将这种现象称为"媒体啮合"（media meshing）。[2] 微软的一项调查显示，57%的受访者在看电视的同时会使用其他设备浏览节目相关内容，39%的受访者看电视的同时会通过其他屏分享节目内容。[3] 媒体啮合使受众将分散在不同屏端的相关视频信息整合起来，生成新的意义和后续行为，视频内容变得更具有黏性。移

---

[1] WEBSTER J G. The marketplace of attention: how audiences take shape in a digital age [M]. Cambridge: MIT Press, 2014: 119.

[2] WEBSTER J G. The marketplace of attention: how audiences take shape in a digital age [M]. Cambridge: MIT Press, 2014: 6.

[3] 微软联合市场研究机构 Flamingo Research 和 Ipsos OT 进行了一项题为《跨屏幕参与度》（*Cross-Screen Engagement*）的研究，旨在了解"多屏"消费者的行为规律，以及指导企业营销人员在"多屏"时代提升广告效果。

动互联网时代的到来，使受众碎片化的时间得以整合，新媒体所具有的社交属性又将碎片化的受众重新聚集起来，将个体的收视行为转化为虚拟空间的群体收视行为。

总之，在传统电视领域，收视率作为测量观众收视行为的一项效果指标，反映时间维度上"内容—受众"之间的匹配关系；跨屏传播时代，内容和屏端的极大丰富带来受众收视的流动化、碎片化、重叠化和蓝海化，受众在多种屏端间游移和切换，收视行为交织在多重时空中，"内容—受众"之间的关系由于缺乏时间背景且融入了多个维度而显得匹配度模糊，可辨识性不足。这一切无疑增加了跨屏受众测量的难度和挑战性。

二、跨屏收视测量现状

视频内容的多屏分发和受众跨屏收视行为的常态化，促使调研界积极探索跨屏受众/用户测量的模式创新。受众收视行为测量开始从 TAM（TV Audience Measurement）向 VAM（Video Audience Measurement）升级，测量模式则由基于抽样小数据的收视率调查向兼有大小数据的跨屏受众/用户行为测量发展。

在我国，对不同屏端受众/用户行为进行监测的机构种类繁多，概括起来大体有以下六种：（1）第三方媒介调研机构，既有传统调研机构，也有新兴机构，如广视索福瑞（CSM，原名央视—索福瑞）和尼尔森网联；（2）互联网数据服务公司，通常利用植码或抓取技术对电脑端或移动端进行数据采集，并提供数据处理分析服务，如国双科技、秒针系统；（3）智能电视数据服务公司，借软件技术聚焦智能电视进行收视数据的采集和处理，如酷云互动、欢网科技；（4）视频网站，拥有 PC 端视频播放器和移动端 App 上受众行为的后台数据，可以通过数据分析指导内容自制、视频推送和广告投放，如爱奇艺、优酷土豆；（5）电视台网络平台，本质上与视频网站无异，自己掌握后台数据，如 CNTV、芒果 TV 等；（6）网络或机顶盒运营商，包括有线电视运营商、电信运营商、IPTV 运营商、互联网盒子运营商等，可通过机顶盒获取受众直播、回看、点播等数据，但通常只有大屏数据，如中国移动、歌华有线、百视通、小米盒子等。

上述六类机构中，从事跨屏收视测量、能够提供相关收视数据服务或产品的主要是前三类。以下本文结合广视索福瑞（CSM）、国双科技、酷云互动这三家机构或独立或与他人合作进行的实践，对目前跨屏测量现状进行扫描（见表2）。

表2 广视索福瑞（CSM）、国双科技、酷云互动受众收视行为测量一览表

	广视索福瑞（CSM）[①]	国双科技[②]	酷云互动[③]
监测范围	大屏：模拟电视、数字电视、IPTV、智能电视 中屏：PC端 小屏：移动端（试验中）	大屏：IPTV、数字电视 中屏：网站、PC客户端 小屏：移动Web、App	大屏：智能电视、数字有线电视、IPTV
测量技术	大屏：人员测量仪和日记卡（直播） 人员测量仪+声音匹配（时移） 中屏：植码或虚拟测量仪 小屏：App植码	大屏：双向机顶盒中间件植码 中屏：网页、播放器植码 小屏：网页、App植码	在智能电视操作系统或机顶盒中安装自动内容识别系统（ACR）
收视数据来源	受众端、服务器端	受众端、服务器端	受众端

[①] 资料来源：http://www.csm.com.cn/index.php/Home/SinglePage/index/cid/1.html；陈晓洲.电视节目时移收视实证[J].收视中国，2015（9）：4-6；依芳竹.互联网视频节目的收视测量植码技术简介[J].收视中国，2015（7）：15-17.

[②] 资料来源：http://www.gridsum.com/products/VideoDissector/Features/2015-1105-867.html；中国传媒大学受众研究中心对国双科技相关人士的深访。访问者：观看视频的唯一访客数。播放次数：视频播放时长超过一定比例的视频播放总数。平均播放时间：所有播放用于视频观看的平均时间，暂停、拖拉等操作不计入该时间。平均观看比例：视频平均播放时间占视频节目时长的比例。

[③] 资料来源：http://www.kuyun.com/product_data.html；中国传媒大学受众研究中心对酷云互动相关人士的深访。关注度：某电视台在某一时段的收视人数推及总体人口的百分比。市场占有率：收看某一频道或节目的终端数与收看直播总终端数的百分比。

续表

	广视索福瑞（CSM）	国双科技	酷云互动
内容数据来源	直播：播出端监播 时移：声音识别	直播：电子节目单（EPG） 时移：代码抓取	电视台开放EPG信息，酷云通过云端技术进行校准
数据匹配	直播：时间点 时移：音频码（与CSM音频库匹配）	直播：时间点 时移：视频ID（匹配内容管理系统CMS）	时间点（行为信息与云端EPG匹配）
同源与多源	同源试验中、多源	多源	多源
受众信息	个人数据	IPTV：家户数据/家户画像 中小屏：粗略的个人画像	粗略的家户画像
数据特点	抽样小数据、大数据	大数据	大数据
测量指标	收视率、占有率、到达率、人均收视时长、人口统计特征	访问者、播放次数、平均播放时间、平均观看比例、跳出率	关注度、市场占有率

来源：本研究编制。

（一）监测范围与测量技术：多屏与多种

收视监测的屏端范围取决于测量技术的创新匹配和跟进应用，收视行为测量首要解决的是测量技术问题，它决定了收视监测能够覆盖的范围大小。

如果说传统收视率测量主要采用的是日记卡和人员测量仪技术，那么进入新媒体时代，收视测量根据各屏端的不同特点采用了不同的测量技术。例如，CSM主要采用"人员测量仪+声音匹配技术"测量大屏回看和点播（两者统称为"时移"）收视，采用虚拟测量仪或植码技术测量PC端中屏收视，在App上植码测量手机小屏收视；国双科技依托自身网络科技优势，采用机顶盒中间件植码或与人合作导入用户行为日志的方式，监测IPTV和数字电视等大屏收视，采用网页和播放器植码方式测量PC端收视，采用网页和App

植码方式监测手机端收视；酷云互动则在智能电视操作系统或机顶盒中安装自动内容识别系统（ACR），以此监测智能电视的收视。

目前跨屏收视监测基本覆盖所有类型的屏端，区别只在于，有些测量仍处于试验阶段，有些则相对成熟，能够提供数据产品。其中，CSM的跨屏测量种类相对完整，几乎包括所有大屏、中屏和小屏，能够提供直播、时移和"电视+PC"跨屏数据产品；国双科技除了传统模拟电视和智能电视外，在其他屏端的测量上都有推进；酷云互动则在国内率先聚焦智能电视收视测量，虽然仍是电视大屏，但此屏非彼屏，是一种"传统—现代"意义上的跨屏，测量技术已今非昔比。

（二）数据类别与数据匹配："行为+内容"与"时间+代码"

对跨屏受众的收视考察，关键在于对行为和内容这两类数据的获取与匹配。传统电视收视率测量一般分为两个系统，一个测量观众，一个监测内容。通过测量观众获得观众规模、收视时长、收视频道等数据和人口统计特征，通过记录节目和广告内容获得播出端信息，再依照时间点将两类监测结果进行匹配，最后得出收视率。[①] 对于跨屏测量来说，同样有获取行为数据和内容数据并进行匹配的要求，不过，有些屏端的受众测量和内容监测由于共用一个网络系统，受众行为与内容代码同时采集，需要的则是内容代码与相应管理库之间的匹配。

跨屏受众收视行为数据的来源主要有二，一是受众端监测，一是服务器端采集。前者是在受众/用户的接收设备上安装测量装置和软件，或者在现有的测量装置上安装新的测量工具或模块；后者则依托互联网技术，通过代码在服务器中抓取视频播出产生的收视数据。CSM的人员测量仪和虚拟测量仪、国双科技对机顶盒回路数据的抓取、酷云互动的ACR技术，都属于受众端监测。基于服务器端的数据采集则主要应用植码技术，多用于测量互联网视频在中屏、小屏端的收视行为。植码技术分为平台植码和内容植码两种，前者

---

① 刘燕南.新旧媒体受众测量特征之比较：以互联网与电视为例[J].新闻战线，2010（9）：68-70.

应用较多。平台植码是指在网页、视频播放器或移动 App 中加入监测代码，当用户访问该页面时会触发监测请求，实现对 PC 等固定终端以及 Android 和 iOS 等移动平台上互联网视频的直播和点播收视行为的监测。CSM 正在测试的 Spring 代码和国双科技的采集代码，都属于平台植码。

内容数据监测根据屏端的不同而方法各异。传统电视采取的是对播出端直播节目的监播，然而，随着视频回看、点播功能的普及，受众收看时间不再是线性固定的，这就要求必须有高质量的内容库编码系统和用户端内容识别系统。①CSM 的时移收视测量就是通过采集声音码与 CSM 音频库进行匹配的方式对播出内容进行识别。另外，机顶盒、智能电视、电脑和移动终端对行为和内容的测量通常共用一个系统，即通过植码或插件所获取的数据中包含行为数据和内容数据，然后利用视频 ID 等标识性数据与后台内容管理系统（CMS）进行匹配，实现对内容的识别。还有采用电子节目单（EPG）采集直播内容数据，如酷云互动根据电视台开放的 EPG 信息，通过云端技术进行内容校准，等等。

换言之，内容数据与受众行为数据的匹配，传统电视与新媒体略有不同。传统直播仍以时间点匹配为主，时移收视则在时间维度之外还有音频码（与音频库）匹配、视频 ID（与内容管理系统）匹配等内容匹配方式。

以 CSM 为例，它主要通过人员测量仪采集电视大屏的直播和时移数据。时移数据通过声音匹配技术和回路数据得到。前者收集某一时间段（如 7 天）内直播过的节目声音码，与 CSM 音频库匹配后，结合受众信息得出收视数据；后者则由机顶盒（包括数字有线电视机顶盒、IPTV 和 OTT TV 等网络机顶盒）中间件采集回传。由于机顶盒数据属于家户数据，为获取更具价值的个人数据，CSM 采用 Kantar Media 在国际上通用的 Capping 规则对机顶盒数据进行校正，用 PIV 算法将家庭户的数据进行推及，从而获得个人数据。②

---

① 郑维东. 收视率与大数据［J］. 收视中国，2014（2）：2.
② CSM. 如何实现对多终端收视行为的统一测量［J］. 收视中国，2014（10）：6-7.
陈晓洲. 正确认识和应用互动机顶盒收视行为数据［J］. 收视中国，2015（1）：5-6.

在中屏和小屏收视测量方面，CSM 引进虚拟测量仪和 Spring 植码两种技术。虚拟测量仪是基于受众/用户端测量人们在电脑上收看互联网视频的工具软件。该软件安装在样本用户终端，通过采集视频收看的音频信息来匹配目标视频内容，同时采集 URL 数据来确定用户收看视频的网站和平台，以获得用户的视频收视行为数据。

（三）数据来源与受众信息：多源与多样

跨屏测量涉及两种方案：同源测量和多源（异源）测量。确切地说，是同源样本测量和多源混合测量。同源测量是指对同一组样本在不同屏端的收视行为进行测量；多源测量则是指对不同屏端、不同受众的收视行为进行测量。目前，国内尚无一家调研机构提供覆盖全部大、中、小三屏的同源跨屏收视数据产品，只有少量试验性数据。CSM 曾经提出一个基于同源样本，由传统电视、数字电视与 IPTV、电脑、手机等屏端组合而成的跨屏收视测量计划"R1+R2+R3+R4"，目前除了有直播和时移数据产品外，一直未见有新的推进。时下，对于跨屏收视测量的探索以多源测量为主，数据不同源，有抽样也有非抽样数据。例如，CSM 与 comScore 合作推出的 CMAM 便采用的是"电视 +PC"多源跨屏测量模式；又如，2014 年春晚推出的全媒体收视率也是基于电视直播、时移、网络三者收视的多源跨屏测量。

同源样本测量相对多源混合测量的一大优势是能够把握受众个人的社会特征。受众特征信息通常分为四类：个人信息、家户信息、个人画像、家户画像。其中，又以个人信息的社会特征"清晰度"最高。同源样本测量在随机抽样的基础上，提供包括性别、年龄、文化程度和收入等在内的人口社会特征，就像 CSM 在传统收视率测量中所提供的受众信息一样，而受众的人口统计特征是收视数据释放商业价值的重要依据。不过，绝对的同源样本测量在现实操作中难度颇大，有逐渐被多源混合测量所替代的趋势；而在非同源测量中，由于对不同屏端尤其是对新媒体的测量，往往与大数据相联系，因此所涉及的受众特征信息也多以家户信息、个人画像、家户画像为主。

受众特征是跨屏测量的重点也是难点之一。收视行为监测以个人和家庭为对象，分别产生个人数据和家户数据，而个人社会特征信息和某些家庭结构信息的获取，主要依靠抽样调研。与传统电视的随机抽样受众测量不同，基于新媒体的受众测量，由于人们收视的碎片化、流动化和蓝海化，要想以抽样方式覆盖所有受众类型并获取受众信息，已经不太现实。数字电视机顶盒回路数据、IPTV数据，尤其是智能电视数据、PC端和移动端采集到的数据，体量庞大且繁杂，目前业界主要采用大数据方法，以贴标签的方式勾画出家庭或个人画像。

对大数据中的个体进行识别，如果终端和个人是一一绑定的，则可以通过用户的ID号或者设备的ID号进行判断，通过大数据行为分析勾勒出的是个人画像；如果终端和个人不是一一对应的，则视为家庭数据，通过大数据分析勾勒出家户画像。比如，酷云互动的智能电视数据即为粗略的家户画像，国双科技监测的PC端、移动端则为粗略的个人画像。

（四）测量指标与体系构建：个性与共性

跨屏受众测量的核心是建构一套科学有效的指标体系。目前，各调研机构都自有一套相对独立的指标体系，由于监测对象、测量技术、数据来源和受众信息不同，各测量指标的名称、定义和内涵也不尽相同，相互之间的可比性有一定存疑的空间。

例如，CSM作为从传统电视向跨屏受众测量转型的调研机构，仍然沿用经典的视听率系列指标，如收视率、占有率、到达率、人均收视时长和人口统计特征等；国双科技构建了一套由访问者、播放次数、平均播放时间、平均观看比例、跳出率等组成的指标体系；酷云互动则新创了一套包括关注度、市场占有率等数十项指标在内的指标体系。另外，对有效到达的时间长度界定，通常取决于数据测量的方式和研究要求。CSM人员测量仪和日记卡法分别以不少于31秒和8分钟定义为一次有效收视；国双科技则将视频播放时长超过1分钟视为一次有效播放。此外还有一些只适用于特定媒介和屏端的测量指标,如访客数、页面浏览量等。

尽管各机构测量指标和体系各异,但也有一些基础性指标大体一致,包括特定时段的观众规模、收视时长、市场份额等分别表征收视广度、收视深度与市场竞争维度的指标。一些指标也多少参考了电视收视率指标的设立思路。比如,CSM 的收视率、国双科技的访客数和酷云互动的关注度等,都是对特定时段内收看过某屏端内容的观众规模的反映;CSM 的接触度、国双科技的播放次数,都是对收看次数的反映;而人均收视时长、播放时长则是对内容接触时间长度的反映。

三、问题与探讨

我国跨屏受众收视测量目前仍处于起步阶段,尽管在实践中取得了一些进展,但不同屏端多种测量手段和数据模式并存,各种新技术的成熟度与适用性如何,还有待时间的检验和实践的磨合。跨屏测量仍然存在一些问题需要探讨解决。

(一)两难选择:同源测量与多源测量

严格说来,目前的跨屏测量并非真正意义上多屏收视的综合效果测量,而是不同屏端效果的并列,或者说是测量数据的分别呈现,本质上是混而不合的。各调查机构对不同屏端的收视监测,有的推崇同源样本测量,有的信奉多源混合测量。理论上看,同源样本测量是实现跨屏综合效果测量这一目标最有效的途径。其优势是,强调样本的同源性和衡量指标的一致性,同时准确掌握样本用户的身份属性,能够反映同一样本的流动或重叠收视情况,对他们接触不同媒介或屏端的时间分配和收视行为进行跟踪、比较、测量和综合评价。难点在于,要求样本量非常大,面对海量的视频资源以及受众行为的碎片化与收视的蓝海化,要尽可能覆盖调查所要求的海量内容和多元受众,这无疑意味着测量成本的巨大投入。CSM 在同源测量中裹足不前,原因多缘于此。

多源测量不强调样本的同源性，对不同屏端的受众行为有不同的测量方式，指标不一，有些是普查数据，有些是样本数据，之后再进行数据融合。多源测量的优点是能够适应各种媒介特征，紧贴各屏端的传播实际，有大数据的完整，也有小数据的人口特征和代表性；弊端是样本不同源，数据往往也是异构的，缺乏共同标准，抽样小数据与大数据不在一个量级上，数据存在冗余或对立，去重困难，大小数据之间如何匹配和融合也存在问题。

跨屏测量的目标是综合测量多屏收视效果，获得跨屏总收视数据。目前，国内外对于这一领域均在探索之中，尚无通用的测量模式和行业标准。著名的尼尔森公司（Nielsen）、凯度集团（Kantar Media）等跨国调研机构尝试采用同源测量方式，即以电视样本为基础，将收视测量扩展到电脑端和移动端，但是投入甚巨；而国内的探索则以多源混合测量为主，但大都处于数据不合，或者数据混合而非融合阶段。例如，国双科技对中屏和小屏的测量，采用非同源测量，由于不同平台识别用户的标准不统一，采集的数据难以打通，如何实现对同一用户的多种收视行为的综合分析仍在探索之中。显然，能否平衡测量目标与成本之间的关系，寻求测量模式和数据融合的优化方案，是决定选择同源测量还是多源测量的关键性因素。

（二）融合之困：大数据与小数据

跨屏测量要实现对多屏收视的综合效果评估，必然涉及大小数据及其融合问题。以传统电视收视率为代表的样本小数据，有人口特征，随机抽样代表性强，能够反映总体，但是存在抽样误差、细节不清晰等缺点；大数据具有数量巨大、实时敏感、精细度高等优势，但是依托网络技术测量获得的大数据，无法确知受众的人口特征，很多大数据只是局部全覆盖和局部全量数据，存在数据源偏差（见表3）。国双科技监测的PC端和移动端数据，酷云互动的智能电视数据和视频网站后台数据等，都属于大数据，都需要进行受众画像，而且都是对自身测量覆盖范围内全样本的采集，无法代表全部总体。

真正全局性的大数据应该是整个国家或社会层面的，这是一种理想。

表 3　大数据与小数据特点比较

类型	数据特点						
大数据	普查	面对数据	非结构化	局部全覆盖	细节清晰	实时敏感	数据源偏差
小数据	抽样	面对需求	结构化	代表性	细节不清	时间周期长	抽样偏差

来源：本研究编制。

大数据、小数据互有优劣，各有擅长。在大、中、小屏并存且电视传播仍居主流的今天，单纯依靠任何一种数据都是不明智和不现实的。跨屏测量要实现多屏收视综合评价的目标，需要发挥大小数据的优势，进行数据融合。国外有一种解决方案是，以同源样本数据为主，融合互联网大数据，即用抽样小数据连接网络大数据，前者是用小数据描绘受众特征和跨屏收视的整体图景，后者是对局部细节的高清还原。例如，尼尔森公司尝试利用样本数据进行建模，为大数据提供智能匹配基础，然后基于两类数据的共同特性进行融合。共同特性数据通常被称为"连接变量"（Linking Variables）或者"融合钩"（Fusion Hooks），可以是人口统计特征，也可以是设备型号、IP 地址等。一般而言，"连接变量"或"融合钩"对数据源的代表性越强、数量越多，两个数据的融合信度就会越高。[①]

在国内，基于多源测量的大小数据的融合也在不断探索之中。CSM 继将机顶盒回路数据与电视收视率样本数据结合，推出新数据产品之后，又联合美国 comScore 公司提供基于非同源的"电视+PC"跨屏受众测量（CMAM）数据产品。通过大小数据的融合实现"大数据"下受众属性的识别，无疑是强化大数据价值的关键。然而迄今，大小数据的融合仍然是行业公认的难题，求解仍有待数据科学和算法的创新。

[①] 转引自：刘恬. 视频新生态下的跨屏受众测量研究 [D]. 北京：中国传媒大学，2016：25.

(三)统一标准：失范与规范

跨屏测量领域目前面临的主要问题之一是，缺乏行业标准，难以规范和相互比较。首先，与标准化的传统收视率调查相比，跨屏测量的发育仍在初始阶段，突出表现为各种新的测量技术和解决方案纷纷出台，但良莠不齐，大都缺乏理论论证和实践检验，也缺乏成熟而规范的操作模式，仍处于实验期和试错期，尚未形成标准。其次，各调查机构都有一套自己的监测系统，不同技术路径、数据采集、指标体系同时并存，测量结果无法进行横向比较和参照，只能"自圆其说"，行业内部秩序混乱，难以形成整体良性生态。最后，缺乏统一的标准和规范，不仅无法帮助传媒准确地洞悉受众和有效地把握市场，而且有碍测量行业自身的发展，难以形成行业认同，难以开展行业统一行动，更难以与相关行业形成联动。

例如，关于开机率的升降，不同调研机构针对传统电视、智能电视和数字有线电视得出的结果不一。其实前者是个人数据，后两者都是家户数据；而且智能电视与数字有线电视所用网络不同，进入商用的先后时序和覆盖人群也不一样，数据不具有可比性。一些调研机构的跨屏数据产品基本上是定制或专有产品，未必接受公开评判和市场检验，标准问题也就无从谈起。又如，内容植码是一项重要的监测技术，可以获得视频内容在所有终端平台上的收视数据，成本相对较低，并且有利于版权保护。但是，内容植码并没能推广开来，究其原因，一方面，固然与内容方和平台方的利益有关，内容植码需要内容播出方的合作，要将视频播放器嵌入读码器，另一方面，与监测行业未形成统一的行业标准和规范，未能凝聚视频产业链的各方形成制度性合力也不无关系。

跨屏测量业要改变"标准不一、规范不力、协同不足"的"三不"状况，亟须建立起为市场参与各方广泛接受和公认的统一标准和规范，包括测量技术、指标体系、数据模式、质量标准等。同时，在拥有新技术和新资源的新兴测量主体纷纷涌入、传统调研市场面临结构性重组的情况下，如何实现跨屏测量业健康有序发展的目标，良性竞争，协同发展，防止优劣无分乃至劣币驱逐良币的现象发生，也值得认真思考。

（四）秩序重塑：数据源分散与第三方监测

融媒体时代视频内容的跨平台多屏传播，不仅改变着受众数据的生成、采集和生产模式，也在重塑新的数据秩序。视频行业的内容运营商、网络运营商、终端设备商以及应用软件生产商等利益相关方，成为潜在或显在的大数据拥有者，理论上都具有在特定范围内开展受众研究和收视统计的基础与现实空间。[①] 数据资源拥有者的多元化冲击着传统上由第三方监测机构提供数据的市场秩序：数据资源的拥有方可以自行生产数据，并抵制第三方"插足"；数据所有权的分散和数据壁垒的阻隔，又使得第三方调研机构跨平台、跨终端采集数据面临重重困难。

值得注意的是，新兴的数据资源拥有方不少属于"多重利益主体"：有的既是内容播出平台，又是受众数据所有者，还是广告分销商；有的既是数据的提供者，又是数据的使用者。主体身份多重，业务利益交织，这不符合调研机构必须是客观、公正、中立的"第三方"的要求。另一方面，这些平台、终端、网络或软件商虽然拥有数据资源，却只知自己不知他人，只知局部不知整体，犹如一个个数据孤岛。要保证数据的全面、科学、客观和安全，能够通行于各利益方之间，真正起到"通用货币"的作用，以准确把握受众需求和市场动态，仍然需要一个独立、客观、有公信力的"第三方"，提供面向整个市场的数据。

跨屏生态下的"第三方"，面临数据源分散与提供独立权威的"通用货币"之间的矛盾。解决矛盾的一大关键是转换思维，秉持开放、众包、协同的互联网精神，打破数据壁垒，在保证科学标准和质量控制的前提下，构建数据共享和协同创新的新机制。CSM与互联网信息商comScore、与智能电视数据商欢网科技之间的合作，是目前调研机构与信息服务商、数据拥有方或软硬件设备商之间的"初恋"。"第三方"不一定是全部数据资源的拥有者，但是要成为"行业货币"的提供方，它必须首先是新的数据秩序的建设者和市场规则的捍卫者，必须保持独立客观的立场，提供科学、精准、可通用的

---

① 陈若愚. 收视率与互联网时代的数据秩序[J]. 收视中国, 2015（4）: 1-2.

数据，这是必须恪守的准则。①

四、结语

跨屏收视行为测量是一项世界性的行业难题，目前尚无公认的解决方案。我国跨屏测量的发展与国外大体同步，同样经历了混沌未开和初始起步期，时下正努力从试验场走向市场，朝着成熟、标准、制度化的方向迈进。

目前，跨屏测量还面临着诸多问题，从技术到市场到意识形态，不一而足。比如，技术的迭代更新与数据秩序的重建如何进行；收视行为测量如何向收视心理乃至参与行为和参与心理等方向拓展；如何发挥跨屏数据的多元价值，促进社会效益和经济效益的双赢，等等。尤其是，市场对于跨屏数据需求的内涵还不明确，现有数据与市场需求的匹配度不足，有许多新难点和新需求还无从回应。

如果说在传统收视率测量领域，我们的主题词是"学习""引入""改进"，那么在跨屏测量领域，我们的主题词则是"尝试""借鉴""创新"，因为没有国外的成例可援，也因为新的媒介生态日新月异。而立足于本土丰富实践的创新，既是中国的，也会是世界的。一个跨屏传受发展迅猛、数据需求十分旺盛的市场，值得人们为跨屏测量的探索付出更多的智慧和汗水。

---

① 刘燕南. 技术之变与规则之守［J］. 中国广播电视学刊，2010（9）：51-52.

市场货币的重构：美国跨屏受众测量的进展与思考*

融媒跨屏市场的有序化发展，要求建立新的超越传统视听率尺度的跨屏测量系统，以实现跨屏市场货币的重构，这是一项世界性前沿课题。2019年9月美国媒体评估委员会（MRC）推出的《跨媒介受众测量标准（视频版）》[①]代表这一领域的最新进展。

跨屏时代，内容和受众穿行于多渠道和多屏端之间，媒介接触的非线性、碎片化和移动化，打破了传统视听率测量所遵循的"受众—内容"的单源线性匹配模式。数据资源的丰富与分散，数据生产权、所有权和处置权的多元化和去中心化，引发受众测量生态的嬗变。多主体加入的行业竞争带来市场格局的重组，亦为跨屏测量从技术、方法到指标的一系列变革与创新提供了强劲动力，这些都成为促推跨屏测量标准出台的契机。任何市场的健康发展都离不开标准和规范机制，更何况是为媒介市场提供"交易货币"的受众测量。

作为世界上跨屏测量起步最早、活跃度最高的国家，美国的跨屏测量实

---

* 本文原载于《中国新闻传播研究》2021年第2期，与刘佳琪合作撰写。
① 美国媒体评估委员会（Media Rating Council，MRC）是美国受众评测领域的非营利性行业协会，由除媒介测量公司以外的媒介市场各参与方组成董事会，其主要职责是制定媒介测量的最低标准，并由独立的注册会计师事务所提供测量服务的审核和认证。《跨媒介受众测量标准（视频版）》（简称《标准》）因仅涉及视频内容和大中小屏端，又可称为跨屏受众测量标准。本文中"跨屏"与"跨媒介"两个概念基本通用。参见：美国媒体评估委员会官网 http://mediaratingcouncil.org/History.htm。

践、跨屏受众测量标准的推出，具有世界性标本意义。我国的跨屏测量目前仍处于发展初期，如何在寻找适合本国国情的发展方向的前提下，学习借鉴普适性的市场规范和测量模式，推动跨屏测量进展，美国经验无疑为我们提供了一定的参考和启示。

一、研究梳理与实践推进

所谓跨屏受众测量，主要指对在电视大屏、电脑中屏、手机（或 iPad）小屏之间切换游走的受众收视行为进行测量，即采用一定技术手段对不同屏端受众的收视行为进行识别、跟踪、记录和整合。[①] 跨屏受众测量是融媒生态中一个新兴的、应用性较强的领域，目前学界成果还不丰富，既有的研究大都遵循"受众—测量—市场"的分析框架，从受众变迁、测量方法、指标体系、市场秩序以及行业货币的建构等方面进行探讨。

美国学者南波利（Philip M. Napoli）指出，受众的跨媒介分布使传统测量面临困境，单一媒介内容受众的货币化遭遇日益复杂的挑战。他从测量方法、指标体系等角度出发，提出新媒介环境需要尝试新的视听率指标。[②] 美国西北大学教授韦伯斯特（James G. Webster）认为，受众的碎片化和媒介使用自主权的增强，使传统的基于媒介接触行为的受众测量系统面临压力，新的测量方式需要跨越时空跟踪受众，无论是"以用户为中心"还是"以服务器为中心"，受众测量都亟待创新。[③] 学者贝尔梅霍（Fernando Bermejo）的观点是，受众测量不仅有学术意义更有市场价值，市场需求是测量标准的催生剂，互

---

① 刘燕南，张雪静. 跨屏受众收视行为测量：现状、问题及探讨[J]. 现代传播（中国传媒大学学报），2016，38（8）：1-7.

② NAPOLI P M. Audience evolution and the future of audience research[J]. International journal on media management，2012，14（2）：79-97.

③ WEBSTER J. Developments in audience measurement and research[M]//CALDER B J. Kellogg on advertising & media：the Kellogg school of management. New York：Wiley，2008：123-138.

联网时代的"通用货币"有待在竞争中确立。①

就我国的跨屏生态和测量实践而言，刘燕南、张雪静从跨屏受众收视行为的多时态多场景化、自主碎片化、多任务整合化等特征出发，指出受众测量正由电视受众测量（TAM）向视频受众测量（VAM）转型升级，国内跨屏收视测量面临方法创新之困、技术升级之困、数据融合之困以及市场秩序重建等难题。②陈若愚认为，互联网时代数据的生成、采集、存在状态都发生了变化，数据所有权和形态的多样化，对传统收视率时代形成的调查业秩序形成冲击，但是标准化、权威化、中立的数据产品仍是市场之必需。③郑维东针对国内跨屏收视测量一直裹足不前的现状指出，低标准或无标准造成跨屏数据产品服务"半成品"和"夹生饭"现象，国内首部《电视收视率调查准则》已于2014年由国家标准化管理委员会发布实施，视频媒体早已万象更新，国内跨屏收视测量行业标准的研讨与制定也亟须加快进程。④

在测量方法和技术层面，刘燕南、刘双等在比较美国几大市场调查机构跨屏受众测量技术的基础上，指出跨屏测量的数字技术趋势已不可逆转，我国这一领域的新技术含量不足，应植入数字技术基因，强调方法和算法的创新，以及跨屏指标的可比性或融通性。⑤尹培培和周文粲从基于双向网络、海量样本回路技术的收视调查出发，对整合电视和新媒体收视的新型收视调查进行思考，进而探讨采用海量同源样本方法，通过决策树训练和模式识别等大数据技术对跨屏受众行为进行捕捉和分析。⑥徐立军在分析大小数据特点的

---

① BERMEJO F. The Internet audience: constitution & measurement [M]. New York: Peter Lang Publishing, 2007: 10-17.
② 刘燕南，张雪静. 跨屏受众收视行为测量：现状、问题及探讨 [J]. 现代传播（中国传媒大学学报），2016, 38（8）: 1-7.
③ 陈若愚. 收视率与互联网时代的数据秩序 [J]. 收视中国, 2015（4）: 2.
④ 郑维东. 再谈跨屏收视测量 [J]. 收视中国, 2020（8）: 2.
⑤ 刘燕南，刘双，刘恬. 国外跨屏受众测量的发展特征与思考 [J]. 中国地质大学学报（社会科学版），2016, 16（6）: 98-105.
⑥ 尹培培，周文粲. 大数据时代的电视收视调查与跨屏收视研究 [J]. 广播电视信息, 2014（3）: 45-49.

基础上，从数据获取、数据开放、数据跨域关联和数据深度挖掘四个方面探讨了大小数据融合的实现路径。①相形之下，国外学者更多聚焦测量技术的创新研究，伍德福德（Darryl Woodford）等人和凯里（John Carey）提出，可以采用 API 方式进行数据采集，将社交媒体受众测量作为电视受众测量一个新的组成部分②；赫斯勒（Jennifer Hessler）则通过梳理网络时代测量仪技术的发展，指出受众测量技术开始向生物识别转向。③

受众测量本身自带创研基因，测量方式变迁背后均有数理原理和科技因素的加持。相比研究者的"纸上谈兵"，一些传统或新兴的测量公司更多地从实际出发，不断推出新的响应市场需求的数据产品，其中不乏新锐公司的闪亮科技和火花思维，而老牌的尼尔森和凯度两家头部公司最具代表性。

作为世界视听率调研的第一品牌，尼尔森在跨屏测量领域很有带头意识。2006 年尼尔森推出"随时随地进行媒体测量"（A2/M2）五年计划，在人员测量仪样本中添加互联网项目，对在线流媒体视频进行测量，同时开发便携式媒体测量新设备；2013 年推出 TAM 全受众/全测量项目，测量不同屏端受众，提供包括直播和时移、数字和总体、内容和广告在内的数据服务。2020 年尼尔森尝试进行整合，推出一套跨媒体解决方案"Nielsen One"，以可寻址的方式测量，最终实现一个平台、一个样本组、一个产品的"三个一"目标：通过统一的云平台进行数据集成和规范化；采用一个有代表性的样本组收集电视、CTV、移动设备和电脑中的收视行为数据；将电视和数字测量产品组合，简化为单一跨媒介产品。

---

① 徐立军. 数据时代的未来：大数据与小数据融合的价值与路径[J]. 新闻与写作，2015（11）：11-15.

② WOODFORD D, GOLDSMITH B, BRUNS A. Social media audience metrics as a new form of TV audience measurement [J]. Producing theory in a digital world, 2015（2）：141-158.
CAREY J. Audience measurement of digital TV [J]. International journal of digital television, 2016, 7（1）：119-132.

③ HESSLER J. Peoplemeter technologies and the biometric turn in audience measurement [J]. Television & new media, 2021, 22（4）：400-419.

凯度是一家颇具开放性和创新力的跨国媒介研究集团，也是我国广视索福瑞公司的外方母公司。2013年前后，凯度提出跨平台多终端（Cross Platform Cross Device，CPCD）全球战略，首先用于监测电视直播和时移收视，此前凯度曾经收购一家德国互联网测量公司（Spring），开发虚拟测量仪用于中小屏受众测量。2015年凯度与康姆斯科合作，推出刷新版的跨媒介受众测量（Cross-Media Audience Measurement，CMAM）计划，涵盖大中小屏，对电视直播内容、视频点播和时移内容、数字视频内容、网页和应用内容等进行监测。2019年凯度与英国BARB合作推出网络测量仪（Focal Meter）项目，通过家庭路由器，对电视、智能手机、平板电脑和PC端的收视行为进行监测。

行业巨头的竞相争先，主观上或有争夺新标准主导权的意图，客观上仍然推进了跨屏测量的发展。从测量技术、测量方式到数据算法的创新，一个多元竞争、开拓而非内卷的市场，对于标准的呼唤必然是真切而急迫的。相形之下，对跨屏测量标准的探索在我国仍处于初始期。

二、美国跨屏测量新动向

跨屏测量时代，传统的视听率测量以垄断性第三方机构、同源样本组、单一数据源、测量仪或日记卡、"两端测量＋时间匹配"为特征的模式已经难以为继。美国的跨屏测量可以说是在颠覆和变革旧有模式，全方位寻求市场生态、测量技术和测量模式的创新中探索前行的。

（一）市场格局：多方参与跨屏数据服务

目前，美国跨屏测量市场主要由跨屏测量服务方、原生数据服务方、整合数据服务方三类主体构成（见表1），后两者可谓跨屏时代的新生物，尤其是第三类。当测量机构"独家通"吃已不再现实时，多主体、去中心与再中心便成为关键词，多方合作，形成跨测量机构的数据处理中心正隐然成为一种趋势。

表 1　跨屏受众测量市场格局

	跨屏数据提供方	原生数据提供方	整合数据提供方
提供产品	跨屏受众收视数据	单源受众收视数据	融合数据 受众细分 广告归因
相关企业	数据需求方 数据合作方 内容/广告方 媒体机构	数据需求方 数据合作方 内容/广告方 媒体机构	数据需求方 数据合作方 内容/广告方 媒体机构
数据形态	抽样数据 普查数据 （与网络平台合作）	普查数据	融合数据 （整合多个数据源）
主要技术	实体/虚拟测量仪 声纹 水印 植码 同源 Wi-Fi BT 流监测 虚拟 ID	服务器端采集 植码技术	相关算法
代表性机构	尼尔森 凯度 康姆斯科	YouTube Roku Tivo	雏形如 OpenAP

来源：本研究编制。

　　跨屏测量服务商指专业提供跨屏受众测量解决方案的调研公司，通常拥有自主技术，能够获取第三方性质的一手数据，是跨屏测量的主要力量。跨屏测量服务商大体可分为两类：一类由传统视听率测量公司转型而来，如尼尔森、凯度集团，力图将在传统测量领域多年累积的品牌、经验、数据资源升级延展至跨屏领域；另一类是以网络技术和信息服务起家的新兴公司，如康姆斯科（comScore），以流媒体监测起家的 Tru Optik 等公司也开始崭露头角。这些新公司由于拥有测量技术、大数据或算法等方面的核心竞争力，大有一展拳脚的黑马之势。

原生数据服务商是互联网（媒体平台）应用和服务机构的统称，以流媒体平台商（如 YouTube、Roku、Hulu 等）、互联网服务商（如 Google、Adobe、Facebook 等）和终端厂商（如 Tivo）等为主，通常只能提供受众/用户使用自家平台或终端所产生的一手数据，形成单一平台用户报告；或与测量公司合作，成为跨屏受众测量的重要数据源。比如 Tivo 是一家数字录像机/机顶盒制造商，可以按照受众需求录下相应的直播节目，也支持部分流媒体内容的观看；它通过回路数据进行收视测量，并对外提供 API 以帮助客户集成数据。

整合数据服务商并不（或很小）自产一手数据，而是通过与上述两类数据服务商合作，采用数据模型、AI 算法等方式整合数据，提供数据管理平台（Data Marketplace，DMP）和跨屏数据、受众细分、广告归因等服务，为跨屏测量市场的多源数据、多种需求、多重指标等问题提供解决策略。以全球性媒体娱乐集团 NBC 环球（NBCUniversal）为例，2018 年该公司与多家测量机构合作，推出行业第一家跨平台广告框架 CFlight，使用由尼尔森、康姆斯科、Moat 等公司提供的包括电视线性收视和数字收视在内的测量数据，对来自 OTT、电脑和手机端的直播、回放、点播等数据进行整合。[①]

上述三类服务方之间的界限并不总是泾渭分明的。尼尔森在构建自己的跨屏测量体系的同时，也通过合作渠道向第三方平台提供数据，并推出数据管理平台（DMP）帮助客户细分受众和广告归因。[②] Tru Optik 则推出数据集市（Data Marketplace，DMP），整合包括尼尔森、康姆斯科、凯度在内的多方数据，为客户提供包括受众人口统计特征、行为和兴趣在内的市场数据。[③]

---

① NBCUniversal. Everywhere：Introducing CFlight［EB/OL］.［2020-11-18］. https://together. nbcuni. com/article/rce-everywhere.
PETERSON T. One year in，NBCUniversal's cross-platform measurement framework CFlight shows promise［EB/OL］.（2019-04-19）［2020-11-18］. https://digiday. com/future-of-tv/one-year-nbcuniversals-cross-platform-measurement-framework-cflight-shows-promise.
② NIELSEN. Unifying devices and households paves the way for addressable ad replacement［EB/OL］.（2020-10-14）［2020-11-18］. https://www. nielsen. com/us/en/news-center/2020/unifying-devices-and-households-paves-the-way-for-addressable-ad-replacement.
③ TRU OPTIK. Data marketplace［EB/OL］.（2020-10-14）［2020-11-18］. https://www. truoptik. com/data-marketplace.

市场需求是促成数据平台的重要动因；跨屏测量复杂多元、行业竞争压力的加剧，也是诸多公司选择通过合作提供跨屏数据服务的主要缘由。另外，融媒生态下对长尾内容受众的识别和收视监测，对测量技术和数据算法都提出了更高的要求，催生出一批有数字技术背景的"小而专"公司，数字管理平台亦为这些新锐力量提供了扩大合作范围、更多参与跨屏数据服务的机会和可能。

数据管理平台的出现是跨屏测量业发展的必然选择，这是一个去中心与再中心的辩证过程。同样是中心，但两者在结构和属性上已有根本不同：后者是多元主体基于合作、共享和互利的服务中心；前者则是某一公司的垄断性和一统性中心。当然，理想中的数据管理平台应具有数据"安全岛"机制，建立在公正、诚信和隐私安全的基础上，是专注于提供数据整合平台的专业机构；既具有市场商业性，又兼容公共性，在隐蔽个人信息和提供必要的隐私保护的前提下，聚合多方一手数据进行处理，某种意义上体现出互联网开放、赋权、连接、跨界的理念和发展趋势。按照这个标准，数据管理平台和整合数据服务都还有转型升级的空间。

（二）技术趋势：数字算法与生物基因

测量技术的发展迭代，从水印、植码、声纹、便携式人员测量仪到虚拟测量仪技术，由家庭到个人，由寻址设备到定位个体，其目标始终在于更好地识别和监测内容受众的收视行为。跨屏生态为收视测量带来诸多困扰，同时也为测量技术的创新带来机遇。

1. 同源 Wi-Fi 监测：家庭内跨屏测量

同源 Wi-Fi 监测是指通过家庭路由器定位与之相连的联网设备，以此获取人们跨屏收视情况。家庭中连接 Wi-Fi 路由器的设备通常固定不变，可以通过在样本家庭中安装硬件设备、测量 Wi-Fi 路由器的旁路信号，来获知受众收看内容的终端设备和 URL 地址。但路由器 Wi-Fi 监测只能识别收视设备，对于跨屏内容的测量还需要配合内容植码技术完成。这一技术有助于跨屏测量数据从家庭级别向个体级别发展，勾勒出家庭内多设备收视的全景图。

作为一家新兴的网络信息服务公司，康姆斯科（comScore）从 2016 年起开始拓展其 Total Home 样本组，将测量设备安装在其所招募的样本家庭里，从 Wi-Fi 路由器中获取不同设备的使用行为和数据。① 随后，该公司又推出了 "Connected Home"服务，测量包括电脑、平板电脑与手机、智能电视、流媒体棒/盒子、游戏机、智能家居/物联网（IoT）等在内的家庭联网设备中的用户行为，主要数据包括设备渗透率、使用频率、参与时间、家庭人口统计数据、设备制造商和操作系统的市场份额，以及跨设备活动行为等。② 同样，凯度也采用同源 Wi-Fi 探测技术推出网络测量仪（Focal Meter），将这一设备安装在样本家庭后，所有加入家庭 Wi-Fi 的设备（平板电脑、智能手机、智能电视和计算机）都会自动注册，并具有样本组成员在共享设备上的登录功能，以提升测量的合规性。网络测量仪通过拦截连接到家庭 Wi-Fi 的所有设备的 Web 流量来收集数据，与凯度的 Tagging 植码技术相结合，以测量流媒体内容的跨屏收视情况，现已在英国、芬兰和挪威等国投入使用。

2. 流监测：跟踪与定位

流监测（torrent monitoring）是指对基于 BT（BitTorrent）协议的对等网络中共享数据的监测。基于 BT 协议的内容传输，其主要原理是将需要传输的文件虚拟分成大小相等的块，并记录初始文件上传者和每位下载者的 IP 地址，此后由各下载者之间相互通信、交换数据完成每一次下载，每位下载者同时充当着服务器和客户端两种角色。用户一般通过电脑、手机/平板电脑、智能电视等相关客户端完成内容的上传与下载。基于 BT 协议的内容传输无须服务器参与，往往被用于免费发布内容。在高质量内容日渐需要付费的今天，这种方式无疑有市场效应，但也存在侵害著作权的隐患。利用 BT 协议进行流监测、收集用户的 IP 地址等信息并建立大型数据库，已经成为受众测量技术的探索方向。

---

① BEET. TV. ComScore expanding "total home" cross screen measurement [EB/OL].（2017-05-07）[2020-11-18]. https://www. beet. tv/2017/05/17nabcomscorehinnant. html.
② comScore. ComScore introduces breakthrough service to measure consumer interaction with technology and media across the connected home[EB/OL].（2017-03-09）[2020-11-18]. https://www. comscore. com/Insights/Press-Releases/2017/3/comScore-Introduces-Breakthrough-Service-to-Measure-Consumer-Interaction.

美国 Tru Optik 公司的家庭图谱专利（Household GraphTM）采用基于流监测的跟踪与定位技术，通过收集包括 IP 地址和传输信息等在内的流数据、建立数据库并将之与社交媒体数据等其他数据源进行融合分析（如将社交媒体中获得的基于 IP 地址的人口统计信息与流监测所得的 IP 地址数据相交叉和匹配），最终将包括电脑、移动设备、联网电视在内的所有流式处理设备与所测家庭同步，获得跨屏收视数据。①2018 年 Tru Optik 推出基于家庭图谱专利（Household Graph™）的跨屏受众验证（Cross-Screen Audience Validation，CAV）服务，以测量 OTT 广告为主，提供家户到达率、频次、平台、设备及内容提供商等信息。Tru Optik 已在美国国内实现超过 8000 万家户的家庭图谱映射，覆盖超过 90% 通过联网设备收看内容的美国家庭。②

3. 生物方式：可穿戴设备与受众识别

采用超声波运动探测器、红外体温传感器、面部扫描仪、可穿戴设备等进行生物识别基础上的受众测量，早在 20 世纪 80 年代就开始了探索，尽管一些创新由于缺乏商业可行性而未能推广。将生物识别技术应用于受众测量，是视听率行业追求无干扰测量、提升测量质量的重要途径，新技术的发展也为生物识别带来新的可能。

2017 年，尼尔森推出其新一代便携式人员测量仪（Portable People Meter，PPM），一种可穿戴设备智能手表，具有配套的移动应用程序，可以通过蓝牙功能与样本组成员的智能手机相连，还支持利用 GPS 技术回传个体收看时所处的位置信息。③新一代 PPM 的收视测量原理仍然是音频水印技术，通过可

---

① GEIS A. Household graphing system：US10412180B2［P］.（2015-05-08）［2020-11-18］. https://www.zhangqiaokeyan.com/patent-detail/06130404425313.html.

② TRU OPTIK. How we are different［EB/OL］.［2020-11-18］. https://www.truoptik.com/how-we-are-different.

③ INSIDERADIO. Nielsen looks to change game with next-gen PPM［EB/OL］.（2017-05-22）［2020-11-18］. http://www.insideradio.com/free/nielsen-looks-to-change-game-with-next-gen-ppm/article_3fda7168-3ecb-11e7-a71b-7bfb87282ad0.html.
INSIDERADIO. Testing，testing：nielsen puts wearable ppm devices through their paces［EB/OL］.（2019-01-07）［2020-11-18］. http://www.insideradio.com/testing-testing-nielsen-puts-wearable-ppm-devices-through-their-paces/article_a4f3598c-124d-11e9-b9af-f7fe9e78d3e9.html.

收音的麦克风检测人耳听不到的 CBET 代码，移动应用程序也支持测量智能手机上的流媒体内容收视情况。

新创公司 Tvision 一直致力于利用计算机视觉算法测量个体观众的视频内容收视与互动行为。除了与技术公司 ACR Cloud 合作开展基于音频水印的内容自动识别测量外，Tvision 还在样本家庭中安装传感器设备，通过人脸、表情识别程序测量电视机前多个观众视线、面部表情的秒级数据，并据此推出收视指数 VI（Viewability Index）和关注指数 AI（Attention Index）两项指标，分别反映开机状态下屏端的收视人数和内容关注度。[1] 这一技术现已在美国、日本市场初步投入使用。将面部识别技术与收视测量相结合，一方面可以精确识别个人，改进了以往的设备寻址到确定个人的技术，另一方面也是对受众内容关注情况的深化测量，后者对于广告商和内容商来说可能更具有价值。当然，包括面部识别在内的生物技术会存储个体生物特征信息，有可能带来隐私风险。

（三）方法更进：同源测量与虚拟 ID

跨屏受众测量大体分为同源和多源两种路径。同源测量一般指以固定样本组的方式对受众在电视、电脑、手机等多个屏端的收视行为进行数据采集，实现同一样本组、同一框架下的跨屏受众监测。多源测量则是指数据的采集来自不同的数据源，通过对不同平台、不同终端受众的收视监测，获得各种普查大数据或样本小数据，经由特征匹配、数据融合和算法模型等处理方式，实现跨屏测量的目的。

同源样本组的优势在于能够把握受众的社会特征，劣势是覆盖海量的媒体/平台内容尤其是长尾内容所需的样本量及投入巨大，对于人口众多、结构复杂的市场而言，难以承受。目前美国跨屏测量的主要趋势是同源与多源并行，有以同源为主的趋势。比如，以多源测量支持普查数据，再利用同源样本组数据作为真值集（truth set），或者经由校准模型将具有某些背景特征的

---

[1] TVISION. 視聴質データについて［EB/OL］.［2020-11-18］. https://tvisioninsights.co.jp/quality.

用户所出现的收视行为进行叠加或迁移，使其背景与行为特征相匹配，以验证经算法融合后数据的有效性。不过，普查数据与样本数据融合的有效性仍有待改进，而第三方利用 cookies 追踪用户信息近年来又被包括火狐、Google 在内的主流浏览器所拒绝。因此，从可控和有效的角度来看，同源测量可能成为跨屏测量发展的主要方向，只是其方式目前已有所改变，即通过虚拟 ID 等方式实现数据的"同源化"，而非传统意义上的样本组同源。

利用虚拟 ID 辅助同源测量，尤以世界广告人协会（WFA）在其《测量跨媒介到达和频次的技术建议》中提出的虚拟 ID（VID）和通用安全测量 ID（SUMID）最为典型，它们分别代表虚拟 ID 推行的两个步骤：一是用虚拟 ID 反映可见曝光，即通过算法模型为受众的可见曝光分配一个或一组虚拟 ID[①]，虽然个体的实际身份信息与 VID 并不一一对应，但因采用行业共用的算法模型进行分配，计算唯一 VID 的可见曝光，由此，VID 能够对去重后的到达率和频次进行较为准确的总体性估算[②]；二是以安全通用测量 ID 反映收视个体，即以电子邮件地址或用户在各平台账号的元数据作为通用 ID 代表个体，最终实现以虚拟 ID 映射每一次观看行为直至每一位个体。

一些测量机构尤其是有数字技术背景的新兴公司已经开始探索可行的虚拟 ID 解决方案。Tru Optik 的家庭图谱方法原理之一，就是给个体或家庭户分配独特的虚拟标识符，以此作为跨屏测量的统一身份 ID，形成单源测量系统。康姆斯科（comScore）为了应对禁止 cookie 追踪的网络环境，也推出原子 ID（Atomic ID）进行探索性实践。还有一些公司将虚拟 ID 映射到家庭或个人进行收视测量之外的广告归因等更高阶的服务，以增加测量产品的吸引力。

---

①② WFA. Cross-media measurement system for reach and frequency［EB/OL］.（2019-09-01）［2020-11-18］. https://wfanet.org/l/library/download/urn: uuid: 2647d566-42fb-45d5-8f64-c62356efc46d/cross_media_measurement_system_for_reach_and_frequency.pdf?format=save_to_disk&ext=.pdf.

三、《跨媒介受众测量标准（视频版）》：内容与解读

2019年9月，美国媒介评估委员会（MRC）联合美国广告商协会（4A）、全美广告主协会（ANA）、互动广告局（IAB）、视频广告局（VAB）推出《跨媒介受众测量标准（视频版）》，测量范围包括电视、OTT和数字视频，是覆盖电视和网络视频、跨越大中小屏之全收视测量标准，又可以称为跨屏测量标准。这是经过多年各测量公司自行探索新技术、不断推出自成体系的各种方案后，由行业组织融汇多方意志和力量形成的第一个跨媒介测量标准，也是致力于建构通用性跨媒介"市场货币"的重要举措。

新标准的推出是一项系统工程，MRC曾于2015年年底发布《无效流量检测和过滤指南》，2017年12月发布《基于数字受众的测量标准》，两者从去重受众处理、有效流量确定和数字受众界说等方面为跨媒介测量标准的出台扫清了障碍，这些都源于2011年实施的"使测量有意义"（Making Measurement Make Sense，3MS）计划。之后，MRC还将推出展示版和音频版，路线图已绘出，时间表还待定，最终旨在实现测量标准的跨媒介全覆盖。

MRC的新标准主旨明确：对跨媒介测量的关键指标进行统一界定，建构统一框架以促进和提升不同媒介之间的可比性；提出相关实践的操作建议和质量要求，鼓励大胆实验和创新以提高研究品质；强调隐私保护；提出循序渐进分几步走的实施策略。主要内容如下[①]：

（一）坚持以客户端测量为核心

MRC要求，内容或广告收视的测量统计应在客户端进行，而非服务器端；应尽可能在广告或内容分发给被测量受众时发生，且在内容或广告已加载时进行，即认为服务器端测量既不能真正反映受众收视的实际情况，也无

---

① MRC. Cross-media audience measurement standards（phase i video）final［EB/OL］.（2019-09-01）［2020-11-18］. http://www.mediaratingcouncil.org/MRC%20Cross-Media%20Audience%20Measurement%20Standards%20（Phase%20I%20Video）%20Final.pdf.

法保证测量的有效性。围绕这一核心，MRC对跨媒介测量的技术细节进行探讨，包括加码、水印、数字指纹、基于测量仪的样本追踪和跨设备识别用户等，要求数据要基于个人而不是设备。该标准还要求对各种来源的数据进行质量监测，集成数据要经过实验室测试，以确保符合标准；测量方应该向数据报告的用户提供最低限度的信息披露，包括数据采集和编辑方法、报告的标准、结果的可靠性等。同时该标准还特别强调隐私保护，要求对数据做脱敏处理，避免从数据再定位和追溯个体信息，要求明确说明为何以及如何收集和共享信息，鼓励测量机构考虑并遵守包括欧盟《通用数据保护条例》（GDPR）在内的行业和当地相关法规准则等。

（二）强调去重受众和有效流量

即跨媒介测量以去重受众为对象，且基于有效流量。MRC要求对常规无效流量和复杂无效流量（分别为GUVT和SIVT）通过逻辑校验和技术算法的方式进行检测和过滤，以实现测量的基本效度。传统的单一媒介受众测量无所谓去重，也不讨论流量概念，虽然本质上流量等同于互联网的用户使用时间，与收视率思维有异曲同工之妙。

（三）重新定义有效测量统计单元

针对跨屏收视行为，从时长和画面两个维度界定有效测量统计单元为：至少连续2秒的完整画面（100%的像素显现），即所谓可见性阈值（viewability qualification threshold），并定义为"可见曝光"（Viewable Impression），以此作为测量和统计跨屏收视一系列指标的基础。这样的数据"粒度"，显然区别于传统电视收视率所定义的测量和统计单元，例如人员测量仪以31秒为有效收视时长、以1分钟为统计口径。

（四）确立四项基础指标

即确立了到达率（Reach）、频次（Frequency）、收视率（Rating）、总收视率（Gross Rating Point，GRP）四项基础指标（见表2）。这些指标在名称上延续了传统收视率系列指标，但是内涵有所不同：四项指标均以"可见曝光"为指标基础；对应的是受众、用户和家户等对象，分别涉及传统媒体和互联网话语体系以及个体和群体概念，当然在跨屏测量中，人员（用户）和家户测量不得混淆；其中，到达率涵盖视听内容和广告，收视率亦然，频次和总收视率则侧重于广告。

表 2　MRC《跨媒介受众测量标准》基础指标

指标	定义与公式
到达率（Reach）	一个时间段（时段、节目或内容）内至少接触（可见曝光）过一次广告或内容的不重复受众（用户、家户），除以总人口或目标被测人口的百分比，也可以不重复的受众（用户、家户）总数表示。$$\frac{\sum 有可见曝光的不重复受众}{总体人口 \text{ or }（目标被测人口）} \times 100\%$$
频次（Frequency）	一个时间段（或会话）内不重复的受众（用户、家户）接触广告的可见曝光的平均次数，以不重复受众（用户、家户）接触广告的可见曝光总次数除以不重复的受众（用户、家户）总数表示。$$\frac{\sum 可见曝光}{\sum 可见曝光的不重复受众}$$
收视率（Rating）	对电视内容或其他片段内容的测量以及对离散性时间段的特定测量，以受众（用户、家户）的可见曝光除以测量的总体人口或目标被测人口表示。$$\frac{\sum 可见曝光}{总体人口 \text{ or }（目标被测人口）} \times 100\%$$
总收视率（GRP）	某一特定广告或广告活动的所有收视率之和，到达率乘以频次等于总收视率，或者用可见曝光除以总体人口或目标被测人口乘以 100% 表示。$$到达率 \times 频次 \text{ 或 } \frac{\sum 可见曝光}{总体人口 \text{ or }（目标被测人口）} \times 100\%$$

来源：据 MRC. Cross-Media Audience Measurement Standards (Phase I Video)，September 2019，本研究编制。

（五）创设"加权时长"概念

跨媒介测量追求数据指标的可比性和一致性，碎片化时代不同平台或媒体的时长数据丰富多变，尤其是广告，要想进行相关指标如 GRP 的比较，需

要采取时长加权的方式,旨在使不同时长广告活动的 GRP 具有可比性。时长加权最初在 MRC《基于数字受众的测量标准》中出现,权重以所有见曝光时长之和除以广告单位时长得出,即覆盖桌面和移动系统的数字广告可见曝光的平均时间量;而在《跨媒介受众测量标准》中,MRC 进一步强调收视时长作为各媒介或平台通用的指标之于跨屏测量的价值,加权时长的引入为数字视频和电视广告采用通行的基于时间的测量方法铺平了道路。

在 MRC 之后,2020 年 9 月世界广告人协会(WFA)也推出了针对广告的跨媒介测量框架及解决方案,包括《确立跨媒介测量新方法的原则:行业框架》和《测量跨媒介到达和频次的技术建议》两个文档。该方案认可 MRC 的可见性阈值(可见曝光)标准,并针对跨媒介测量服务会受到管理、标准和指标、隐私与安全、技术基础设施这四个关键且相关领域约束的情况,提出了概括性发展方向。该方案已经通过国际同行审查,将由英国广告者协会(ISBA)和美国全美广告主协会(ANA)进行本土化测试。考虑到 WFA 的世界性,此举可以视为是跨媒介测量标准在全球落地迈出的第一步。

四、他山之石,可以为错

如上所述,美国跨屏测量实践大体呈现出四个方面的主要特征:(1)测量(数据)主体多元,有从去中心向再中心发展的动向;(2)测量技术朝着数字算法和生物技术方向创新;(3)测量方式有以同源为主的趋势,但是通过虚拟 ID 等方式实现数据的"同源化",而非传统意义上的样本组同源;(4)测量指标统一,重新定义原有指标并升级转换为跨屏指标,同时引入新指标。

跨屏测量的美国实践具有一定的样本意义,尤其是在传统视听率测量机构基本属于全球连锁的情况下。不过,中国国情决定了我们的本土实践具有自己的特点。我国跨屏受众测量的探索,始自广视索福瑞(CSM)2013 年推出的"4R 全媒体收视率"计划。① 随后,CSM 与微博、欢网等公司合作,逐

---

① 在 2013 年中国广播电视协会电视受众研究委员会年会上,时任 CSM 副总经理肖建兵作了题为"CSM 全媒体收视率的实现:大数据时代的收视研究视角"的主题演讲。

步推出热点节目跨屏收视报告、微博电视指数、CSM-Huan 实时数据平台等产品；新兴的勾正、酷云等数据技术公司则主要聚焦 OTT 家庭智能大屏；由国家广电总局主导的"广播电视节目收视综合评价大数据系统"也以全国 1.6 亿有线电视和 IPTV 用户为基础，定期发布"中国视听大数据（CVB）"[①]。

在行业组织方面，中国媒体评估委员会（China Media Rating Council, CMRC）在参照美国 MRC 的基础上于 2016 年成立，该组织（英文名后改为 China Media Assessment Council, CMAC）由中国广告协会主管，成员包括腾讯、爱奇艺、搜狐、宝洁、新浪、小米等 30 余家广告主、媒体和代理商。[②] 此后，MRC 在中国广告协会及 CMAC 的推动下开展对精硕科技、秒针、尼尔森、国双科技等公司的数字受众测量服务审计[③]，并帮助进行构建行业标准的工作。[④] 在中国广告协会于 2020 年 12 月发布的《互联网广告投放监测及验证要求》意见稿中，可以看到 MRC 新标准的影子。2017 年 5 月成立的智能电视大数据联盟则主要关注智能大屏的行业发展和数据联结，致力于联盟 ID（UID）的生态建设，搭建 OTT 数据管理平台（OTT DMP）。[⑤]

近年来国内相关公司在跨屏受众测量领域多有努力，相关行业组织也在逐步建立和健全之中，但是跨屏受众测量市场生态仍不完善，尚未形成推动跨屏测量发展的行业性力量，在管理关系、技术创新、数据共享、隐私保护

---

① 国家广电总局收视综合评价大数据系统上线［J］.中国广播，2020（1）：52.
② 现代广告.互动广告行业进入政府监管与行业自律的崭新阶段：中国媒体评估委员会成立［EB/OL］.（2016-08-11）［2020-11-18］.http://www. maad. com. cn/index. php?anu=news/detail&id=5873.
③ 现代广告.MRC 到访中国广告协会 携手推动完善中国数字广告测量服务质量［EB/OL］.（2018-09-11）［2020-12-06］.http://www. maad. com. cn/index. php?anu=news/detail&id=7242. 国双 Gridsum. 接轨国际水准！国双进入中国互联网广告媒体测量服务审计流程［EB/OL］.（2019-07-10）［2020-12-06］.https://kuaibao. qq. com/s/20190710A0MMN500.
④ 现代广告.MRC 到访中国广告协会 携手推动完善中国数字广告测量服务质量［EB/OL］.（2018-09-11）［2020-12-06］.http://www. maad. com. cn/index. php?anu=news/detail&id=7242.
⑤ UID 是联盟内智能电视经过统一编码后的唯一认证代码，它使每一台智能电视都真实可见。参见：智能电视大数据联盟召开理事会，布局联盟生态链建设［EB/OL］.（2018-05-10）［2020-12-06］.http://media. people. com. cn/n1/2018/0510/c40652-29976677. html.

等方面还存在不少问题，我们有必要在参考借鉴国外经验的基础上深入探索和不断改进。

（一）理顺管理关系

CMAC 的成立是国内媒介测量试行"政府监管+行业自律"新模式的体现。CMAC 将自身定位为开展媒介测量服务审计工作的行业监督者，在认证审计标准和流程管理上与 MRC 合作，引导国内受众测量与国际标准对接。该组织由中国广告协会管理，后者是国家市场监督管理总局直属事业单位，从性质上说，CMAC 与独立于政府部门的行业组织美国 MRC 并不相同，它既带有市场和行业属性，又有行政因素掺杂其中，其职能范围相对有限。前述《互联网广告投放监测及验证要求》意见稿的推出，便由中国广告协会主导、CMAC 参与制定，与美国 MRC 主导完全不同。

更重要的是，广告和内容的跨屏受众测量在技术基础上具有共通性，MRC 关于跨屏受众测量的探讨并未将广告与内容完全分离。而在我国，广告领域由国家市场监督管理总局管理，视听内容的测量业务则由国家广播电视总局负责，对于跨屏测量标准的建立，商业管理部门和内容管理部门的目标和思路不尽相同，导致对跨屏受众测量的管理各自为政，力量分散，难以"跨界"融合。要推动我国跨屏市场"货币"的重构，亟须调整管理结构，理顺关系，厘清管理目标和取向，充分发挥行业组织的主观能动性。

（二）创新测量模式

我国跨屏受众测量发展至今，有关同源测量和多源测量两种方式的争论不绝于耳。从国际经验来看，同源样本组测量适合人口较少的国家或地区，比如我国香港地区的"同源样本+白名单"模式；对于人口较多的国家，如美国，此前开发多源混合测量系统、以同源样本组作为真值集来验证测量结果，就成为行业发展的主要方向。但是，同源样本组所得数据往往难以反映长尾收视行为，且理论上说，人口基数越大，收视的长尾效应越明显。近年来，美国通过虚拟 ID 等方式实现数据的"同源化"，这样既解决了跨屏受众测量的去重问题，也一定程度上消除了长尾困扰。我国媒介市场构成丰富而参差，受众基数庞大，美国的虚拟 ID 和同源映射方法，或许可以尝试参考和借鉴探索。

（三）统一测量标准

传统收视率测量中，电视画面不存在遮挡，线性直播模式下，内容和广告也无法跳过，但是数字环境中，跨屏收视测量则需要重新定义内容接触和广告曝光的有效性。早在 2014 年 MRC 就提出了数字平台上广告可见性阈值（可见曝光）的概念，从时长和像素两个维度定义有效性。2019 年在《跨媒介受众测量标准（视频版）》中，MRC 将可见曝光更新为"连续 2 秒的完整画面"（至少 2 秒 100% 像素的可见），作为测量和报告跨屏收视指标的基础，这显然有别于传统人员测量仪分钟收视率以 31 秒为有效时长的测量标准，此举得到了世界广告人协会的支持。

由中国广告协会发布的《互联网广告投放监测及验证要求》意见稿中同样提出了数字广告的可见曝光标准，分别是 1 秒 50% 画面（展示类广告）和 2 秒 50% 画面（视频类广告），对画面完整性和时长有效性的要求与 MRC 的标准均有所不同。不仅广告标准与国外不同，我国广告和内容的测量标准也莫衷一是，各测量机构的标准选取更是五花八门。标准不统一，无法形成行业货币，更谈不上通行和被接受。标准或阈值的界定，直接关乎测量结果的有效性和适用性，这涉及多方利益，需要在充分交流沟通的基础上达成共识，统一标准，这样才有助于促进跨屏测量市场的规范化发展。

（四）打通数据孤岛

数字环境下，跨屏测量面临数据主体多元、数据源分散、数据孤岛林立等困扰。各机构各自为政，大小数据壁垒森严，这里既有市场和商业利益的纠葛，也有法规和隐私保护等方面的考虑。近年来，国内相继成立了由广视索福瑞、央视市场研究、欢网科技、勾正数据等公司发起的智能电视大数据联盟；奥维互娱推出 OTT-DMP 大数据管理平台暨 OTT+mobile DMP 协同联合营销系统，连接大小屏数据①；酷开网络发布源生 DMP 数据管理平台和 CDP 用户数据平台，据称支持第三方监测，且与第三方、广告主 DMP 数据相打通②。数据孤岛问题有一定缓解的迹象，但尚未得到根本改观。

目前国内真正意义上的数据管理平台（DMP）仍处于萌芽状态，各机构以自有数据为主，相互之间的行业合作并不紧密。反观美国，跨屏测量市场是一个多方参与的复杂场域，随着一些新兴的数据管理平台（DMP）的出现，市场生态的开放性和整合性均有所提升。跨屏测量行业的发展逻辑，要求整合不同数据源，打通大小数据，数据管理平台在为用户提供整合服务的同时，实现数据价值的最大化，这也是统一跨屏测量标准的价值所在。

（五）注重隐私保护

跨屏受众测量中的隐私问题贯穿整个数据采集和处理环节，已引起人们的广泛关注。以同源 Wi-Fi 测量技术为例，如前所述，其原理是通过对同一个 Wi-Fi 域中联网设备的 MAC 地址进行扫描，将智能大屏设备与移动设备匹配，实现"由屏到人"的定位。所有联网设备的 MAC 地址具有唯一性，而一切不可重置的 ID 都属于"个人所有"③，包括在收视设备上预装测量设施，因此，被测量的用户知情和授权都是必要前提。此外，跨屏测量还涉及不同终端、不同平台上的受众数据，在数据交换、共享、处理和大小数据的融合过程中，做到关键信息的脱敏处理和隐私保护也殊为重要。

就目前而言，国内相关法规的建设还是进行时态，缺乏类似欧盟出台的《通用数据保护条例》（GDPR）一类的法规和行业准则，跨屏受众测量的隐私保护与行业披露仍有待完善。只有与受众建立起良好的信任关系，测量中遵守相关隐私保护规章，跨屏测量才能在充满风险的数字环境中健康发展。

---

① 奥维互娱 OTT DMP，重塑家庭营销链路，开启新一轮大屏数字媒体时代 [EB/OL].（2018-12-27）[2020-12-06]. https://baijiahao.baidu.com/s?id=1620996708912142150.

② 酷开网络源生 DMP+CDP 技术赋能智慧营销，实现 OTT"品效合一"[EB/OL].（2019-07-22）[2020-12-06]. https://biz.ifeng.com/c/7oWF8FQQFDk.

③ 来自对明略科技副总、秒针营销科学研究院院长谭北平的访谈。

收视率调研的中国景观：技术、市场与意识形态*

——对电视从业者四次调查结果的纵向梳理与思考

在我国，收视率的引入经历了一个渐进式的"边缘—吸纳—主流"的过程。从改革开放之初被视为另类，到20世纪90年代中后期作为市场指标强力渗入电视业日常运作，收视率在短短二十多年时间内完成了从争取话语权到执有话语权的嬗变。

这个变化的背后，是中国收视率调查业以蛙跳的方式追赶西方发达国家，是电视业经历市场转型的剧烈阵痛，也是电视人在追求社会效益与经济效益双赢的理想中不断遭遇制度困境与实践困扰的过程。如今，我国已经建成了全球规模最为庞大、最为多样化的收视率调查系统，对于收视率数据的分析应用，其指标和模式之多元与复杂，堪称世界之最。与此同时，由引入收视率所引发的一系列疑虑和争议，也从始至今未曾停歇。总体来看，这些疑虑和争议主要集中在三个层面：一是技术层面，关于测量手段、数据质量和抽样统计等问题；二是市场层面，主要是行业监督、竞争规则和公司背景等；三是意识形态层面，关于舆论导向和市场机制、讲求收视率（经济效益）与实现良好社会效益之间的关系问题。

进入新千年，随着收视率调研在我国大规模快速推进，电视人对于收视率相关知识的了解和掌握也在不断提升，并在节目制播和经管决策等方面，开始探索更加全面、科学地分析和应用收视率的方式与途径。这种探索，基本渗透在从技术手段、市场规范到观念取向等方方面面的讨论和反思中。中

---

* 本文原载于《现代传播》2010年第3期，收入本书时略有调整。

央电视台2002年年底推出的"节目综合评价体系",可谓将这种探索推向了一个新境地。该体系通过多指标综合、加权赋值、数学运算等技术处理,力图兼顾市场机制与舆论导向的要求,在电视实务界引起了极大的反响。而在意识形态领域,则是观点纷繁:有人认为讲求收视率会导致节目低俗化和社会效益的偏失,也有人认为这种归咎是"收视率无法承受之重";有人提出"收视率是万恶之源"的论断,也有人倡导"绿色收视率"的理念……。凡此种种,莫不反映出中国电视业的性质和宗旨与传媒的市场化生存方式之间日益加剧的矛盾,也反映出人们为纾解这一矛盾而做出的艰苦努力。

很显然,引入收视率是电视业市场转型必不可少的重要一环,但是盲目推崇收视率,一味信奉市场机制的迷思,不符合我国电视传媒的性质与宗旨,也是行不通的。那么,如何看待追求收视率与实现社会效益之间的关系?如何看待围绕收视率所产生的一系列技术、市场和意识形态问题?尤其是作为市场转型最主要的物质承担者,来自实践一线的电视人,他们的认知和态度如何?在收视率发展最为迅猛的十年间,其观念的变化如何?

从1999年开始,中国传媒大学受众研究中心(前身为电视传播研究所)曾经先后四次(1999、2001、2006、2008)围绕上述问题对电视从业者进行连续调查。[1] 这些调查不是严格意义上的纵贯式调查,每次调查所采用的定性或定量方法也不尽相同。但是这样的纵向跟踪,由于所研究的问题相对集中、

---

[1] 1999年,我们对全国电视台从业人员进行了题为"电视节目评价体系中收视率指标的作用"的问卷调查,以了解20世纪末收视率指标在各电视台工作中的应用及所占比重,以及传播者对收视率的认知,成文发表《电视传播者眼中的收视率》(载于《中国广播电视学刊》1999年第12期)。2001年5月完成了题为"电视收视率在电视台工作中的应用"的开放式访谈,对来自中央台和省、市级台的总共20位电视从业者进行深访,以发掘来自电视一线更丰富、更深层次的意见和观点,成文发表《数据使用者的现状与需求解读》(载于《中国电视受众研究》2004年第2期)。2006年3月又进行了题为"中国电视剧年度报告暨观众反馈研究"的课题,对全国11家省级以上电视台进行了实地深访,了解各台处理观众反馈的情况,着重比较收视率与观众意见在电视台实际工作中的不同境遇和作用力度,成文发表《反馈的变奏:"数字受众"vs"意见受众"》(载于《现代传播》2008年第1期)。2008年6月我们借开展"收视率问题及其影响研究"的课题之机,对中央台和省、市、地级台的从业人员进行问卷调查,了解人们对于收视率调研及相关问题的"认知""应用""态度"三个方面的情况,成文发表《收视率:现实观照与历史反思》(载于《中国电视受众研究》2008年第4期)。

主线明确，因此仍然可以从中发现某些具有一定时空特征、可资进行历时性比较的现象，并得出阶段性结论。这种研究既是电视从业者心路历程的写照，也是收视率调研在中国发展轨迹的见证。以下本文将以 2008 年 6 月的调查为基础①，回溯既往，从认知、应用、态度等方面就上述问题展开探讨。

一、收视率"基本可信"，改进调查呼声仍高

在我国，收视率调查从起步的那一天起，有关数据的质疑就一直如影随形。"您认为收视率数据是否可信？"几乎是每一次调查都会或直接或间接涉及的问题。在 1999 年 3 月进行的"电视节目评价中收视率指标的作用"调查中，"有数据但觉得不准"是各级电视台从业者在工作中未考虑或未主要考虑收视率的重要原因，其中，省级台受访者持这种观点的人数比例要高于市级台受访者，而省级台是我国使用收视率数据的大户。这多少说明，当时收视率数据的准确性和调查机构的权威性并未获得相当一部分从业者的认同。

与 1999 年调查中几乎遭遇的"信任危机"相比，2008 年的调查显示，收视率在电视从业者尤其是数据使用者中的信任度有了一定提升，有超过 70%的受访者认为收视率数据"基本可信"。其中，省级台受访者对收视率的信任水平仍然较市级台和中央台的受访者稍低，这与 1999 年的调查结果类似。制片人对于收视率数据的重视程度和要求改进收视率测量的呼声，要高于其他岗位的受访者，这在 1999 年的调查中已经出现某些端倪。当时的数据显示，在电视从业者中，制片人和部门领导重视收视率的比例，比台领导和一般记者都高。②

上述结果表明：近十年来，随着收视率调研在我国的大规模推进，电视

---

① 调查报告详见：刘燕南，徐展，陈玲. 收视率：现实观照与历史反思［J］. 中国电视受众研究，2008（4）：45-73.
② 参见：刘燕南，孟颖. 电视传播者眼中的收视率［J］. 中国广播电视学刊，1999（12）：18-21. 另见：刘燕南. 电视收视率解析（第二版）［M］. 北京：中国传媒大学出版社，2006：206-216.

从业者尤其是数据使用者在被纳入制度化的收视率分析应用体系的过程中，已经开始适应并接受收视率的技术标准及一整套调研机制，并在两者的不断互动中逐渐提升了信任度，大体形成了收视率"基本可信"这一共识。不过，这并不意味着收视率调研在他们眼里便完美无缺，实际上，"基本可信"而不是"可信"或"完全可信"，这本身已经为人们提出改进意见预留了空间。收视率作为"行业货币"，作为一个市场信号和各方利益交换的平台，其数据的准确性和科学性如何，不仅攸关各方的生存，而且直接影响收视率调查业的可持续发展。纵观收视率调查业的发展历史，不难发现，不断改进和完善调查方法、提供更科学、更准确数据的要求，一直伴随也一直推动着收视率调查业的成长。在我国，如果说最初引入收视率是本着"先有再好"的愿望，那么经过二十多年的发展，这项工作应该进入"没有最好，只有更好"的阶段。

从某种意义上说，人们对于收视率之所以"信而存疑"，与收视率作为"信任品"的特征也有一定的关系。美国学者P.尼尔森曾经将商品分为搜寻品、经验品和信任品。所谓"搜寻品"和"经验品"，通常经过一定的信息辨识和消费后就能大致判断其质量，而"信任品"则是指即使在消费后，人们也难以把握其品质的商品。① 收视率作为一种非实体性的信任品（或称信任类产品），其产生经过一系列复杂的抽样和统计处理，需要保密样本户，加上数据抽象，常常带给人们"很难核实和验证"的虚有感。一方面，信任品的问题具有隐蔽性、累积性和难以追溯性，一般人很难把脉其"病因"；另一方面，信任品消费者的典型特征是信息处理能力低，而信息处理动机强，他们对信任品的购买常常受某些信任特性的左右，其中，信誉、品牌、口碑等占据相当的价值分量。一旦信任便难以移易，而信任的形成也离不开"时间+

---

① 美国学者P.尼尔森在其《信息与消费者行为》(1970)一文中，首次将商品分为搜寻品、经验品和信任品三类。搜寻品是指消费者在购买过程中，通过外观等因素就能获得充分信息从而对其质量做出准确判断的商品；经验品是指只有在购买之后，通过实际消费过程才能获知其品质状况的商品；而信任品则指即使在消费之后，消费者也难以判断其品质的商品，信息不对称最为严重。

质量"的萃取。收视率也一样，人们对它的认可和接受都是建立在这一基础之上。

相较之下，省级台受访者对于收视率的信任度略低于中央台和市级台受访者，而且制片人对于改进收视率调研的要求高于其他岗位的受访者，这反映出人们所承受的市场压力大小与他们对收视率信任度的高低和改进要求的强弱之间，大体呈现一负一正的相关关系。省级台身处中央台和市级台的夹缝中，又面临全国市场卫视频道和本地市场地面频道的双重竞争，复杂的生存环境，以及各层级市场上或许并不一致的测量方式所带来的困扰，使得省级台人士对于收视率信任的标准更加严格。

此外，制片人作为节目的第一责任人，承受着来自投资者、管理者、制作人员、受众市场等各方面的压力，在各级电视台普遍推出的综合性节目评估体系中，他们几乎无一例外地成为评估结果的终极承担者，时刻面临着数据检验和市场淘汰。严酷的生存考验，使得他们对于收视率保持高度的敏感和警觉，对收视率调查的科学性和准确性予以更多关注，要求改进的心情也更加迫切。

二、调查市场高度垄断，受访者呼唤行业监督

我国收视率调查起步晚、基础弱，从一开始便奋力追赶西方发达国家，成长十分迅猛。然而，当我们在测量技术上与国外几乎"零距离"，市场规模已经扩张为"世界之最"时，一方面，经过十几年大浪淘沙，数据提供商大鳄已近乎"独占"市场；另一方面，规范市场所必需的行业监督却付之阙如，监管机制与国外差距甚大。

2008年的调查显示，有高达96.2%的受访者称所属电视台使用央视—索福瑞（CSM）和/或艾杰比尼尔森（AGBNielsen）的数据，自己做调查或购买其他调查公司数据的微乎其微。按相对百分比计算，CSM数据所占份额超过四分之三，AGBNielsen数据份额约为五分之一。结合2006年我们对全国11家省级以上电视台的实地访谈（11家中，有10家购买了CSM数据，其

中4家同时购买了尼尔森数据,有1家只购买了尼尔森数据)[①],以及2001年对全国20家省市电视台的调查(20家中,有17家购买了CSM数据,其中3家同时购买了尼尔森数据,另有2家只购买了尼尔森数据)[②],不难发现,收视率调查市场呈现高度垄断格局:CSM和AGBNielsen双雄钳制,其中,CSM占据大半壁江山,颇有一家独大之势。自2009年元月开始,由于世界著名的传媒集团WPP在海外完成了对CSM外方母公司TNS的并购,作为WPP下属Kantar集团与尼尔森媒介研究的合资公司,AGB尼尔森在资本的授意下,退出中国收视率调查行业。市场格局为之丕变,由两强相争而至一家独占,CSM终于一统霸业。

从世界范围来看,收视率调查基本属于市场垄断性行业。收视率作为"行业货币",其意义在于标准性和统一性;如果同一市场有几家公司并存,标准不一会引起混乱,让人无所适从,从多家购买也不经济。因此,在全球许多国家或地区,人们通常采取招标的方式,选择一家公司的数据作为市场的"唯一货币"。这种方式无异于独占,但这是行业选择的结果,而非其他力量操控的结果,这也是调查行业发展到相对成熟阶段的一种理性选择。这种方式的实现有一个重要前提或基础,即建有完善有效的行业监督机制,数据使用方达成共识。

近年来国内电视界不时出现的所谓收视率排行争议,用户之间、用户与调查公司之间不断发生的数据纠纷,已经引起社会纷扰,也引发了关于加强行业监督的呼吁。在我们所进行的四次调查中,几乎每一次都有类似呼吁出现,2008年的调查中呼声尤甚。这类呼吁的特点是:其一,常常与对调查技术和数据质量的质疑联系在一起;第二,每每延伸至对某一调查公司的历史渊源和出身背景的联想式归咎;第三,这种声音的分贝和出现频次,随着市场垄断的加剧而越来越响亮和频密。

比如2008年的调查中,在回答要求改进收视率调查的原因时,"缺乏中

---

① 参见:刘燕南,商建辉.反馈的变奏:"数字受众"vs."意见受众"[J].现代传播,2008(1):101-104.
② 刘燕南.数据使用者的现状和需求解读[J].中国电视受众研究,2004(2):46-55.

立的监督稽核机构"成为提及率最高的三个因素之一,其他分别是"样本代表性不足"和"样本量不足"两个技术因素。而当我们继续追问时,不少人按照"技术问题—质量控制—行业监督"的逻辑,将对纯粹技术问题的质疑,直接归结为行业监督的缺失。另外,关于"调查公司的独立性问题",几乎被视为收视率调查的中国特色,屡屡被人提及,2008年也不例外。

由此可见,无论是技术问题还是收视排行争端,都与行业监督无法截然分开,并且由于收视率"信任品+通货"的特性,无论是两强垄断还是一家独占,建立有效的行业监督机制以规范和保障市场运行,都显得极为迫切。在目前中国特色的电视市场中,这一选择即使不是最有效的,也是最急需的。从国外收视率调研的历史和经验来看,只有建立基于第三方的,中立、客观、公正的监督和审核机制,对调查公司的运作实施有效的监督和评鉴,才能保证收视率调查的公信力,保障用户的权益和规范市场,由此确立调查业存在的正当性,这也是促进我国收视率调查行业健康发展的根本保障。

三、节目综合评估盛行,收视率稳占权重之首

二十多年来中国电视界分析应用收视率的历史,大致经历了一个"描述—分析—建构"的演进过程。收视分析应用从对单一指标或初级指标的说明和描述,进入对多指标或多变量的综合性分析;不再仅仅倚重收视率指标,而是兼顾占有率(市场份额)这一竞争性指标,不断发掘诸如"到达率""观众忠诚度""时段贡献率"等一系列更复杂指标的应用价值;并引入多种变量进行分析,所得结果被广泛用于节目编制等传播决策。如今,这项工作更发展到一个新层次,即采用多种指标或变量,建构量化的综合性节目评估体系。

2008年的调查显示,有将近九成的受访者称所属电视台进行常规性的节目评估,其中四分之三是采用多指标的综合评估体系,在体系的综合性和复杂性上,大体呈现出"中央台—省级台—市级台"依次递减的现象。当采用五级量表考察构成节目综合评估体系的诸因素孰重孰轻时,结果显示,收视

率的重要性得分最高，标准差最小，显示受访者对其重要性的充分肯定，且意见十分集中。参考 2001 年对 20 家电视台在节目制播中应用收视率的调查发现[①]，结合 2005 年对 11 家省级电视台的调查结果（当时，尽管各电视台的评价指标不尽相同，包括领导意见、专家意见、投入产出比、艺术考评等，体系中各项指标的权重也不一样，收视率有的是原始数据，有的是经加权处理后的数据，等等，但有一点是共同的，即都将收视率指标纳入体系之中，且所占权重均等于或者超过 50%[②]），不难发现，在各电视台节目综合评估体系中，收视率的分量绝对举足轻重。

值得注意的是，重要性紧随"收视率"之后排在第二位的是"广告效益"，第三位才是"领导意见"。从某种意义上说，广告效益与收视率是同一维度，收视率是广告投放的风向标，重视广告效益是重视收视率的逻辑延伸和功效加强。事实上，几乎所有电视台都将"收视率"和"广告效益"作为考核绩效的硬指标，所有与"得失"或"进退"有关的内容都离不开这两项指标，甚至主要以这两项指标来衡量。相形之下，领导是电视台各种人、财、物资源的掌控人，往往一言九鼎，可是"领导意见"的重要程度却被排在收视率和广告效益之后，屈居第三，这反映出市场压力在电视台内部管理中的一种强势释放。

建构综合性节目评估体系是一项颇具中国特色的工作，是由我国电视业的社会主义性质所决定的一项探索。这类评估体系，重收视率但不唯收视率，以多维度、多指标、计算权重等方式建构，用相对客观的量化标尺来衡量和协调各种质化的关系，不仅在中国史无前例，在世界上也堪称独创。或许其科学性和适用性还有待提升，实际效果也有待进一步检验，但它毕竟反映出在电视业市场转型不断深化、以收视率为代表的新游戏规则逐步登场的情况下，中国电视人在力图兼顾市场、技术、意识形态等方面的多种要求，力图

---

① 刘燕南. 数据使用者的现状与需求解读［J］. 中国电视受众研究，2004（2）：46-55.
② 刘燕南，商建辉. 反馈的变奏："数字受众" vs. "意见受众"［J］. 现代传播，2008（1）：101-104.

追求舆论导向与市场机制、社会效益与经济效益双赢等方面所付出的心血，同时也反映出电视人在积极呼应实践需求，不断探索更全面、更科学地应用收视数据方面所作出的努力。

四、不再轻承"收视率之重"，"实然"与"应然"落差逆转

颇有意味的是，尽管收视率的重要性仍被列为首位，但是对其在电视机构运行管理中"实际所占"和"应该占有"的比重，电视人的看法发生了变化。对比 1999 年的调查结果可知，彼时受访者尚认为收视率所占比重"应该"高于它"实际"所占比重，但是到了 2008 年，受访者更多地认为收视率"实际"所占比重已经高于它"应该"占有的比重，"应然"和"实然"之间的落差发生了逆转。

受访者对收视率作用这种"前重后轻"的认识变化，有着深刻的时代背景和传播现实的影响。从 1999 年到 2008 年，可以说是收视率对电视台各项工作强力渗透的阶段，也是收视率从聊备一格到举足轻重的阶段。早期，人们热情拥抱收视率，是以尽量摆脱行政干预和主观意志的瞎指挥为主要诉求，其中或有对不期而至的新事物未及深思的某种期待，甚至某种迷思。然而，当收视率被正式纳入体制，作为一种制度性指标不断向从业者释放压力时，此时尚未走出主观意志的干扰、又要承受市场压力甚至是更严峻的生存危机的人们，难免会有所反思，尤其是当"唯收视率之马首是瞻"的暗流涌动引发一系列弊端和纷争时，人们对于收视率的热度开始明显回落。

时下，电视从业者对于收视率仍然关注有加，仍然给予肯定，但是面对现实，他们已不再倾向于增加收视率的分量，不再轻承"收视率之重"。而这一切，都显现出生活在市场重压和行业规则之下电视从业者的无奈，以及对收视率"想说爱你不容易"的复杂情绪；同时也多少隐含着受访者对收视率意志的某种反抗，以及对收视率影响的理性反思，虽然收视率到底该占多大比重、不同市场和电视台应该如何处置，仍然有待探讨。

五、"收视率是万恶之源"未获认同,"绿色收视率"知易行难

一直以来,关于收视率的质疑和非议可谓不绝于耳,但是大都限于电视专业领域。几年前,"收视率是万恶之源"的著名论断横空出世,或许因其尖锐的批判锋芒,或许因其将收视率与人类的普世价值——善恶本质相勾连,抑或因为电视作为第一媒体的超强扩散力和衍生效应,一时间收视率问题被迅速热核化,在社会上掀起了巨大的舆论台风。

用"万恶之源"来定义收视率,无疑极大地影响了收视率的社会观感。对收视率这一市场指标进行非市场主题内的定性,某种意义上说,其象征意义大于实际内涵。这一论断更多地被视为对市场转型过程中出现的一些负面现象的重磅抨击,被视为对正经历转型阵痛的电视人的提醒,要警惕诸如节目低俗化及其社会危害,等等。事实上,它也折射出电视人在追求社会效益和经济效益双赢的过程中所面临的体制、机制和意识形态困扰。

不过,2008年的调查显示,这一论断并未得到受访者的完全认同,来自电视实践一线、与收视率近距离接触的受访者们,对该论断的态度是"不太同意"。尽管前述分析已经表明电视从业者对收视率的热度有所回落,甚至有些无奈和矛盾的心理,不少人已经认识到对收视率趋之若鹜所带来的弊端,但是这并不意味着他们会完全接受"收视率是万恶之源"的说法,这与他们并不认为追求收视率与讲求社会效益一定会对立,在逻辑上是一致的。事实上,收视率只是一个行为指标,一种量化工具,它既非万能,本身也无所谓善恶,"就像金钱一样,可以用来行善,也可以用来作恶"。[①] 使用者是恰用、善用收视率,还是误用、滥用收视率,才是问题的关键。无论如何,数据只是工具,收视率只是指标而不是指导。

另一方面,"绿色收视率"作为对收视率主义的反拨和校正,作为一针"清醒剂",一直在电视界被高调提倡。然而2008年的调查发现,受访者对它

---

① 刘燕南. 热话题 冷思考 [J]. 中国电视,2008(10): 10-12.

的感受是"知易行难",认为这基本上是一种理想性提法,立意甚佳,但是对其可操作性持保留态度。关于"绿色收视率",迄今鲜见真正理论意义上的分析,更不用说认真探讨操作问题了,"绿色收视率"的理想如何指标化和实操化,仍是一道难题。

总体上看,受访者对于收视率的态度基本正面;对收视率所引发的一系列问题及观点纷争,更多地从专业和行业角度而不是意识形态角度去考察;对于"绿色收视率"则基本抱持"肯定理想但不确定可行"的态度。我们一时还难以解释受访者所持态度的全部原因,但是隐约可见一种叫作理性的因素,确切地说是一种叫作"专业理性"的因素在起作用。对那些被赋予不同色彩和质地的收视率,回归专业角度去分析和应用,掌握适度原则,行乎当行,止乎当止,或许不失为一种比较客观的选择。

六、总结与思考

纵向梳理和比较从1999年到2008年间的四次调查结果,可以看到,我国电视从业者在对收视率及相关问题的"认知""应用""态度"方面,发生了三个明显的变化:其一,对收视率的关注重心从数据质量向行业监督问题转移,从纯粹技术性问题向市场规范问题转移;其二,对收视率的分析和应用从简单的指标描述到多变量分析,再向综合性评估体系的建构迈进;其三,对收视率的态度从热情推崇向客观专业转变,态度趋于理性。

这里最引人注目的变化是,收视率迷思的消退和反思的萌动。收视率不是万能的,"收视率至上"更是万万不能的。对于收视率弊端的批判完全有必要,但是,电视市场具有一定的规律性和规则性,如果这种批判不是脱离现实市场语境,不是只偏向政治正确而不具备市场可行性(如果我们不能离开市场而生存)的话,或许这样的批判会在提升市场的健康度和规则的合理性方面,更具有建设性意义。

最具有中国特色的变化是,旨在兼顾"两个效益"双赢的综合性评估体系正在不断改进和完善中,这是将技术、市场、意识形态等问题及其相互关系进行量化处理的一项前所未有的创新。

而行业监督机构和监督机制"千呼万唤不出来",无疑是这十来年间最难产的变化。所幸,中国广播电视协会电视受众研究会会同相关专业人员、收视数据用户和专家学者一起研究制定推出了《中国电视收视率调查准则》,被认为是为中国收视率调研"立法",并于2009年3月召开实施会议,这无疑是为推动建立行业监督机制走出的第一步。

科学地认识收视率的价值与功能,建立客观中立的监督稽核机制,加大专业人才培养力度[①],不断创新和完善适合中国国情的评估体系,是促进我国收视率调研业健康成长,进而推动电视业市场转型良性发展的关键环节。在数字时代,面对"口碑+互动"这一新传播方式的挑战,收视调研还应超越单纯"数字受众"的囿限,重视并拓展"参与受众"的效力,才能为电视业开展跨媒介竞争和谋求新发展提供更有力的支持。

---

① 2008年我们调查发现,各电视台从事收视率分析应用工作的从业者以25—34岁、10年以下专业工作经验的中青年为主,全部大专以上学历,30%具有硕士以上学历。可见,电视台在实践中已逐渐培养和锻炼出一批年轻的高学历专业人才,这样的人才效益比单纯收视率调研和分析应用本身的进步可能更有意义。

再谈收视率造假：缘起、技术与监管*

进入 21 世纪的第二个十年，收视率造假问题开始浮出水面，并屡屡引起轩然大波。2010 年夏，《人民日报》曾一连发表四篇报道，剑指收视率造假，揭露一些人贿赂样本户以拉高收视率的不法行为。2012 年 8 月，又有人在微博上实名举报，某机构公然游说当事人花钱买高收视率，明码标价年交 5000 万元人民币即保证让节目进入收视率排行前十，云云。一时间微博上沸沸扬扬，数百家媒体和网站跟进或转发报道、评论，收视率造假问题再一次成为舆论的焦点。

其实，收视率从进入中国的那一天起，便一直伴随着各种议论、纷争和质疑。有人推崇，有人挞伐。这些争议大致可以分为意识形态、市场规范、技术手段三个层面。有人说收视率是资本家攫取商业利润的工具，也有人说讲求收视率会导致节目低俗化，导致社会效益流失，最著名的莫过于"收视率是万恶之源"的经典论断。随着电视业市场转型的逐步深入，以收视率为标准的市场游戏规则逐渐发力，由于近几年收视率市场上各种数据造假乱象开始出现，从市场和技术角度而非单纯从意识形态角度质疑收视率的声音逐渐上升，尤其是对收视率数据的真实性和调查的公信力的质疑，开始不断增多。

曝光收视率造假，让这个原本属于电视及其相关行业的"内部问题"社会

---

* 本文原载于《现代传播》2012 年第 10 期，人大复印报刊资料《新闻与传播》2013 年第 4 期全文转载。

公开化。之所以引发了如此巨大的舆论反响，显然与电视作为我国第一大媒体所具有的广泛的覆盖面和巨大的影响力有关，而收视率对于电视台的生存和发展，具有举足轻重的作用；也与人们期望有一个健康有序的电视竞争环境有关；深层次里，恐怕还缘于人们对于社会诚信、公正、客观和公平的极度渴求。

如果说两年前，收视率造假是因为有数据使用方收买和贿赂样本户，导致数据失实；那么今天，收视率造假则被认为是数据生产方的问题。有舆论指责调查方篡改数据，参与造假，调查方则声称自己无辜被黑。虽然孰是孰非，目前尚未有定论，但是在《人民日报》高调批评两年之后，收视率造假现象不仅未能得到有效遏制，反而愈演愈烈，甚至由地下转向公开，不禁让人们提出疑问：收视率造假为何屡禁不止？造假漏洞到底有哪些？动机又是什么？有没有可以替代的调查方式？如何建立符合我国国情的法规和监管机制？要回答这些问题，首先还是让我们回归原点，看看收视率到底是什么，又是如何得来的。

一、常识认知：什么是收视率？

所谓收视率，简单地说是关于收看电视观众规模的一种度量，一个量化数据，由收视率调查（测量）得来。收视率的基本含义，是指某时段收看某频道或节目的观众占市场总体观众的百分比。打个粗略的比方，假定A市场共有100名观众，如果其中10人观看了《新闻联播》，则A市场《新闻联播》的收视率就是10%。

收视率（视听率）是一个舶来品概念，起源于20世纪30年代前后的美国，迄今（至2012年）已有八十多年的历史。先有收听率，之后才有收视率。收视率调查是一项基于概率论和数理统计原理对受众收视行为进行的抽样调查，其测量模式和量化标准在全世界基本通用，技术上已经相对成熟。

在现实电视环境中，收视率常常被附加上各种不同的内涵和期许；在不同人那里，收视率也有不同的意义、不同的价值。但是有两点是最基本的：

首先，收视率是一个效果指标，任何传播都是要追求传播效果的，没有效果的传播是白费功夫。按照传播学理论，效果一般分为三个层面：一是认知层面，二是心理层面，三是行为层面。收视率所反映的是第一个层面的效果，即多少人看了某节目（频道）、看了多长时间，等等，是一种量化信息反馈。至于其他更深层面的效果，比如心理效果或之后的行为效果，收视率反映不了。有些人试图通过节目收视率的高低，来直接说明观众对节目的好恶评价等心理效果，更进一步评价节目质量本身。严格说来，这些已经超出了收视率指标的反馈层次，非收视率之能力所能及了——收视率不能直接说明人们的态度和心理，更无法直接评价节目的好坏优劣。

其次，收视率是一种"行业货币"，主要用于电视台、广告商、广告主等各方之间的利益交换，这是由电视业的双卖特征所决定的。我们知道，按照传媒经济学的观点，在视听市场上，电视业进行着双重交换：其一是将节目作为商品，无偿地通过传播来交换和满足人们的收视需求；其二是"生产"自己独特的产品——凝聚在电视机前的观众，并将他们"卖给"广告商，通过后者的广告投入，来实现电视传播的价值补偿。无论哪一种交换，都离不开至关重要的收视率，这一指标正是衡量观众注意力和电视时段价值的重要依据。电视台、广告商/广告主等相关利益方都要依据收视率来进行广告时段的定价和购销，就像在国内市场购物我们都以人民币为结算单位一样。

现阶段，由于电视市场竞争的强力作用，收视率作为通用货币的功能，往往被突出和放大，甚至遮蔽了收视率的其他功能。换言之，调查公司生产收视率的目的、使用者在乎收视率的原因，很大程度上是为了行业交换。就目前来看，虽然收视率指标和调查方式本身还存在一些缺漏和偏差之处，但是，有了这个相对客观的量化标准，比起以往计划经济模式下的拍脑袋决策以及人情广告来说，仍然是一种进步。随着电视业市场转型不断深化，当绝大多数电视台要靠市场生存、决策需要市场依据时，收视率就肯定是不能或缺的。套用一句俗语来说：收视率不是万能的，但是没有收视率也是万万不能的。

为了弥补和校正收视率指标的某些不足和偏差，更全面辩证地评估传播效果，电视界还采用了另一项调查指标——满意度。满意度也是一种量化指标，它反映的是第二层面的效果，又称心理和态度层面的效果，即了解看过某一频道或栏目的观众对该频道或栏目的评价，满意不满意，评分多少。它也被认为是一种对"收视质"的测量。不过，满意度作为一种心理指标，主观性较强，弹性相对较大，大多只能进行概略而间接的测量；收视率则反映观众收看电视的实际行为——看没看、看了什么频道或节目、看了多长时间，等等。这种行为是否发生以及其变化情况，都是客观存在的事实，用专业话语来说，是"外显的"、实际可查的，易于直接测量。在实践中，收视率比满意度在市场上要应用得更加频繁，也更加广泛，后者主要在一些实行公共广播体制的国家和机构用得较多。

　　舆论界常常认为，国外公共广播电视机构主要依靠收视费和各种基金等非广告资金生存，不倚靠广告，所以不看重收视率。这是一种错觉。有相当一部分公共广播机构，比如英国广播公司（BBC）和我国台湾地区的公共广播电视集团（简称公广集团）就十分在意收视率。在它们所构建的以公共价值评估为主旨的一类综合性评估体系中，收视率指标系列中的收视率、触达率乃至市场占有率都赫然在列，而且是具有相当权重的关键指标。其实，就算从了解传播效果的角度看，公共广播机构也没有理由不看收视率，因为"在任何一种媒介业的游戏规则中，即使不牵涉利润问题，视听率也为节目成功与否提供了主要标准"[①]。

　　电视是一种随时间流动而线性延展的电子传播形态，在"一寸光阴一寸金"的电视传播中，收视率不啻是时间与效益这一对关系的最好诠释者，其市场特征不言而喻。但是，这并不意味着收视率只有市场这一种特征，只具有"交换货币"这一种功能。若是跳出意识形态批判的囿限，单纯从技术角度看，收视率只是一个量化数据，本身无所谓善恶，就像金钱一样，你可以用它来行善，也可以用来作恶。问题的关键不在收视率，而在于它的使用者，

---

① 麦奎尔. 受众分析 [M]. 刘燕南，李颖，杨振荣，译. 北京：中国人民大学出版社，2006：46.

是恰用、善用收视率，还是误用、滥用收视率。从这个角度来看收视率与节目低俗化、与社会效益之间的关系，或许会让争论更加理性，思路更加清晰。

二、产程扫描：造假缘何而起？

收视率造假问题的曝光，让许多人对收视率数据生产过程产生了浓厚的兴趣，这是令收视率教研工作者所始料未及的一项"收获"。人们好奇收视率是怎么得来的，怎么会被造假。自然，收视率是调查（测量）得来的。收视率调查得到的不只是一个指标，而是一系列指标，收视率是其中最具代表性的一项指标。这个看似简单的数据获取，经历了一系列复杂的抽样、测量、统计运算过程。

调查过程大体分为五个步骤：首先，根据市场范围（全国、省级或市级市场）和观众特征确定抽样框，并按照随机抽样原则从中抽出一定数量的样本户，组成收视率调查的固定样本组，比如300户、500户或更多，旨在通过样本来推及总体，这是所有随机抽样调查的主要目的。然后，在所抽出的样本户家中安装人员测量仪或留置日记卡，目前国内收视率测量主要采用这两种方式，全国网、部分省网和几乎所有省会城市网，基本上采用的是人员测量仪方式。接下来，请样本户家中的每一位成员在收看电视时，以按键方式或者以笔记方式将自己的收视行为，通过人员测量仪或日记卡记录下来。再往后，人员测量仪将这个记录每天深夜通过电话线或其他通信方式自动回传给调查公司，日记卡则由调查公司派人一周一次上门收取，同时留置新的日记卡供未来一周做记录。最后，调查公司将回收来的原始数据进行统计处理后，最终得出以人为单位（非以户为单位）的收视率，发送给订户，由此完成一次收视率数据的生产周期。

由上述过程不难发现，对有心人来说，收视率调查并非无懈可击、无漏洞可钻。理论上，但凡有人的因素介入的环节，都存在造假的可能，何况收视率调查要经历一系列繁杂的抽样、确定样本户、访问员上门、记录收视、数据回传和统计处理等过程，每一步都离不开其中两个关键的主体——样本户和调查公司,造假也涉及这两者。而造假的驱动力通常来自外部,比如电视台、节目制作公司、节目中介方和广告机构等相关利益方,目的不外乎获取高额利润。

目前常见的两种造假方式:一是污染样本户,二是篡改数据。前者指某些利益相关方采用不正当手段,寻找和接近原本应属保密状态的样本户,通过贿赂、收买等方式影响样本对象的收视行为或记录行为。比如媒体上曾经披露,有人招募和利诱样本户,让其锁定收看或者锁定记录某频道(节目),以拉高该频道(节目)的收视率。后者则属于调查方的问题,对后台数据进行篡改,人为加工。相比污染样本户,后者操作更直接,也更简单。这两者都会导致收视率数据虚假失实,从而影响收视率作为"行业货币"的信誉度和权威性,损害其他数据使用者的利益,扰乱电视市场的秩序,进而伤害社会的诚信机制和诚信信念。

追究造假的缘由,一些人认为,目前我国收视率调查市场上央视—索福瑞(CSM)独家垄断是导致数据造假的原因。其实在收视率调查领域,人们追求的理想是"一个市场,一种货币",即在一个市场上最好由一家公司提供数据,这样有利于"行业货币"标准的统一,某种意义上说,也节约了社会成本,因为各数据使用方不需要购买一家以上的数据,这也是一种比较经济的做法。当然,独家垄断是有前提的:要么是市场竞争的结果——大家自由竞争,经过技术、服务、价格等方面的比拼,最后一家胜出;要么是行业招标的结果——市场上的所有数据用户组成一个委员会,经过招标,选择一家技术先进、服务周到、价格合理的调查公司,未来几年大家都认可和接受由它提供的数据。而且,无论是哪一种,都要求市场上存在强有力的法规和监管机制。然而在我国,央视—索福瑞一家垄断的形成,既不完全是市场竞争的结果,亦非行业招标的结果,而是资本选择的结果——世界第二大传媒集团WPP集团在境外完成了对CSM外方母公司TNS的收购,形成旗下有两家公司AGB尼尔森和CSM在中国大陆做收视率调查的局面,于是经过一番运作,前者退出,最终成就了后者在中国大陆市场上一统霸业。

央视—索福瑞(CSM)的独家垄断(而且是在市场上缺乏公正客观的第

三方监督情况下的独家垄断）及其特殊的形成背景，常常引起人们的担忧和质疑，这都很正常，但是，这些并不是促成收视率造假的直接动因。独家垄断和数据造假之间并没有直接的因果关系，只是客观上使造假行为相对更方便一些而已，收视率造假说到底还是利益的驱动。

造假之所以猖獗，之所以屡禁不止，有两个因素至为关键：第一，利润丰厚，第二，违法成本低。目前来看，收视率造假这两点都满足。以污染样本户来说，比如某市场有 300 个样本户、一千余人，污染其中一户，则收视率有大约 0.3 个百分点的变化。我们知道，市场不同，收视情况不一，但是在今天这个微收视时代，许多节目或频道在黄金时段的收视率能达到 0.1% 就很难得了，收视率每提升 0.1 个百分点所带来的广告效益，常常数以百万计。如此真金白银，诱使一些人为了获利而不惜铤而走险。

另一方面，由于收视率市场的法律规约和监管机制不够健全，且诉讼或问责的时间和人力成本太高而成功案例较少[①]，往往令人望而却步，致使违法违规几乎"零风险"。一些人做了违法违规之事，既未受到法律的制裁，也无问责机制的处理，既没有受到任何惩罚，也无须承担任何后果，这就很难避免还会有人前赴后继、变本加厉地继续造假。很显然，市场法规和监管机制的缺失，与收视率造假现象的层出不穷，不无关系。

三、寻找药方：新技术能祛病？

鉴于传统收视率调查所遭遇的种种困扰，也因为新媒体发展迅猛，收视调查方力图与时俱进，开始尝试创新测量，从技术上另辟新径。时下模拟电视、数字电视、IPTV、手机电视、互联网视频等多媒体形态并存，新媒体尤其是数字有线电视的强力推进，使越来越多的新旧调查资源开始一并涌入这一领域，希望在新的收视测量方面有所作为，甚至替代传统收视测量体系。

---

① 李冰"中国收视率调查行业刑事第一案"，该案以"侵犯商业秘密罪"宣判，从 2007 年 6 月事发到 2009 年 5 月判决历时近两年。

所谓双向有线数字电视，是指基于双向 HFC 网络，采用数字化技术完成内容制作、处理、传输和接收的电视形式。双向有线数字电视一方面采用压缩技术使承载的频道数大增，另一方面通过交互式机顶盒收看电视，并实现数据回传。数字电视对人们收视的影响是前所未有的，赋予人们更多收视上的自主性和灵活性，也为"全样本"测量收视率提供了可能。

采用数字电视机顶盒测量收视率，只要对机顶盒稍加改造，加装相应的设施，就可以线上作业的方式，监测、记录和回收所有用户家庭的收视数据，包括一些互动信息。其优势十分明显：（1）装设方式由传统的侵入式（打开电视机装设测量仪）改为非侵入式（采用外部机顶盒测量），易于受测方配合；（2）机器监测，人为干扰因素小；（3）收视和测量系统一体，实时反馈性较好；（4）最重要的是，理论上可以实现"全样本"测量，从而一举消除收视率调查一直以来屡屡遭人诟病的弊端，即"样本少，无法保证代表性""存在抽样误差""污染小样本数据大异动"等，可弥补传统收视率调查的不足。

然而，事物都有两面性，机顶盒方式有利亦有弊。首先，这种测量收集的数据是以家庭为单位的收视率，即家户收视率而非人员收视率。传统人员收视率数据的获取，依靠样本个人操作手控器，看时按进，不看时按出，以做记录。当调查样本少时，经过一定训练，这种方式使用无碍；若是全样本或海量样本，要让大量家庭中的所有成员都以这种方式按进按出，毕竟不符合人们的常态收视行为，一般较难实现。就市场需求而言，家户收视率由于无法精确到个人，无法反映观众的性别、年龄、文化程度和职业等社会特征（IPTV 等新媒体的测量也存在这一不足），因此不如人员收视率更受市场欢迎。其次，机顶盒测量的数据是"自生产式"的，测量装置"隐藏"在机顶盒内，观众的收视行为在其无意识中被实时监测、记录和传送，其隐私有受伤害的可能。机顶盒测量能在多大程度上、多大范围内取得调查对象的知情同意和有效配合，还存在不少变数。最后，只要是非全样本，即使样本再大也是需要抽样的，有抽样就难免有误差，至于传统收视率测量中存在的问题，比如电视开着没人看却仍被记录等，机顶盒方式也同样存在。

目前我国双向有线数字电视、IPTV 等新媒体的发展，尚处于零散性和区域性初始阶段，其收视测量和数据应用也在起步期，传统电视作为第一大媒体在收视市场和数据需求上仍占据主流。在"模拟—数字"并存的当下，如何处理传统抽样数据与数字有线电视的全样本或大样本海量数据之间的关系？目前看来，大体有三种处理方式：一是前期调查层面协调，全样本调查与抽样调查相匹配或修正，加上数据整合；二是后期将海量"家户数据"与抽样"个人数据"进行数学处理，整合分析；三是各自为政，互为参考。也有将抽样"个人数据"倒回为"家户数据"，再与全样本的回路数据进行拟合比较。

所有这一切，迄今尚未形成标准统一的解决模式，一切都还"在路上"。数字有线电视测量由于无法精确到个人，不大受市场青睐，但在数据的全面、准确和抗干扰等方面有一定优势，未来应用前景亦有想象的空间。只是就目前而言，无论从技术成熟度还是市场接受度来说，传统收视率调查仍然是无法替代的。

需要指出的是，传统收视测量基本上由调查机构自行掌控，测量过程除数据回传需要借助通信网络之外，对外在系统的依赖度相对较低。如今，数字电视等的兴起，不仅为网络拥有者、机顶盒生产者或其他人进入收视调研领域提供了机会，也为调查系统被人从技术上掌控，进而干扰调查公司的操作提供了可能。当测量机构涉及更多的利益方，尤其是在缺乏监督机制的市场上，收视测量的独立、客观和科学性，会面临许多新的挑战。

四、法规监管：为收视率保值？

无论测量技术和调查市场如何变幻，收视率作为"行业货币"的规范要求不得改变——调查方秉持独立客观的立场，测量数据坚持科学和精准，尤其是要建立客观、公正的第三方监督机制，保值收视率。然而现实是，两年前（2010年）《人民日报》曝光污染样本户事件后，舆论界一直呼吁要加强立法和监管机制，如今两年过去，难题似乎依然无解。

收视率是个舶来品，收视率造假并非中国所特有，在一些电视业先进国家，早期也都发生过收视率造假现象。造假事件一旦发生，往往会诉诸法律，对当事人予以惩罚，另一方面，对其上级也将启动相应的问责和处罚，因为造假行为看起来是个人行为，背后却往往有机构或团体压力在起作用。例如，在我们的近邻日本，有一家电视台叫 NTV，就发生过样本户污染事件，一位节目制作人收买样本户，之后东窗事发，不仅当事人被法律制裁，相关领导也受到责罚，有人在巨大的社会舆论压力下，引咎辞职。

在我国，迄今尚未出台有关收视率的法律法规，监管机制也裹足不前。由于收视率调查公司的运作基本上是不公开、不透明的，收视率的生产处于"半地下"状态，社会对它的知晓度非常低，这是收视率调查的一大特点。调查公司在选择样本户时，既要适当避开有传媒及相关行业从业背景的家庭，又要为样本户保密，以防止样本户被污染，这些都是行业规范要求。另外，收视率商品作为一种信任品，经由一系列复杂的抽样、测量和统计处理生成，样本规模大，数据海量，一般来说出了问题，往往具有隐蔽性、累积性和难以追溯性。两年前（2010 年），央视—索福瑞为因应样本户污染事件的曝光，曾经召开了一个维护数据安全的座谈会，公开表态要加强内部质量监控、建立数据异动应急处理机制，以及对样本户施行法律上的责任告知等。这样做，初衷是好的，但是由于所采取的措施大都属于自我监督和内部调控范围，调查公司的承诺和所要达到的实际效果是否一致，应急补救方法的有效性如何，等等，仍然令人不免心生疑虑，舆论也是扑朔迷离。

遵守行业规范，适当保密是应该的，但是在一些非保密领域，调查方应该向社会公众有所交代，尤其是向公正、客观、中立的第三方监督和审核机制开放，以对自身的运作进行有效监督和评判，规范市场秩序。对收视率调查实施有效监管，有利于防止篡改数据、污染样本户等现象发生，督促调查方维护样本规范，强化数据异动的应急处置机制，对帮助调查方改进调查质量也有一定的促进作用。

2009 年 3 月，中国广播电视协会受众研究委员会组织制定的《中国电视收视率调查准则》（以下简称《准则》）正式推出，这是在我国大规模开展收视率调查十几年后，由行业协会推出的第一个规范性文件。时间上虽然有些滞后，但是就电视业的发展状况而言，进程上还为时不晚。《准则》是参考和借鉴国际通行的《全球电视受众测量指南》（GGTAM）并结合中国国情的产物，不仅对数据生产方提出了应该遵守的标准，规范其行为，同时也对数据使用方提出了规范要求。然而几年过去，《准则》遭遇的可以说是"有法可依"却"无人执法"、几乎被虚置的窘境，数据乱象愈演愈烈。2011年8月，中国传媒大学受众研究中心完成了一项课题"广播电视视听调查监管体系建构研究"。在深访调查中，多数受访者认为《准则》未能发挥实际效力"，呼吁建立第三方监管机制，引入竞争、加强行业自律和司法介入。[①]2012年春，中国广播电视协会又推动出台收视率调查行业的国家标准，可谓《准则》的升级版，在"立法"层级上更上一层，在规范调查方、使用方以及样本户的行为等方面都有诸多改进，目前正处于征求意见阶段。

严格说来，"准则"也好、"国标"也罢，不是法律也不是行政规章，相对软性而非刚性。要将写在纸上的"准则"或"国标"落到实处，关键还是要建立一个行之有效的监管机制，有一个相对刚性的机制和机构去付诸实施，否则"准则"或"国标"的权威性和有效性都会大打折扣。

至于如何落实监管，国外一般是成立专门机构。比如，美国就成立了一个非营利性的"媒体评估委员会"（MRC），对受众调查机构实施监管，并专门设立了一个有独立资质的公共会计师事务所（CPA）[②]；韩国和我国香港地区也分别成立了公益监管性质的"收视率稽核委员会"和"收视率调查委员会"，负责相关稽核和监管工作。

鉴于我国"大政府小社会"的特殊国情，收视率监管既不能离开政府的支持，又不能完全依附于政府。在前述深访调查中，多数受访者倾向于采用

[①] 这项调查共访问了30位相关业界和学界资深人士及专家学者，包括高校和研究机构、广电管理部门、广电媒体、广告公司、调查机构、媒介咨询公司等。参见：刘燕南.建立收视率调查监管机制：缘由、准则与问题［J］.中国广播电视学刊，2011（11）：14-16.

[②] 闫军才.应强化第三方监管在收视率调研中的作用［J］.中国广播电视学刊，2010（9）：53-54.

准政府组织或半官方组织的形式①，即受政府委托或受政府管理但不完全依附于政府行政系统，而是借助社会、学界和业界的力量，成立包括相关利益方、行业代表、专家学者乃至政府人员在内的第三方机构（调查机构排除在外），在获得相关许可和授权的前提下运行，以保证组织机构的相对独立性、专业性、权威性和公信力。

至于监管方式，通常包括主体资质监管、行业标准监管、调查行为监管三种，其中调查行为监管又分为定期监管、日常监管和突发事件监管。②按照《中国电视收视率调查准则》的要求："收视率调查机构的所有调查过程都要接受独立的第三方审核"③，这种监管属于日常性的过程监管，是最繁复、最琐碎的工作，能否有效发力，很大程度上取决于调查方的操作开放度。调查方要保密，监管方要求公开（至少是适度公开），如何在保密和公开两者之间的博弈中做到双赢，既监管到位，不留"死角"，又能促进收视率调查健康发展，是一项高难度的课题。

在我国建立健全收视率相关法规和监管机制，使法规有力、监管有效，是一项全新的挑战。探索走出一条适合我国国情的立法和监管之路，不仅需要借鉴和参考他人的先进经验，也需要我们自身"勤学笃行"，不断创新。

---

① 刘燕南.建立收视率调查监管机制：缘由、准则与问题[J].中国广播电视学刊，2011（11）：14-16.

② 闫军才.应强化第三方监管在收视率调研中的作用[J].中国广播电视学刊，2010（9）：53-54.

③ 中国电视收视率调查准则[EB/OL].（2013-12-31）[2014-07-01].http://max.book118.com/html/2020/0615/6050045020002211.shtm.

《受众分析》：解读与思考*

受众研究是大众传播研究的一个重要领域。随着大众传媒的迅猛发展，尤其是以互联网为代表的新媒介在世界范围内的快速推进，今天的受众已不再只是游走于不同媒介之间的读者、听众或观众，也不再是单纯的信息接受者，如何从历史和社会等多个维度，全面描绘受众的各种面相和角色，分析其特点，把握其变化规律，已成为受众研究的一项重要任务。然而，迄今为止，关于受众的研究论著不少，关于受众的全景式把握却不多见。就此而言，丹尼斯·麦奎尔撰写的《受众分析》一书，可谓欧美传播学界全面、系统地探讨受众问题的一本著作。

麦奎尔的名字对我国传播学界来说并不陌生，20年前，他的《大众传播模式论》一书中文版的发行，曾经为刚刚起步迈向传播学研究的中国学者，架起了一座快捷地通向传播学庞大理论体系的桥梁。作为著名传播学者、"欧洲传播研究小组"成员、《欧洲传播学杂志》（*European Journal of Communication*）的三位创始人之一，麦奎尔在传播学研究领域涉猎广泛，著述颇丰。他擅长从历史的纵深处找寻研究的起点，采用社会学视角，对各种大众传播研究成果进行梳理和整合，探讨各种理论和研究之间的内在关联性，形成并提出自己的理论观点。《受众分析》一书基本上体现了他的这一研究风格。

---

* 本文是笔者为丹尼斯·麦奎尔《受众分析》一书的中文版撰写的译者序，节选发表于《现代传播》2006年第1期，本书收录的是全文。

在《受众分析》中，麦奎尔以大家手笔，纵横捭阖，将历史与现实、理论与实践、宏观与微观、定性与定量、批判学派与经验学派等多种维度纳入研究视野，从解说受众概念入手，对各种受众现象和受众问题展开全方位讨论，分析原因，探讨规律，不仅为各种观点的展示和交锋提供了一个宽广的平台，为研究受众构筑了一个多元的学术空间，也给我们带来了不少思考和启示。

一、大众、受众与大众受众

在受众研究领域，"大众受众"（mass audience）一词广为人知，然而，大众（mass）与受众（audience）并非天然一体，它们本应属于不同的话语范畴，一个是社会学的，一个是传播学的。大众与受众的勾连，一定程度上反映了历史和社会发展的内在逻辑。

按照大众社会理论，大众（mass）是现代工业化社会的产物，也是大众传播发展的结果，反映了脱离家庭、血缘、土地等传统纽带，相互依赖却又彼此陌生的人们的生存形态。大众具有规模大、分散、匿名和无根性的特点，既不同于有一定组织性的社会群体（group），也不同于松散的群集（crowd），以及有政治自觉意识的公众（public），他们没有任何组织性，没有稳定的结构、规则和领导者，也缺乏为实现自身目的而行动的意愿和手段。

而受众（audience），按照麦奎尔的说法，是社会环境和特定媒介供应方式的产物。[①] 受众的发展经历了漫长的过程，受众的媒介使用亦具有鲜明的社会特征和环境特征。最早的受众可以追溯至古希腊古罗马时代，那些集聚在一起现场观看表演或竞技的城邦观众，他们是受众的原始雏形。15世纪印刷品的出现，催生了最早的大众媒介受众——阅读公众，一种拥有一定社会地位和阅读技能、相对自主的群体。电影的发明和影院放映方式的出现，则

---

① MCQUAIL D. Audience analysis [M]. London: Sage Publications, 1997: 2.

"创造了第一个真正意义上的'大众受众'"①：数以百万计的人们一起分享相同的、经媒介传播的情感和体验，批量生产的拷贝传播，取代了个性化的、活生生的现场表演和互动。到20世纪初中期，广播电视的发明，使受众身份第一次与技术手段的拥有联系在一起，跨越有形疆域的无形传播，大大扩展了传播的影响面和影响力，时空转换性更强，共时分享的受众也更多。

最早用"大众"概念框架来分析"受众"的，是美国社会学芝加哥学派的代表人物之一赫伯特·布卢默（Herbert Blumer）。他从更广泛的社会生活变化特征的角度进行思考，将受众这一新型集合体的形成视为现代社会各种因素相互作用的结果，并称之为"大众"，以与此前的群体、群集和公众区别开来。②事实上，大众或受众的形成，都离不开工业化都市化的发展、人们识字能力的提高、交通运输的发达、信息传播的普及、社会集中化程度的加强等因素的影响。大众传播的受众，不仅人数众多、分布广泛、层次参差、互不知晓，而且缺乏自我认同意识，也没有任何组织性，不为自己行动，却受外部力量的驱使。由此观之，用典型的大众社会论观点来说，"大众传播的受众无疑就是大众本身，受众具备大众的一切特点"③。

这个版本的大众受众，常常被视为一盘散沙一样孤立无助、被动消极的个体，在大众传播中，他们处于单向的、非人格传播的接收端，是"中弹即倒的靶子"和任人操纵的群氓。早期传播效果理论"魔弹论"眼中的受众便是如此。此后，随着社会的发展和研究的深入，人们重新发现了"作为群体的受众"，发现了"顽固的受众"，也出现了各种不同的受众观。然而，更明显的趋势是，随着大众传媒向产业经营方向发展，市场话语逐渐呈现强势，而将大众受众视为市场、视为消费者的观念也日益发达。在这种观念下，传播者与受众之间的关系被简化为一种"计算"关系、一种买卖关系，大众受众成为媒介资本和广告商（广告主）的"打工仔"。

在批判学派眼里，大众受众多少带有一丝贬抑之意，意味着个性丧失、

---

① MCQUAIL D. Audience analysis [M]. London: Sage Publications, 1997: 5.
② MCQUAIL D. Audience analysis [M]. London: Sage Publications, 1997: 6.
③ 郭庆光. 传播学教程 [M]. 北京：中国人民大学出版社，1999：127.

非理性和缺乏自我意识。用马尔库塞（Marcuse，1964）的话说，大众受众的形成是控制与同质化过程的一个组成部分，而控制和同质化导致了单维度（又译单向度）的社会和单维度的人。① 他们无力为自己辩解，而传媒却可以将"心理无知"强加给他们。② 然而，后期文化研究学派尤其是接受分析抛弃了传统的"大众"概念以及将受众视为市场的观点，也否认受众不可避免的被动性。他们认为，受众从来就不是绝对被动的，而是具有一定的主动性和选择能力，他们能够按照自己的意愿解读媒介文本，并建构意义。

二、受众研究的三种传统

对迄今为止林林总总、各式各样的受众研究，麦奎尔进行了化繁就简、提纲挈领式的整合和归纳，特别是参考和借鉴了詹森（Jensen）和罗森格伦（Rosengren）关于受众研究的五种分类，在此基础上，将受众研究划分为三大传统，分别冠以结构性、行为性和社会文化性受众研究之名，并以图表的形式详加说明。③

麦奎尔认为，结构性受众研究源于媒介工业的需要，其目的是获得有关受众规模、媒介接触、到达率、流动情况等方面的量化信息，这些数据对于媒介广告经营来说是必不可少的，由此催生出了一个与广告和媒介市场研究密切相关的庞大产业。结构性研究也有助于区分受众类别，探讨社会背景、大众传媒系统与个人媒介使用之间的关系。

行为性受众研究的目的，重在改进和强化媒介传播效果，即通过考察受众外在的而非内在的表现，比如受众的媒介选择、使用、意见和态度等，来解释媒介的影响，预测受众的行为，为传播决策提供参考。在行为性受众研究中，受众被视若"黑箱"，不必了解其内在机理，通过察其言观其行，便可描述受众经验，推知其行为动机和传播效果。

---

① MARCUSE H. One dimensional man [M]. London：Routledge & Kegan Paul，1964.
② MCQUAIL D. Audience analysis [M]. London：Sage Publications，1997：13.
③ MCQUAIL D. Audience analysis [M]. London：Sage Publications，1997：16-21.

社会文化性受众研究内容广泛，广义上包括批判研究、文学批评、文化研究和接受分析在内，狭义上则主要指后者。它与结构性和行为性研究的不同之处在于，它抛弃了传播效果的刺激—反应模式，也不再遵从媒介文本或媒介讯息（message）万能的观点，更扬弃了传统批判学派所谓受众臣服于传媒体系的观点，它认为受众具有主动性和选择性，受众的媒介使用是特定社会文化环境的一种反映，也是赋予文化产品和文化经验以意义的过程。接受分析还特别强调了受众在对媒介文本进行"解码"过程中的能动作用，受众对于大众媒介所提供的支配性和霸权性意义，具有抵抗和颠覆之力量。

丹尼斯·麦奎尔（Denis McQuail）所概括的三种研究传统，其区别不仅在于研究目的的不同和受众观的差异，还在于研究方法的不同。结构性和行为性受众研究主要采用调查统计和心理实验等定量研究方法，这种方法常常为所谓"主流"的受众研究所采用。在传播学者伊恩·安（Ien Ang, 1991）看来，这一类研究感兴趣的往往是通过测量系统和测量技术来证实受众的存在，以便更好地操纵和利用受众。尽管这样的数据可以用来说服广告商或广告主，却永远无法把握真正"受众本体"的实质。[①] 社会文化性受众研究则主要采用民族志和定性的研究方法，试图在社会和文化的意义上全面深入地把握受众，强调对"人"的再发现。

按照麦奎尔的观点，受众研究目的的不同，根源于研究者立场的不同：是站在传播者一方唯传媒工业之马首是瞻，还是站在受众一方用他们的视角看问题。实际上，不同研究流派的差别，已经暗示了不同的研究目的和不同的研究方法。如果将"受众控制"和"受众自治"视为两个不同目的的端点，在受众控制一端，数量最多的无疑是定量受众研究，这是媒介工业需要并且愿意为之投资的研究。[②] 近年来，受众研究虽然出现了由"受众控制"向"受众自治"方向迁移、从传播者视角向受众视角转变的趋向，但是，整体上并未跳脱"主流"研究传统的窠臼。

---

① ANG I. Desperately seeking the audience [M]. London: Routledge & Kegan Paul, 1991.
② BENIGER J R. The control revolution [M]. Cambridge, MA: Harvard University Press, 1986.

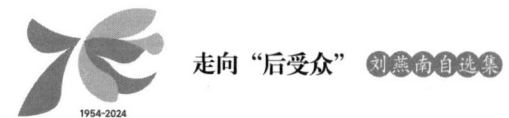

三、社会视角：受众的媒介使用

《受众分析》一书对受众的媒介使用行为（或活动）的分析，反映了麦奎尔一直以来所秉持的社会学视角，也是他所擅长的研究取径，即将受众的媒介使用置于更广阔的社会背景中来考察，探讨社会因素是如何影响人们的媒介行为以及相互之间的互动的。

麦奎尔反对那种将受众研究围限于传统的讯息传播线性过程模式，在实验室里研究受众的做法，认为这一模式和行为主义偏见往往扭曲了受众研究。在这一类研究中，受众的媒介接触行为被视为彼此无关的个体选择的总和，受众是暴露在媒介影响下由孤立个体组成的大众，讯息的"内容"和"影响"成为关注的重心，而几乎所有社会因素，都被视为需要隔离或剔除的"噪音"或干扰。麦奎尔认为，有计划的线性信息传输模式，只是一个抽象概念，它所描述的只是一个例外，既不能反映大众传播活动的常态，也不能反映媒介业的真实情况；人们往往出于各种社会原因接触媒介，其媒介行为总是与特定的时间和空间、特定的社会和文化习俗相联系；社会因素在受众的媒介选择、媒介使用、受众赋予媒介重要性等几乎所有方面，都具有重要的甚至是决定性的影响。①

麦奎尔对所谓"主流"传播学的一些看法也不以为然。"主流"传播学含蓄地将"媒介使用"与其他行为相区别，认为媒介使用是一种独立的、另类的行为类型，不可避免地会替代其他活动。麦奎尔认为，媒介使用是人们在特定社会环境中完成的众多行为之一，或者说是由各种社会因素合力促成的一种行为，按照接受分析的观点，媒介使用是人们日常生活的一个基本组成部分，是一种普遍存在的正常的社会行为；不可避免的是，它已经融入我们的日常生活当中，而不是妨碍或替代其他活动。事实上，媒介的发展，常常要与人们的生活形态相联系、相协调，不能人为地将媒介使用从受众生活

---

① MCQUAIL D. Audience analysis［M］. London：Sage Publications，1997：89.

的社会环境中抽离出来。正是在这个意义上，今天的电视成为人们的生活背景之一，"看电视"往往比"看电视节目"更准确地描述了人们的日常生活形态；"去看电影"也总是更多地被视为一项社会交往活动，而不仅仅只是看电影。

在媒介使用的社会性这一层面，麦奎尔引入了众多研究维度，力图全方位地探讨受众的媒介使用与各种社会因素之间的关系。从公共空间与私人空间、亚文化、生活方式、种族、社会性别、社交、意义协商，一直到媒介使用的规范框架、内容规范以及社会病态问题，麦奎尔对每一维度都有专门论述，于旁征博引之间，为众多研究者及其观点提供了一个展示的舞台。

他本人也在不断寻求研究思想的深入表达。例如，在探讨公共空间和私人空间问题时，麦奎尔认为，受众的媒介使用一方面意味着分享更广泛的社会生活，另一方面则可能是完全自我的、私人化的或小圈子化的行为。他援引戴扬和卡茨（Dayan and Katz,1992）[①]关于媒介事件的研究说明，某些媒介使用形态具有明显的公共特征，大型媒介事件所集聚起来的受众，表现出对国家重大事务和公共生活的参与意识，反映出受众群的集体特征，而非完全松散的、原子化的大众特征。私人型受众经验则基本上是根据个人心态和环境条件建构的，不涉及对社会或其他人的参考，虽然不纯粹是内省的，但多半与自我比较有关。即便如此，人们的媒介选择，也仍然是在一定的社会角色认知下进行的。

从社会视角出发，麦奎尔也谈到对在受众研究中运用较多的抽样调查方法的看法。麦奎尔认为，这种方法不可避免地会消解受众群体与社会网络之间的复杂联系，它只能生产有关个体受众的总体信息，进一步强化将受众行为视为个体消费活动的产物这一趋向，而非韦伯（Weber）"以他人为目的"的社会活动。其结果是，受众的群体特征被忽视或者被完全湮灭。[②]

[①] DAYAN D，KATZ E. Media events [M]. Cambridge，MA：Harvard University Press，1992.
[②] MCQUAIL D. Audience analysis [M]. London：Sage Publications，1997：22.

四、批判意识与视听率话语

批判视域中的大众受众，常常是低级趣味的代称，或是受资本主义剥削和操纵的无知者。在批判学派看来，那些热衷于流行和娱乐内容的受众，既缺少品味也缺乏辨别力，他们的需求只是一种"虚假的需求"；传媒业将受众视为非人格化的、剥削的对象，将活生生的受众转化为一组商业数据，其目的不过是使资本家获利而已。

文化研究尤其是接受分析学派则拒绝接受将受众视为被动、无知、毫无自觉意识的"乌合之众"的观点，认为受众具有一定的主动性和辨别力。他们从正面阐释了受众的品味和需求，认为流行文化（popular culture）并非低级文化的代称，两者不能相提并论，流行文化是一种不同于所谓"高雅文化"或精英文化的文化类别。

麦奎尔赞同批判学派对于媒介工业本质特征的揭露，同时也肯定了接受分析对于传统的精英式批判研究的"批判"锋芒，以及文化研究力图将受众从意识形态批判、社会关怀、道德说教、文化悲观主义等批判浪潮的束缚下解放出来的努力，尽管这些并未从根本上改变受众事实上的弱势特征。不过，麦奎尔没有拘泥于某一个学派的学术观点和视角，或局限于某个单一话语维度中，而是采取了一种比较客观而多元的态度。

对于媒介业盛行的"数字受众"及其生产方式，麦奎尔颇不以为然。尽管如此，他没有回避如今传媒业（尤其是广播电视业）中视听率话语占强势地位的现实，也没有一味排斥经验性量化研究，相反在《受众分析》中，大量引入和探讨了其他一些研究者的经验性研究成果，甚至肯定了掌握有关受众的"外部信息"的必要性。他注意到，在目前以美国为代表的商业媒介体制下，市场数据之所以受欢迎，是因为有强烈的社会需求在起作用，这也是传播学经验性定量研究之所以盛行的一个重要原因。

关于视听率数据，麦奎尔以批判性思维阐述了其负面影响，在现实层面，则进一步分析了商业媒介体制下受众被视为市场和消费者、成为一切商业活动基础的必然性，视听率作为一个直接表明受众现实价值的术语，对于整个商业媒介体制正常运行的重要性，乃至对于非商业媒介的意义。他指出，"在任何一种媒介业的游戏规则中，即使不牵涉利润问题，视听率也为节目成功与否提供了主要标准"[1]。

正是在这个意义上，麦奎尔不同意那些当遇到收视率低或其他市场挫折时，不是检查自身，反以受众无知或变化无常为借口为自己辩护的做法。从了解"客观"受众的必要性出发，他用相当大的篇幅，对受众收视率、到达率、重叠观众、受众流等一系列在收视率话语体系中经常使用的技术性术语和指标进行了比较深入的解读。比如，他谈到不同的媒介有不同的到达概念：报刊的测量指标有四个，由阅读公众、付费读者、阅读受众到忠实受众；而广播电视（已不限于此），基本上可以分为潜在受众、可得受众、实际受众和目标受众四种。而这些界定，不仅受媒介信号覆盖和个人接收条件等结构性因素的影响，同时与统计方式也密切相关。他甚至从颇为策略的角度探讨了受众群的保持问题。

麦奎尔给人的印象，非以经验性定量研究见长。尽管如此，他的研究并没有排拒定量受众研究所使用的概念和框架，也不完全否认视听率数据的作用。事实上，收视率只是一个专业指标、一种量化数据，本身并无善恶之分；使用数据者的良苦用心，才是判断问题的关键所在。

当然，仅仅粗略地用视听率数据来描述受众是不够的，它无法反映受众的众多特征，比如受众对某一媒介或媒介内容的喜爱度和依恋度、期望满足程度、关注度和卷入度，尤其是受众的"主动性"，等等。这些都与"质"的评价有关。"质"的指标变化独立于收视率，而且传达的信息更丰富。但是一般来说，"人们收看他们喜欢的电视节目，并且喜欢他们收看的节目"[2]。

---

[1] MCQUAIL D. Audience analysis [M]. London：Sage Publications，1997：14.
[2] BARWISE P，EHRENBERG A. Television and its audience [M]. London：Sage，1998.

五、传播技术发展与未来受众

传播技术迅猛发展，新媒介产生和渗透的步伐在不断加快，它们对受众的影响如何？一些人预言"传播革命"将会来临，源于技术的这场"传播革命"将会扫除传统的媒介生态圈中的大量生物，包括人们所熟知的"大众受众"。换言之，所谓"传播革命"，与大众受众的衰微是相联系的。

从某种意义上说，技术的发展在一定程度上逐渐削弱了形成大众受众的可能性和必要性；从遥控器、录像机、有线电视、卫星电视，以及各种新的录制、存储和重放技术，到今天遍及全球的高速电子信息网络，传播技术的发明和应用，使传统的受众角色——被动的信息接受者、消费者、目标对象将终止，取而代之的是搜寻者、咨询者、浏览者、反馈者、对话者、交谈者等诸多角色中的任何一个。"在大众受众兴起长达一个多世纪之后，这样的变化也许的确堪称革命。"①

麦奎尔没有否认技术的直接推动作用，但是对于所谓传播革命的说法，却认为有必要"表示适度的怀疑"②。他认为，技术的发展、媒介的增长和传播手段的丰富，虽然理论上为传播者的多样化开辟了道路，然而，传媒业产业结构并未发生如技术进步所提供的可能那样奇妙的变化，相反，全球化、跨媒介并购、跨国媒介资本运动，却从两个相反方向建构着受众：一个是受众的细分和分化，出现了新媒介渠道和产品的专业化受众，即便如此，目前在大多数国家里，多数受众的注意力仍然集中在少数几个频道上，在大多数时间内，媒介"核心"仍然支配着大多数受众的使用行为；另一个是作为媒介集中之产物的更大规模受众群的生长。③此外，如纽曼（Neuman，1991）所言，面对新技术的发展，有两股相当强大的惯性力量在制约着受众的形成和受众行为的根本性改变：一股是受众的媒介使用心理，一种根深蒂固的消极

---

① MCQUAIL D. Audience analysis [M]. London: Sage Publications, 1997: 129.
② MCQUAIL D. Audience analysis [M]. London: Sage Publications, 1997: 128.
③ MCQUAIL D. Audience analysis [M]. London: Sage Publications, 1997: 145.

的、心不在焉的媒介使用习惯；另一股便是美国式大众传播工业模式，规模经济将传播推向追求公分母式的、单向的大众传播道路，而不是促进窄播和双向传播的发展。①

对基于计算机和网络系统的互动（或交互）技术的出现，麦奎尔认为，它改变了如博德韦杰克和范·卡姆（Bordewijk & van Kaam, 1986）②所说的训示型受众形态，明显强化了受众介入、反馈、选择、接近和使用媒介的能力，为受众提供了在更大范围内参与传播和进行交流的可能性，尤其是咨询型和对话型受众的出现，意味着受众主动性的恢复和增强，这在很大程度上取决于互动技术所提供的可能。与此同时，他也表示，交互性本身的潜在吸引力有多大，或者说是否有足够多的需求支撑互动网络的运转，仍然是非常不确定的。交互性表现为多种不同的形式，包括电视游戏、远程教育、信息查询，等等。它虽然动摇了以往的受众经验，使受众经验多样化，但它仍然不是传统上人们所熟悉的"观看式"大众媒介的替代物。③即使是互动媒体完全投入使用，很大程度上也将从属于社会实践，从属于既有的对这一类技术的解说。④

在麦奎尔看来，目前一些新媒介的发展还没有从根本上改变人们的行为；即使在传播渠道大大增加的今天，大量的传播机器也仍然准备开足马力将大众受众最大化；技术发展所提供的潜能，更多地表现在拓展而不是取代旧的"受众行为"模式方面。在本书中文版前言中，他写道："旧的模式依然存在（通俗内容拥有大量受众），并可能延续下去，因为它满足了个人、传播者和

---

① NEUMAN W R. The future of the mass audience [M]. Cambridge, UK: Cambridge University, 1991.
② 传播学者博德韦杰克和范·卡姆（Bordewijk & van Kaam, 1986）曾经将受众划分为四种：训示型、咨询型、注册型和对话型。训示型反映一对多的单向传播，受众反馈的可能性受到限制；咨询型意味着人们可以按照自己的"菜单"来接触媒介，能够决定自己的信息内容和信息接收时机，是一群个性化的媒介使用者；对话型，两边都由个体控制，强调受众的主动性；注册型则指受众被置于某一中心系统的监测和记录之下，例如人员测量仪监测的观众。
③ MCQUAIL D. Audience analysis [M]. London: Sage Publications, 1997: 145.
④ MCQUAIL D. Audience analysis [M]. London: Sage Publications, 1997: 126.

社会的众多需求——在群体环境中共享闲暇和娱乐是一种社会需求。……社会领袖、政治领袖和广告商们也需要向全社会的广大受众传播信息，因而也尽可能地支持着大众受众的延续。即使是像因特网这样的新媒体，在某些情况下，也试图培养大规模的、忠实的'使用者'群体。"他表示，"只要'大众媒介'依然存在，关于受众的传统含义和传统现实也将继续存在并且仍然适宜"①。这或许也是麦奎尔赞成保留受众（audience）这一术语的一个原因。

与此同时，麦奎尔仍然相信新媒介孕育和催生出一些新受众的可能性很大，这些受众可能具有多种角色，没有任何单一分类方法能够恰如其分地对他们进行划分，但是，诸如主动性或被动性程度、互动性与可互换性程度、群体特征、构成的异质性、传送者与接收者之间的社会关系等一些主要维度，仍然具有足够的张力；而且，新受众会催生出新的更确切的概念和术语。

显然，不能说麦奎尔是一位技术决定论者，也很难将他归入热衷于"未来想象"的预言家一类。事实上，对于技术发展所产生或将会产生的影响，对于新媒介所提供的机遇和可能性，都还有待进一步的观察和思考。从某种意义上说，麦奎尔对于传播技术发展与未来受众的探讨，并非一维的，而是二维或多维的；既是技术的，也是社会的。这多少反映了他一向所抱持的观点：受众的形成受各种社会因素的影响，受众不只是技术的产物，也是社会生活的产物。②

六、中国的受众研究

20世纪80年代以前，我国真正意义上的受众研究几乎是一张白纸。尽管全心全意为人民服务一直被视为媒体的宗旨之一，几乎所有报纸、电台和电视台在开办之初都会设立读者、听众和观众联系部门，但是对于受众的认识和了解，无论是业界还是学界，无论在研究投入还是方法改进上，都相当欠

---

① MCQUAIL D. Audience analysis [M]. London：Sage Publications，1997：145.
② MCQUAIL D. Audience analysis [M]. London：Sage Publications，1997：11.

缺。所谓受众研究，大都停留在召开座谈会，接受来信、来电或来访，或描述现象或总结经验的层面，缺乏科学性和理论性。以视听众研究为例，笔者曾经对历年出版的《中国广播电视年鉴》进行检索，结果发现，在其所收录的 20 世纪 80 年代以前发表的文章篇目中，既找不到一篇系统分析视听众问题的文字，也找不到一篇运用现代社会科学方法进行视听众研究的文章，就更谈不上理论性的探讨。①

改革开放尤其是经济体制的市场化转型，在包括传媒业在内的众多领域引发了一场从生存方式到思维观念的全方位变革。它将一向以"吃皇粮"为生的我国传媒业引向风险与机遇并存的市场，推动传媒业摒弃传统的、居高临下式的"传播者本位"意识，朝着更好地服务受众、更好地满足人们多种需求的方向转变，也为受众研究写下了新的篇章。

在学术研究界，1986 年在安徽黄山召开了第一届全国受众研究研讨会，之后又相继在浙江萧山与河北保定召开了第二届（1992）、第三届（2001）全国受众研究会。论题从拨乱反正、联系实际探讨受众研究对于新闻改革的推动作用，到确立受众调研作为我国新闻学（包括广播电视学）领域中一个崭新的、独立的分支，再到评估 20 年来我国受众研究工作所取得的成绩与不足，比较深入地探讨受众研究的理论与方法②，受众研究逐渐摆脱政治话语的束缚，回归受众研究"本位"，走上追求科学性、理论性、精确性和本土性相结合的道路。

在受众调研领域，以 1982 年在北京首次采用抽样统计方法对读者、听众和观众进行的调查为起点，我国的受众调研从无到有、从小到大，逐渐成长。尤其是在观众调研领域，目前在全国和省级市场、省会城市及主要城市市场

---

① 刘燕南. 中国大陆电视研究的历史回顾与探讨 [EB/OL].（2019-10-18）[2020-08-30]. https://wenku.baidu.com/view/ce7b298ba31614791711cc7931b765ce05087a8f.html?_wkts_=1714615704605&bdQuery=%E4%B8%AD%E5%9B%BD%E5%A4%A7%E9%99%86%E7%94%B5%E8%A7%86%E7%A0%94%E7%A9%B6%E7%9A%84%E5%8E%86%E5%8F%B2%E5%9B%9E%E9%A1%BE%E4%B8%8E%E6%8E%A2%E8%AE%A8.

② 陈崇山. 中国受众研究 20 年 [M]// 解读受众：观点、方法与市场. 石家庄：河北大学出版社，2001：1-22.

上，基本上都有一年365天不间断的观众收视率监测数据，不仅有日记卡数据，还有比较先进的人员测量仪数据。此外，每隔5年进行一次的纵贯式全国观众大型抽样问卷调查也在持续进行。广播收听率调研也有了长足进展。这些都为进一步把握视听众、了解受众市场、促进传媒业良性发展奠定了基础。一些电台和电视台还建立了旨在全面评价节目效果的评估体系，其中既纳入视听率量化指标，也包括品质导向的满意度指标，还包括一些成本指标。

受众调研取得的成绩有目共睹，人们的学习和钻研精神也可圈可点，然而，这只是万里长征走完了第一步，绝无自满或沾沾自喜的理由；相反，面对国外受众研究成果和不断变化中的受众，我们应该清醒地认识到自己的不足。

从过去零散、简单而随意的来信来访，到今天大量定量受众调研的出现，这是一个进步，但是，或许由于追赶的心情太过急迫，来不及多思考，我们对受众的关注似乎又走向另一个极端：调查多，研究少；数据多，理论少。一直以来，我们缺乏从历史和社会等角度对受众进行全面、系统、深入的分析，鲜见关于受众理论的原创性观点，也很少拓宽视野，从国外受众研究的多种理论资源中汲取养料，在更广阔的学术时空中审视自己的研究层次和研究个性，受众研究几乎成为经验性描述的代名词，也是许多未经消化的数据的集散地。显然，这样的研究无论在学术意义还是实践意义上，都不足以支撑起庞大的受众研究大厦。

受众研究应该引入多种视角，借鉴和采用不同的研究方法和路径，惟其如此，我们对于受众的认识才会不肤浅、不偏颇，才可能更科学、更立体、更深刻。当然，学习和借鉴国外理论与经验，也要注意其适应性，注意与我国实际的有机结合。笔者从事受众研究尤其是观众调研和视听率研究多年，并为传播学相关专业的研究生开设"受众研究"和"视听率研究"课程，在研究和教学工作中，对此有一些切身感受。在世界日益多元化的今天，无论从价值观还是方法论的角度，容纳多元、接受多元为一种常态，也是一种必然趋势。

希望《受众分析》一书的翻译出版，能够丰富我们的研究思维，给予我们多种视角的助力、多种理论的滋养，参考和借鉴各种不同的研究方法，使我们的受众研究能够百花齐放，不断精进。

麦奎尔学术背景探源：评《受众分析》*

丹尼斯·麦奎尔（Denis McQuail）是世界著名的传播学者，在我国，也是一位为人们所熟悉和尊敬的学术大家。他的《大众传播模式论》《受众分析》《大众传播理论》是中文学术市场上颇受读者欢迎的"常销书"，多次重印或再版，他也是为数极少的有三本著作在中国翻译出版的西方传播学者之一。

《受众分析》中文版2006年3月由中国人民大学出版社发行，是一本综合性较强的理论书籍，也是迄今为止西方传播学界全面总结和系统探讨受众问题的一本集大成之作。在书中，作者以大家手笔，纵横捭阖，将历史与现实、理论与实践、宏观与微观、定性与定量、批判学派与经济学派等多种维度纳入研究视野。在总共九章的篇幅中，作者对核心概念"受众"的含义及其演进，进行了界说和梳理；在此基础上，概括了受众的不同类型；对受众研究的三大传统、发展脉络、理论流派和主要领域进行了阐释。作者对受众的媒介行为、新技术对于传播格局和传受关系的影响，进行了见解独到的分析；最后，着重探讨了新媒介环境下"受众"这一概念的适宜性。

作为《受众分析》的主译者，笔者曾经写过一篇万余字的"译者前言"，对该书的内容进行简要阐述和分析解读。[①] 文中提到，麦奎尔对于量化研究这

---

* 本文原载于《国际新闻界》2013年第1期。
① 参见丹尼斯·麦奎尔（D. McQuail）著，刘燕南、李颖、杨振荣译《受众分析》一书的译者前言《受众分析》：解读与思考"；该书的翻译过程和作者情况，详见"译后记"和"作者简介"，中国人民大学出版社2006年3月出版，2020年11月第9次印刷。

一被打上了美国经验主义传播学派标签的研究取向,尤其是以视听率为代表的数字受众及其生产方式和实际应用,采取了相对客观和包容的态度,他认为"在任何一种媒体业的游戏规则中,即使不牵涉利润问题,视听率也为节目成功与否提供了主要标准"①;谈到他坚持受众概念的延续性,"只要'大众媒介'依然存在,关于受众的传统含义和传统现实,也将继续存在并且仍然适宜"②;谈到他对新技术所带来的"传播革命"的说法,认为有必要"保持适度的怀疑"③,等等。

《受众分析》中文版面世6年多来,有许多学界和业界同行、专家和受众研究爱好者通过各种方式与笔者交流讨论,不少人对麦奎尔视野广阔、综合见长的学术生涯中,专门写作一本专业性的受众研究著作颇感兴趣。人们好奇,有着欧陆学术背景的麦奎尔为什么会对定性和定量研究保持兼容并包的态度,是否与研究受众有关?一位出身英国的学者,在荷兰成就了自己享誉世界的学术辉煌,他走过了怎样的学术之路?他对"受众"概念抱持保留沿用的态度,缘由是什么?《受众分析》的特点何在,该如何评价?

近年来,围绕相关问题,笔者曾经数次与麦奎尔邮件沟通交流,并广泛搜集国内外有关麦奎尔的研究资料,试图寻找答案。以下本文将对上述问题做一简要探讨。

一、三次转变:学术背景探源

麦奎尔的学术人生中,有三次转变对他的影响甚大,可以说是决定他成为世界传播学理论探索和方法应用之集大成者的关键。

1958年,麦奎尔从英国牛津大学毕业,获得历史学学士学位,20世纪60年代初期改学社会学,并获得英国利兹大学博士学位。这个他由人文科学朝向社会科学的第一次转变,为他日后以社会科学的理论和方法研究传播问题

---

① MCQUAIL D. Audience analysis [M]. London: Sage Publications, 1997: 34.
② MCQUAIL D. Audience analysis [M]. London: Sage Publications, 1997: 145.
③ MCQUAIL D. Audience analysis [M]. London: Sage Publications, 1997: 128.

奠定了重要基础。

麦奎尔曾经这样解释他求学之路转向学习社会学的原因,他说有三个因素吸引着他:一是对社会事物的兴趣;二是用某些确定的标准来解释和预测事物的可能性;三是当代社会研究与真实世界中的事件和现存问题之间的关系。[①]对社会事物的兴趣,尤其是对公共利益的关注,以及由媒介研究而引发的对受众问题的探讨,构成麦奎尔学术生涯中一条脉络清晰的主线。

这一切都与他个人生活的时代和社会背景密切相关。作为"二战"后在重建家园的积极氛围中成长起来的一代,麦奎尔青年时期受欧洲改良主义的影响颇深,这也奠定了他早期对于社会改良的信仰,而社会科学则被认为是建设更美好社会的助推器。虽然在他看来,后来从事电视领域的研究是一件相当偶然的事情,但是关注电视这一新兴媒体的社会影响,却与他对公共利益的关注是一脉相承的,可见偶然中其实有着必然。他说:"那时我经常怀疑它(电视)会被认为是符合公共利益的,因为按照公共利益的标准,它显得不够严肃认真,而且问题重重。但是,四十年后我不再有这样的疑问了。"[②]

麦奎尔早年曾经师从约瑟夫·特里纳曼(Joseph Trenaman),虽然时间不长,影响却十分深远。特里纳曼是一位自学成才、不拘一格的天才式传奇人物,著有《传播与理解》一书。第二次世界大战后,特里纳曼一直为英国广播公司(BBC)从事受众研究,包括受众行为和如何教育受众在内的综合性研究,热衷于采用统计方法,尤其是采用准实验法、态度量表、因素分析等方法研究受众。特里纳曼认为,大众传媒有可能成为教育大众的有生力量,他坚持认为,科学研究必须以社会利益和道德目标为导向。特里纳曼与麦奎尔合作,曾经就电视对英国1959年大选的影响进行研究,并于1961年出版了研究成果《电视与政治图景》(*Television and the Political Image*)一书。在这项研究中,两人考察了电视这一新兴媒体的社会作用,尤其是在政治活动中所扮演的角色。结果发现,电视既有促进公共利益的一面,也存在有可能

[①][②] MCQUAIL D. Reflections on the field, its relevance for the public interest and its methodological divisions, based on personal experience [J]. Keio communication review, 2006(3): 39–44.

损害这一利益的弊端。

麦奎尔后来在其博士论文中选择对电视观众进行研究,目的之一正是为了确定有哪些社会因素妨碍了观众享受电视所带来的乐趣,并探讨其原因。1997年英文版《受众分析》面世,麦奎尔在前言中曾经提到,该书的写作经历了漫长的孕育过程,其源头可以追溯至20世纪60年代初他从事博士论文研究时。这一颗20多年前埋下的种子,20多年后终于结成果实,为著述颇丰的麦奎尔在其学术成果上又添上了浓墨重彩的一笔。

与特里纳曼合作的第一次研究经历,令麦奎尔获益良多,也终生难忘。初次踏足传播研究,涉及传播效果和受众分析领域,为他打开了质化和量化研究两扇窗口,也让他有机会思考长于定性研究的欧洲批判传统与惯于定量研究的美国经验学派之间的关系,以及两者的兼容结合问题。其时,对于经验主义研究方法的适用性,他还存有一定程度的困惑;对于那些质疑,他私下里也认为并非全无道理。这些质疑包括,数字能够反映观点、态度、行为等复杂情况?在接触媒介的"量"与观念、信仰、品味等所表达的"质"之间,能够建立线性关系?等等。但是,当麦奎尔与合作者们发表的关于政治活动中电视媒介影响的研究报告,被人打上"抽象的经验主义"标签,受到猛烈抨击时,他仍然感到震惊,难以接受。因为在他看来,当时,"要探讨一些比较重要的问题,似乎也没有什么可靠的方法可以替代既有的经验主义研究方法"①。他开始意识到,选择什么样的方法反映不同的哲学思想和政治观念,方法论远比第一眼看上去要承载更多的内涵。麦奎尔决定,在不放弃采用规范的统计调查方法对电视观众和电视传播效果进行研究的一般原则的前提下,对这一类"意识形态冰山"采取开放的态度。②

在动荡的20世纪60年代,英国传播学界关于"定性"与"定量"方法

---

①② MCQUAIL D. Reflections on the field, its relevance for the public interest and its methodological divisions, based on personal experience [J]. Keio communication review, 2006(3): 39-44.

的争论，可谓热火朝天。尤其是当争论涉及媒介是否充当政府的工具，在维护现有秩序方面发挥什么样的作用时，甚至成为公共领域的中心议题之一。一直到20世纪70年代中期，整个研究界都深受政治和意识形态的影响。这一时期，也是英国文化研究学派崛起并成功占据学术高地的年代。这一学派对意识形态和文化理论的关注，以及对定性方法包括对后来以民族志受众研究为特征的新受众研究的重视，隐约透露出对经验性定量方法的某种轻视和忽视。

1965年前后，麦奎尔迎来了其学术生涯的第二次转变——由一位全职媒介研究者转变成为一名专职社会学教师，包括讲授研究方法和方法论课程。这一次职业身份的变换，为他提供了更高更宽广的学术平台，也为他致力于传播研究提供了新的契机。

在从事教学工作之余，麦奎尔与来自美国的传播学者杰伊·G.布卢姆勒（Jay G. Blumler）合作，以1964年英国大选为例，从受众立场而不是从媒介立场出发，研究在政治传播活动中受众的期望和受众经验——他们为什么看电视，希望获得什么，以及电视所产生的影响，等等，并出版了《政治中的电视：使用及影响》（*Television in Politics: Its Uses and Influences*, 1968）一书。对此，《传播学期刊》（*Journal of Communication*）曾经评价说，对电视和政治感兴趣的研究者们会难以想象有比这更好的研究了。[①]

这项研究对麦奎尔乃至传播研究界来说都意义深远，其影响主要有二：一是开启了日后被称为"使用与满足"研究的序幕，为这一著名理论的形成奠定了一定基础；二是方法上有所突破，将定性与定量研究方法有机结合，以开放式小样本访谈，研究人们看政治节目的动机，之后形成标准问卷，用于大样本抽样调查。麦奎尔希望通过研究揭示潜在的受众需求与媒介传播者和媒介业的强势传播之间相互协调的可能性，他还希望以某种方式"为受众"

---

① 转引自彼得·戈尔丁（Peter Golding）在"国际媒介与传播研究学会"（IAMCR）2010年会上的讲话，2010年7月，布拉格。

代言。①

20世纪70年代之初，经验主义传播研究尤其是受众研究遭受到不少攻击，麦奎尔的研究也难逃火力。批判学派称之为心理主义、行为主义和功能主义研究，认为这类研究纯粹是服务于媒介工业。尽管麦奎尔与其他学者一道对此进行了有理有据的争辩，但是受众研究的主流还是被带有批判意识的接受分析所占据和引领。直到1975年，麦奎尔受英国皇家委员会委托，对英国新闻规范标准问题进行研究，才从这种毫无结果的学术争论中抽离出来。

1977年，麦奎尔来到荷兰阿姆斯特丹大学任教，这是他学术生涯中的第三次转变，确切地说，这是一次超越、一次满怀憧憬的自我"放逐"。一方面，麦奎尔希望摆脱英国本土的学术纷扰，另一方面也希望能够在他所感兴趣的研究领域中获得新经验和新进展。

然而初到异乡，语言及文化上的障碍却使他"相当痛苦"②，至少有几年时间，他感到这些因素对他从事自认为具有重要意义的调查研究和内容分析都形成了一定困扰，而且，他觉得自己似乎失去了与家乡那种重视公共利益的研究氛围的联系。不过，荷兰也为他思考媒介问题提供了"一个适宜的令人振奋的环境"。为回应新环境的挑战，他开始采取"文化中立"的立场，将视野转向与文化关联不多却更具普遍意义的"传播科学"领域，致力于理论研究、比较研究、新技术的影响和媒介政策研究。在其之后的学术生涯中，他将大部分时间和精力投注其中，与此同时，他也继续研究之前在为英国皇家委员会工作时所开辟的新领域——为评估报刊绩效（press performance）建构一个概念框架。

荷兰岁月，异域文化的冲击，相对超然的现实环境，自觉拓宽的研究视

---

① 赛佛林，坦卡德. 传播理论 [M]. 郭镇之，等译. 北京：华夏出版社，2000：321-322.
MCQUAIL D. Reflections on the field, its relevance for the public interest and its methodologicaldivisions, based on personal experience[J]. Keio communication review, 2006(3): 39-44.

② MCQUAIL D. Reflections on the field, its relevance for the public interest and its methodologicaldivisions, based on personal experience[J]. Keio communication review, 2006(3): 39-44.

野，带给麦奎尔更加挥洒的学术空间。在其漫长的研究经历中，麦奎尔共撰写了三十多本著作，内容广泛涉及传播研究的诸多领域，他的大部分重要学术成果都出自这一时期。

无论外界环境如何变化，麦奎尔对社会事务、对公共利益的关注始终如一。这一点充分体现在他的受众研究中。他认为，传媒对受众负有责任，包括促进各种受众联合体的形成和联系，加强他们在公共领域中的自治行为；而在受众研究的历史和理论中，最重要、最科学、最富于成果的传统，是选择站在受众一边而不是站在控制者和操纵者一边去探讨受众问题。[①]

学术生涯的三次转变，学派之争和方法之辨，都给麦奎尔留下了深刻的烙印，可以说对这些问题的思考，奠定了他坚持自由开放、多元理论、多维视角、跨学科、多方法的学术风格的基石，后者成为影响他一生的学术理念。他认为，在学术研究中，只有摒除一切排他主义或独尊一术，才能推进传播研究的拓展和创新。"我们不仅要努力将定性与定量方法相协调，还要为那些没有什么一定之规的想象力和创造力寻找一方沃土。"[②]

二、保留"受众"：麦奎尔观点再探

"受众"是《受众分析》的核心概念，麦奎尔关于受众研究的学术大厦，正是从界说"受众"开始奠基的。在该书的最后部分，麦奎尔又回到"受众"这一概念，谈它的可持续问题。在 2009 年 10 月莫斯科大学召开的一次国际会议上，麦奎尔又再次讨论了"受众"概念的分解与重构。在他看来，这是新媒介技术所带来的无法回避的"重要挑战"。[③]

[①][③] MCQUAIL D. The media audience concept：decomposition and recomposition [M]// International media readings in Moscow. Faculty of Journalism, University of Moscow, 2009-10-08.

[②] MCQUAIL D. Reflections on the field, its relevance for the public interest and its methodological divisions, based on personal experience [J]. Keio communication review, 2006（3）：39-44.

麦奎尔承认新技术对媒介发展和受众嬗变的影响，但是对于所谓"传播革命"的说法，却持有一定的保留意见。他认为，技术的发展、媒介的增长和传播手段的丰富，虽然理论上为传播者的多样化开辟了道路，然而，传媒业的产业结构却并未发生如技术进步所提供的可能性那样奇妙的变化；相反，全球化、跨媒介并购、跨国媒介资本运动，正从两个相反方向建构着受众，而这看似相反的两个方向，并没有彻底瓦解传统的受众形式。这两个方向是，一受众的细分和分化（或碎片化），出现了新媒介渠道和产品的专业化受众，但即便如此，目前在大多数国家里，多数受众的注意力仍然集中在少数几个频道上，在大多数时间里，媒介"核心"仍然支配着大多数受众的使用行为；二是作为媒介集中之产物，不断生长出更大规模的受众群。①

另一方面，正如纽曼（Neuman）在其《大众受众的未来》（*The Future of the Mass Audience*，1991）一书中所言，面对新技术的发展，有两股相当强大的、传统的惯性力量在制约着受众的形成和受众行为的根本性改变：一股是受众的媒介使用心理——一种根深蒂固的、消极的、心不在焉的媒介使用习惯；另一股便是美国式大众传播工业模式，规模经济将传播推向追求公分母式的、单向的大众传播道路，而不是促进窄播和双向传播的发展。②

麦奎尔认为："我们尚处于大众媒介时代和信息社会的早期，社会本身还没有发生如此根本性的变化。"③ 比如，目前仍然存在单一的民族国家、强烈的集体认同、广泛的利益团体，这些都为传媒在国家乃至世界范围内扮演集体忠诚和集体认同的主要工具的角色奠定了基础，并为大规模的、忠实的受众群的形成提供了可能。又如，目前传统大众媒介与新媒介并存，后者为社会民主、政治竞选、商业活动的发展提供了新契机，但是在很大程度上，它只

---

① 麦奎尔. 受众分析 [M]. 刘燕南，李颖，杨振荣，译. 北京：中国人民大学出版社，2006：163-165，176-177.

② NEUMAN W R. The future of the mass audience [M]. Cambridge, UK: Cambridge University, 1991. 转引自：麦奎尔. 受众分析 [M]. 刘燕南，李颖，杨振荣，译. 北京：中国人民大学出版社，2006：177.

③ 麦奎尔. 受众分析 [M]. 刘燕南，李颖，杨振荣，译. 北京：中国人民大学出版社，2006：178.

是大众传播的一个加分项，相当多的人仍然依据"传统的"目的、"传统的"意识、"传统的"方式来使用新媒介①，旧有的传受模式和受众形态仍会延续。因此，"只要'大众媒介'依然存在，关于受众的传统含义和传统现实也将继续存在并且仍然适宜"②。

与此同时，麦奎尔也意识到，数字技术所带来的变化是巨大而深刻的，新媒体会孕育和滋生出一系列的新型受众，这是一个碎片化、移动化、无限制化和"受众"可能会混乱地解体与形成的新世界。③新媒介的融合、交互、超界等特征，已经幻化和催生出受众的多种面相和多种角色：受众在消费媒介的同时，亦成为传播内容的生产者；受众不再只是"大众"，而是具有了碎片化和个性化的特征；受众建构开始摆脱传统大众媒介的束缚，向着新媒介建构和自我建构的方向迈进，甚至不完全取决于传媒，而主要取决于他们自身，取决于他们的行为、能力和心态；受众的身份在接受者、搜寻者、对话者、传播者之间不断地转换和腾挪……

在麦奎尔看来，时下还没有任何一种单一的分类方法能够恰如其分地对受众进行划分，尤其是在目前日益复杂的媒介环境中。但是，诸如主动性或被动性程度、互动性与互换性程度、群体特征、构成的异质性、传播者和接受者之间的社会关系等一些主要维度，仍然具有足够的张力。麦奎尔一共列举了考察受众的 11 个维度，除了前述 5 项外，还包括（受众群）规模大小和持续时间、空间位置、接触媒介源的同时性、讯息 vs. 所处态势的社会/行为界说、社会呈现程度、使用环境的群己状况等。④这些维度分别考察受众的不

---

① 麦奎尔.受众分析［M］.刘燕南，李颖，杨振荣，译.北京：中国人民大学出版社，2006：178-179.
② 麦奎尔.受众分析［M］.刘燕南，李颖，杨振荣，译.北京：中国人民大学出版社，2006：176.
③ MCQUAIL D. The media audience concept：decomposition and recomposition［M］//International media readings in Moscow. Faculty of Journalism, University of Moscow, 2009-10-08.
④ 麦奎尔.受众分析［M］.刘燕南，李颖，杨振荣，译.北京：中国人民大学出版社，2006：181.
MCQUAIL D. Audience analysis［M］. London：Sage Publications，1997：150.

同特征，它们不一定适用于所有不同目的的受众解说，但是，这个维度体系本身是开放的，是面向未来的。根据需要适当增加或删减一些维度，以适宜于新媒介环境下的受众分析，是完全有可能的。

麦奎尔赞成保留使用"受众"这一术语。他认为，新媒介技术虽然赋予受众更多的权利，但同时也强化了传播者的地位，为他们构建与受众的关系提供了新的可能（比如视频点播和数字电视等）。迄今为止，"受众"这一概念仍然与经典意义上的媒介和信息等密切关联，受众的媒介使用在其行为和心理方面所呈现出来的意义，即使在不同的媒介环境下，也几乎是相同的。①此其一。

其二，在今天这个变动不居的时空中，新媒体在不断繁衍其家族成员，并催生出新的概念和术语；受众在频频改变其"样貌"，受众这一概念的内涵和外延处于变动之中，有关受众的界说也在不断变化。时下，要用一个稳定而统一的新概念来囊括所有这些已知或未知的新群体的特征，短时间内恐怕难以如愿，也难以求得共识。"受众，无论怎样概念化，都难以管理、控制和适应一切情况，人们很难做出明智而一致的选择。"②一句话，在这个领域，问题永远比答案更多。

其三，目前是一个新旧媒体、新旧传播形态并存的时代，"受众"一词尽管漏洞百出，有不少缺失，但它仍然是一个普适的概念，一个早已被人们所熟悉、习惯和接受的概念，也是一个具有一定弹性内涵和外延的概念。事实上，它已经被人们比较广泛地用于当下新旧不同的媒介语境中，用麦奎尔的来话说就是，"用受众这个常用术语来思考传播方式的变革和扩张形式，仍然是有益的"③。因此，在尚未找到新的、得到大家公认的、能够恰当地概括所有新旧"受众"特征的术语之前，考虑到学术研究和实务工作中对所用概念

---

①③ 麦奎尔. 受众分析[M]. 刘燕南，李颖，杨振荣，译. 北京：中国人民大学出版社，2006：180.

② MCQUAIL D. The media audience concept：decomposition and recomposition [M]//International media readings in Moscow. Faculty of Journalism，University of Moscow，2009-10-08.

的一致性、共享性和延续性的要求，现阶段不妨继续沿用"受众"（audience）这一术语。

麦奎尔一方面主张沿用"受众"这一传统术语，另一方面也坚持遵循他一直以来所擅长的社会学研究取向，即认为受众的演变不仅受媒介技术发展的影响，同时还受到不同社会文化环境因素的作用。他认为，时下"受众"本身的含义已经大大丰富了，当使用这一概念时，除了考虑技术影响之外，还需要采用一系列专业用语"来指称由社会、文化、行为、语言、经济等因素所界说的、目前正大量涌现的各种受众现象"[1]。他引用英国著名传播学者索尼娅·利文斯通（Sonia Livingstone）的话说，没有一个术语能够持续地适用于解释技术调节人们之间关系的不同方式，我们必须将受众置于社会和文化语境下，在与之"相关或互动"中去重构"受众"这一概念。[2]

换言之，我们需要根据不同的社会时空、不同的语境和情境、不同的现实需要来对"audience"进行具体界定和解读，对它的内涵和外延进行必要的调整、改进和补充。这有些类似于人们常说的"旧瓶装新酒"——旧词可以沿用，但是需要新用；传统的"受众"一词，今天应该也已然被赋予了新的含义；对"audience"一词的使用，必须以清晰地界定其含义为前提。

三、《受众分析》简评

麦奎尔擅长从历史的纵深处找寻研究的起点，梳理和整合受众研究的各项成果，从社会环境和媒体技术等多维视角出发，探讨受众问题和受众规律。这是《受众分析》的特点之一。

麦奎尔在书中从解析"受众"概念着手，将受众从传播学著名的线性模

---

[1] 麦奎尔.受众分析[M].刘燕南，李颖，杨振荣，译.北京：中国人民大学出版社，2006：182.

[2] MCQUAIL D. The media audience concept: decomposition and recomposition [M]//International media readings in Moscow. Faculty of Journalism, University of Moscow, 2009-10-08.

式中分解出来，还原到社会变革和媒介发展的脉络中，考察这一群体的嬗变轨迹，以及"受众"与"大众"相勾连而形成"大众受众"这一概念的内在逻辑。其后，用七章的篇幅，聚焦大众传播下的受众，全面系统地探讨了大众传播理论与研究中的受众、受众类型、媒介到达（触达）、受众的形成和保持、受众的媒介使用、传受关系、变动中的受众等问题，最后以"受众概念的未来"作结。由探源"受众"概念开始，到探讨"受众"概念的可持续问题结束，全书前后呼应，形成一个相对完整、自律的体系。在这样的结构安排背后，贯穿着一条清晰的研究理路，即：受众的形成离不开社会和媒介等各种因素的综合影响，面对处于不断变动中的受众，尤其是面对新媒介的冲击，必须从社会环境、媒介技术、媒介结构而不单单是技术因素中去寻找变化的原因。①

在某种意义上，这条研究思路也隐隐约约地显露出麦奎尔对于新技术的影响所持有的比较审慎甚至被不少人认为是相对保守的态度。麦奎尔认为，我们尚处于新技术应用的初期，以电脑网络为代表的新型互动媒体的出现，是否意味着对传统传播的颠覆，结论还不确定。新技术在摧毁贫穷、无知、文化、意识形态和国家控制等旧的障碍方面，还没有取得多大进展。②他说，在新媒介环境下，传统的受众角色将会被搜寻者、咨询者、对话者等角色所替代，"受众既是技术的购买者和使用者，又是讯息的接受者"③。但是，麦奎尔似乎忽略了受众作为讯息的传播者这一新的角色；他注意到受众从"接受主体""诠释主体"向"交流主体"的角色转变，但是，对于受众从扮演"受"的角色到具备更多"传"的能力，成为传播内容的生产者和"传播主体"这样的角色转变，却着墨不多。

---

① 麦奎尔.受众分析[M].刘燕南，李颖，杨振荣，译.北京：中国人民大学出版社，2006：156.
② 麦奎尔.受众分析[M].刘燕南，李颖，杨振荣，译.北京：中国人民大学出版社，2006：170.
③ 麦奎尔.受众分析[M].刘燕南，李颖，杨振荣，译.北京：中国人民大学出版社，2006：160.

在比较新旧媒介的使用者的特征时,麦奎尔的看法是,新媒介的使用者可能更加我行我素、利己、更不确定和多变[①],等等,而未提及新媒介尤其是互联网的"意见平台"功能和"公共空间"效应,及其所带给人们的更多的自主表达机会和参与传播的权力。

究其缘由,或许与麦奎尔一直以来的"社会性"取向和"综合性"风格有关,更主要的,或许与《受众分析》的成书年代有关。该书写于20世纪90年代中期,那时,互联网曙光初现,有关它的应用尚在蹒跚起步阶段,如今风靡全球的博客、微博、播客、论坛、电子商务等深度开发应用还在孕育或萌芽当中,尚未像今天这般如盛开的花朵一样恣意绽放。在《受众分析》中,我们也没有看到时下已经非常大众化的手机媒体的身影,有关它的应用特征也未见任何阐述。至今,新技术对于社会、政治、经济、文化和传播形态等诸多方面的影响,仍然处于逐渐释放和不断变化当中……,这些都会在相当程度上对研究产生影响。

人们对于任何新事物的把握,总是在不断刷新既有的知识体系和概念框架中进行的,尤其是当新事物本身还处于不断变动中时,任何观察和探讨都会带有一定的阈限性和不确定性,研究结论也会具有一定的过程性、阶段性或非终极性特征,都不会是绝对的。对此抱持适当的审慎态度不无道理。在《受众研究》中文版面世后不久,笔者在与麦奎尔的通信中曾经谈到新媒介带来的巨大冲击,询问他关于受众的观点是否有新变化,他的回答是:"我仍在观察。"在这一点上,麦奎尔给予我们的启示是:作为一名严肃的学者,对于快速兴起的新媒介和持续变动中的受众,即便是热点,也不盲目跟风赶时髦,而是自觉地保持一定的距离,审慎地进行考察和探讨,这是一种认真做学问的态度。

《受众分析》的第二个特点是,系统地梳理和概括既有的受众理论,对前人的研究成果进行提纲挈领式的归纳和整合。麦奎尔在书中全面考察和总结

---

① 麦奎尔.受众分析[M].刘燕南,李颖,杨振荣,译.北京:中国人民大学出版社,2006:164.

了经验学派、批判学派、文化研究尤其是接受分析等各种受众研究传统和理论的特点与区别，援引大量资料和观点，对受众类型的多重性与多样性、受众的主动性与选择性、受众的品味与偏好兴趣、性别化受众与"媒介迷"等问题都进行了阐释，并从受众和媒介两个角度对传受关系及其变化进行了探讨。麦奎尔的归纳并不是没有内核、没有主干的物理杂糅，或者简单聚合，而是按照他所擅长的社会学路径进行的有机整合。

有人说，《受众分析》并未提出什么重大的、原创性的受众理论，但是，它对创新的追求仍然是不可忽视的。这种创新或许并非原始意义上的创新，而是一种整合式创新：超越旧模式，采用新视角和新路径，全面总结和归纳各种受众理论、受众现象和受众问题，进行综合性探讨，得出新结论。

尽管受众问题复杂多样，受众研究丰富多元，麦奎尔的归纳却脉络清晰、思路缜密、概括精当，对受众研究各个领域的问题和结论，简明扼要地进行阐述和探讨。不过，这既是《受众分析》一书的优点，也可以说是它的一个不足。因为，论说简明的另一面是，书中鲜见关于受众研究的一些专门领域以及独特案例的详细描述，也没有系统论证和长篇展开。《受众分析》一书虽然内容涉及面很广，但似乎缺乏在某些"点"上的深入挖掘，给人以浅尝辄止的感觉。

第三，对不同的研究方法，抱持开放包容和兼收并蓄的态度，这是《受众分析》的另一个特点。麦奎尔对于量化和质化两种方法，并不偏执一端。他肯定批判学派对媒介工业中"大众受众"和"数字受众"生产机制的批判，承认文化研究尤其是接受分析学派将受众视为"诠释主体"的观点有其积极合理的一面，也清楚量化方法的某些局限，但是，他并不认同给量化和质化研究方法人为地贴上不同意识形态标签的做法。麦奎尔的社会学求学背景、社会学及其研究方法的教学经历，让他无法找到理由，反对在受众研究中采用量化方法去实现研究目标。

在麦奎尔看来，定量方法和定性方法都是抵达研究目的这一彼岸的桥梁和工具，都不可偏废。在《受众分析》中，他大量引入和探讨了其他一些研究者的经验性研究成果，甚至肯定了掌握有关受众的"外部信息"的必要性。

对于媒介工业中最具商业色彩、最富争议性的视听率，麦奎尔也采取了一分为二的辩证态度：一方面指出视听率指标的局限，反对盲目信奉和追求视听率的做法；另一方面则从现实层面肯定了视听率作为"市场货币"的作用，肯定这种数据反馈的及时性和简明性，以及对于按照"内容—受众—广告"这一套市场机制运行的传媒业的必要性。针对有关视听率的各种争论，他力图回归常识，说明视听率首先是一个基本的效果指标，反映有多少人收看了节目，无论是商业电视还是公共电视，都要讲求传播效果，都要了解自己的观众群情况这一基础信息。

  在《受众分析》中，麦奎尔还分析了社会科学方法与人文科学方法的异同，略显不足的是，缺乏个案研究。如果作者能够选择一些具有典型性的案例，比如就同一主题采用两种方法分别进行研究，并对此进行系统比较和阐述，则会使得出的结论更清晰、更有力度。在麦奎尔的研究经历中，无论是早期跟随恩师约瑟夫·特里纳曼，还是后来与美国传播学者杰伊·布卢姆勒以及其他学者合作，都不乏采用社会科学量化方法或量化与质化相结合的方法进行传播研究的例子，有些还成为传播研究史上的经典。如果能够援引这些案例，加以详细分析，会使有关研究方法的探讨更具有说服力，也会使《受众分析》的内容更加充实，更加丰满。

华裔新生代受众的三维建构：媒介时空、代际关系、身份认同*

——基于华语电视国际传播的新思考

一、引言

作为我国国际传播的主力军之一，华语国际电视目前的主要任务，就是辐射更广泛、更多元、更深层的海外华语受众。其中，如何更好地把握华裔新生代受众，传播力穿透代际隔膜、抵达这一独特的受众群，使华语电视既能"走出去"走向世界，又能"走进去"走入受众内心，还能"扎下去"深入多层代际人群，推动国际传播走向战略纵深，成为华语国际电视面临的新挑战。

所谓华裔新生代，一直以来都有各种不同的界定。从代际维度，有华裔二代（及以上）的说法；从年代维度，有强调是年轻一代的意涵；从互联网的角度，亦有将伴随其诞生而出生成长的一代称为"Z世代"。鉴于互联网对于人类交流方式变革和社会变迁的强力推动，尤其是这一"赋权型"和"断代型"媒介对于国际传播受众的巨大影响，本文引入网络技术这个新变量，从"代际+年代+网络"三个维度综合性定义华裔新生代，确切地说是华裔

---

* 本文原载于《现代传播（中国传媒大学学报）》2022年第4期，与王亚宁合作撰写，系国家社科课题"中国华语电视海外传播效果研究"（项目编号：16BXW036）和中国侨联课题"美国华裔新生代认同建构研究"（项目编号：19BZQK229）的研究成果之一，收入本书时略有调整。

网络新生代，即互联网时代在国外出生和（或）成长并入籍、有中国血统的华人二代（及以上）人群。①

根据《华侨华人研究报告2020》，2020年世界华侨华人数量已经突破6000万。② 几个世纪以来中国人的海外迁徙一直绵延不断，尤其是20世纪70年代末80年代初改革开放后，在持续高涨的出国潮中，移居海外者更是规模庞大。现如今，他们的后辈、那些网络时代生长起来的华裔新生代，正逐渐走出校园、走进社会、步入时代的主场。从促进中国与世界的联系、弘扬中华文化以及扩大国际交流的角度来看，华裔新生代作为中介和桥梁，能够发挥独特的作用。

有关华裔新生代的研究近年来渐趋热门，但是研究主要聚焦于身份认同和文化融入等方面，迄今为止，从华语受众的角度考察这一群体的成果较少，更鲜见以"电视＋互联网"为背景对新生代华语受众特征进行的系统性探讨。今天，互联网与电视等传统媒介的融合与碰撞在不断加剧，又叠加上全球化和反全球化的潮流与逆流之间的矛盾和冲突，华裔新生代面临网络社会、血缘族群、移居环境等多重因素的互动与挤压，他们的媒介使用、代际关系、身份认同等都呈现出不同于老一辈华侨华人的新特征。如何从这些变化和互动中去认识他们，这是我国华语电视传播透过代际层级、在数字时空中与华裔新生代展开对话和沟通的基本前提，也是提升华语电视国际传播效能的主要任务之一。

基于上述，本文拟对以下问题进行探讨：华裔新生代受众的媒介接触行为有哪些特征？他们的媒介行为对其代际关系、身份认同有何影响，相互关系如何？华语电视应如何改进，以有针对性地提升传播效能？需要说明的是，

---

① 华侨（Overseas Chinese）是指在海外长期居住和活动的中国公民；华人（Chinese Overseas）是指取得或加入所在国国籍的原中国公民及其外国籍后裔和中国公民的外国籍后裔，也时常用来统称所有海外中国人；华裔（Ethnic Chinese）是指有中国血统、在海外出生并入籍所在国的华人二代（及以上）人群。参见国务院侨务办公室2009年4月发布的《关于界定华侨外籍华人归侨侨眷身份的规定》。

② 庄国土.21世纪前期世界华侨华人新变化评析［M］//贾益民，张禹东，庄国土.华侨华人研究报告2020.北京：社会科学文献出版社，2020：14.

近年来我们陆续采用问卷调查、焦点小组、线上线下民族志暨深度访谈等方法，围绕上述主题开展研究，本文中所有未注明出处的数据和资料，均来自我们采用上述方法进行的相关调研。①

二、媒介时空：电视 vs. 互联网

以 20 世纪 80 年代前后中国的改革开放为界，人们通常将华人移居族群划分为"老移民"和"新移民"。新移民与老移民在移民身份、学历、职业和祖籍地等构成上呈现出显著的差异。20 世纪八九十年代，来自中国大陆的"知识移民"比例增加，他们不再像老一代移民那样主要从事劳动密集型工作，而大多是拥有专业技能或从事"白领"或"金领"工作的人员、留学生及投资移民。不过，无论是以从事"三把刀"（剪刀、菜刀和剃刀）一类职业为主的老移民，还是典型的"三高"（高学历、高收入、高社会地位）新移民，他们多少还留存着故国生活的记忆。在前互联网时代，他们主要通过大众传媒如报纸、广播尤其是电视保持与华语世界的情感和信息联系，华语电视甚至被视为华人世界（侨媒、侨团和侨校）的"三宝"之一而备受关注。然而，随着网络媒体尤其是社交媒体的迅猛发展，电视光环消退，视听开始转向，尽管在新老移民受众中，有不少人仍然通过华语电视接触信息，但有越来越多的人逐渐转向互联网，或通过社交平台来获取信息。

无论从文化背景还是地域分布来看，华裔新生代都是一个构成复杂的群体。然而，生长于海外，无论从语言、文化、社会还是互联网意义上，他们都是地地道道的"原住民"，这一点是相同的。由于第一语言不再是中文，而

---

① 自 2013 年起，中国传媒大学受众研究中心与央视中文国际频道（CCTV-4）合作，连续多年开展纵贯式海外华语观众年度问卷调查，召开观众代表座谈会。这期间，我们逐渐对华裔新生代这一群体产生兴趣，将其纳入研究视野，持续跟踪其动向。2016 年承担国家社科基金项目"中国华语电视海外传播效果研究"后，课题组于 2018—2019 年进行了海外华语观众问卷调查和线上线下深度访谈，对这个群体有了更多聚焦。2020 年承接中国侨联项目"美国华裔新生代认同建构研究"后，课题组又有针对性地对华裔新生代受访者个人和相关社交圈群进行了线上观察和深访。

是当地通用语或英语，他们的媒体选择大概率是以本地语言或英语为主的海外媒体或跨国媒体，近年来更倾向于互联网视频或社交平台巨头，如脸书（Facebook）、油管（YouTube）和推特（Twitter）等，中国特产社交媒体微信（WeChat）在海外也颇为盛行。对于华裔新生代来说，华语电视只是选项之一，由于血缘和族裔的影响，或许华语电视仍是权重较高的一个选项，但不会是唯一。置身于全球互联网这个信息纷繁的时空中，他们的媒体打开方式是多维而立体的，这也形塑了他们连接华语世界的新模态。

从他们接触华语内容的渠道来看，电视仍然是颇具渗透力的大众传媒。华裔新生代仍然看华语电视，但是相比前辈华侨华人，他们的选择相对多元。除CCTV-4外，大陆各省级卫视、凤凰卫视，以及港澳台华语电视、本地华语频道（包括集纳了来自中国大陆、港澳台地区、当地中文节目的复合性华语频道），都在他们的选择范围内。"*我看华语电视，不是只看大陆电视。*"（马来西亚华二代小L）而老一辈尤其是改革开放后出国的一代移民更倾向于以收看大陆华语频道节目为主，早年间浸润在脑海中的母语文化、内容形态和媒介模式为他们的视听偏好打下了基础。

从电视节目的接触方式来看，华裔新生代更多地从新媒体端尤其是移动端看节目，而不是通过传统大屏看电视内容。问卷调查显示，华裔新生代受访者中，有近四分之三者（74.2%）经常使用手机小屏收看华语节目，用电脑中屏看节目者超过六成，两者合计高出老一辈华侨华人受众约40个百分点；使用大屏收视者，低于后者约30个百分点；就算是大屏收视，也是时移（点播+回看）收视高于直播收视。随时随地、自主交互的移动小屏收视，正成为华裔新生代接触电视内容的主流模式。

如果将"收视频率+收视时长"作为衡量收视黏性的统合指标，以此表征受众对电视的忠实度或依赖度，那么总体上看，华裔新生代对华语电视的收视黏性不强。他们中看华语电视日均收视时长在3小时以上（中度收视）者所占比例，均显著低于前辈华侨华人受众；重度收视者（日均超过6小时）与轻度收视者（日均不足1小时及以下）所占比例则此消彼长，反差加剧。网络时代受众的平台化分流和碎片化收视特征，在他们身上体现明显。

海外受众对于以CCTV-4为代表的大陆主流华语电视的收视动机，近年来呈现出从"情感联系"到"获取信息"的转向。华裔新生代的信息偏好更甚于情感偏好，确切地说，表现出以"信息需求"为主导的多元收视特征。他们喜欢历史文化类节目，CCTV-4的《国宝档案》《远方的家》《舌尖上的中国》等都备受青睐；也乐于收看综艺娱乐、都市情感剧和谍战军旅剧等热门电视剧，以及学汉语等一些知识性节目，以增加对中国文化内涵和生活习俗的了解，但是整体上，"及时获得中国相关信息"是他们的第一诉求。偏好"信息需求"，也使他们与前辈们收看华语电视相对偏重"情感联系"和"生活必需"的习惯性动机，形成一定区别。

华裔新生代的媒介消费具有本地化和全球化的双重特征。对于移居地，他们是土著，天然融入；互联网的开放赋权，又拉近了他们与全世界、与遥远的祖籍国之间的距离。调查中比较明显的是，华裔新生代普遍缺乏一代移民早期在母国生活所浸染的情感底色，也缺少传统大众传媒时代所培养的电视依赖。他们的媒介诉求丰富多样，"情感联系"只是其中之一而非首要诉求，他们更倾向于从体现传媒气质的"信息传播"角度去接触华语电视。他们与祖籍国的联系，有来自血缘家庭的口传心授，也有传统华语电视的大众化投喂，更有来自互联网海量信息的超链接个性化点餐，当然后者并非是完全替代性的。

网络时代华语内容的丰富性和易得性都在大幅提升，这改变着华裔新生代的媒介图谱，也间接改造了他们对于华语电视的角色期待和功能需求，并带来电视消费的此起彼伏——信息诉求提升，情感动机回落。这里必须提及的一个背景是，中国的经济奇迹和迅速崛起吸引了世界的目光，调研中最常听到的一句话是"中国近年来发展很快"。国际形势风云变幻，中国周边尤其是台海安全等备受海外受众关注，这些都会投射到人们对于华语电视的收视诉求中，如"我们比较关心两岸关系"。华裔新生代身处充满竞争性乃至对抗性的信息环境中，面对意识形态和利益冲突等各种纷争，他们敏感于有关中国的事物，希望接触来自中国的信息。这种对于有关中国信息的关注和寻觅，或隐含着某种情感牵引，但更多的还是多元背景下自主选择的理性使然。他们意识里的媒介环境，不只由传统的中心式媒介生产与分发所定义，还由去中心的各种信息流所构成；是多面向、多层次、跨界域的"立交桥"，而非线性孤立的单行道。

互联网作为全球信息集散地，为华裔新生代的"跨界互动"提供了技术和文化等多重支撑。他们倾向于采用电脑和手机通过视频网站或社交媒体看节目、刷视频，除了时间机动和网感习惯外，还有一个原因就是，社交平台就像一家"茶馆"——聚散无羁，来去自由，信息开放，言论多元，各种视角和观点在这里汇集和交锋。华裔新生代们走进去，分享时事，质疑观点，解构权威，平等互动，不再是传统"点—面"传播关系中弱势而被动的受众，而是具有自主性和能动性的传播参与者。这是他们热衷上网的原因之一，也是"茶馆文化"的魅力所在。虽然价值观和意识形态的冲突在所难免，本就松散的华裔新生代群体也在游离、分化或重组，但是这为他们全面而立体地认知世界、认识中华文化和了解当代中国，提供了多维视野和广阔时空，也为他们的"信息偏好"写下新的注脚。

三、代际关系：知识反哺与再社会化

美国人类学家玛格丽特·米德（Margaret Mead）从文化传递的方式出发，将人类文化划分为前喻文化、并喻文化和后喻文化三种类型。[①] 前喻文化，主要指晚辈向长辈学习；并喻文化，指同代人之间相互学习；后喻文化则指长辈反过来向晚辈学习，它又被认为是一种"青年文化"。三种文化并不截然分立，在不同时代有主次不同的呈现。互联网的强势崛起，打破了传统知识传授的代际差序，将人们带上了"后喻文化"的快车道。年轻一代将知识文化传递给他们的前辈、长者或老师。在华裔新生代那里，这种与传统相反的文化传递方式，为代际关系和族群想象烙上了鲜明的时代印记。

互联网对整个社会生态和思维模式的影响是颠覆性的，它打开了全新的虚拟时空，也带来数字技术及观念的现实门槛。对年长者和前辈们来说，传统

---

① 米德. 文化与承诺：一项有关代沟问题的研究[M]. 周晓虹，周怡，译. 石家庄：河北人民出版社，1987：7.

电视时代形成的媒介思维和技能,似乎难以向新媒介"移植",网络世界新鲜而陌生,几乎是"断代性"的,需要重新学习进入。传统上,通常是前辈年长者向后辈年轻人传授知识和文化,因为他们吃的盐比后辈吃的饭多,他们过的桥比后辈走的路多,他们见过的世面、经历的风雨,能够提供丰富的经验和参考,裨益后辈。然而,互联网时代,新科技、新知识层出不穷,有许多已经超出老一辈的经验范围,靠传统知识难免捉襟见肘;加上技术迭代和更新极其快速,跟进实属不易。"用电脑手机上网,就像走迷宫一样,说是按步骤操作,可是说起来容易做起来难。"(美国一代华人 A 女士)那些"吃过的盐"和"走过的桥",有不少已经成为沉淀的资本,难以适应当下,长者和前辈的经验法则和经验传喻有些也不再那么有价值。从某种意义上说,一代华侨华人前辈们既是物理空间上的移民,也是技术时间上的"移民"。

反观华裔新生代,在当地土生土长,出生便带有互联网的基因,可谓是地域和技术双重意义上的"原住民"。相较于一代祖父辈移民,华裔新生代更容易融入当地文化风俗和主流社会,他们从自身社会化过程的早期开始便学习当地语言、习俗和生活方式,并潜滋暗长为内在的常识和默会知识,乃至区别于传统中华文化的人格特质。第一代移民时常面临的本地化和社交圈的困扰,不再是阻隔新生代融入的樊篱,他们也无须经历一代移民时常面临的"去边缘化"过程。他们从小的语言习得、生活经历和社会人脉都具有原根性,自然而熟悉。"家里长辈看本地节目或对本地事物有什么不明白的,我有语言优势,会给他们讲解。"(巴拿马华裔二代 L 小姐)这背后所体现的或许不只是语言优势,而是社会文化和生活方式上"原住民"与"移民"的区别。

华裔新生代们似乎天然熟谙数字时代的生存密码,在网络世界里左右逢源,在技术更新中捷足先登,其思维碎片化、记忆外挂化、交往屏端化等网生特征,与传统一代形成鲜明对比。在网络领域,华裔新生代的知识反授和反哺逐渐成为常态,前辈们需要求助于他们,了解和学习网络技能,以及新兴的网络文化。来自德国的华裔二代小 E 说:"我要时常帮助父母解决电脑问题,教他们上网,下载 App,寻找网址和账号,包括寻找网上华语电视节目。"2020 年疫情期间,CCTV-4 与中国传媒大学受众研究中心曾经联合举办全球华语电视观众线上研讨会，来自欧洲的一代移民 J 女士便感慨："一般的网络社交还能应付，但是召开云端会议这样的网上群体交流，从会议背景板的调适到会议软件的下载和使用，离开年轻孩子们的帮助还真是不行。"网络科技日新月异，对数字移民们的自我学习、自我进化能力提出了高要求，两者之间的落差，既有技术上的，也有思维方式上的。

知识乃至文化上的后喻，反映在原生家庭、族群文化、时代社会的交互与勾连上，便是华裔新生代区别于传统中华文化的人格特质，以及社会层次感乃至代际差序感的降解。不可否认，家庭族群仍然是文化传承的重要场景，长辈们的言传身教也在涵育新生代的中华情结，呈现出浓厚的前喻色彩。不过，在深访和小组讨论中，也不止一次听到老一辈华侨华人说："希望下一代学习汉语，了解中华文化，但是会尊重他们的想法；希望培养他们的汉语能力，但是不会强迫他们只接触汉语信息。"毕竟在移民环境中，时事资讯或文化知识的第一场景仍是当地社会，而在家庭关系中，"我们是平等的"。在没有中国君臣父子和长幼尊卑传统的海外社会，华裔新生代的祖籍血脉观念在前辈们的家族言传中逐渐建立，也可能沿着历史叙事向现实伸展，但是，他们对于代际关系差序并无自觉意识，加上网络技术这一变量在代际关系中的加持，使得传统的华侨华人的代际关系也不再那么"传统"。

华裔新生代的媒介消费在大屏电视、中屏电脑和小屏手机之间切换和穿插，也在全球性网络社群中游走。偶尔他们会与祖父辈们一起看华语电视，但更多是从视频网站或社交平台上看节目。"有时候我会陪家人一起看电视，但我一般是在 YouTube 上看节目。"（欧洲华裔二代小 F）他们边看边讨论，但是场景与祖父辈们不同，一般是在线上群组，很少在线下客厅；前辈们尤其是大陆新移民多用 WeChat（微信）与人互动，有自己的华语微信群和朋友圈；新生代则偏好在 Facebook 或 Twitter 上发声，且多语种混杂，心态和语态都更加"世界化"；有些还边看边发弹幕，衍生出另类的交流形态。登录全球性社交平台，令新生代们的话语和互动拥有更大的空间，不同的社交方式亦生成不同的家庭舆论场，有时弥合，"家里老人不上 Facebook 和 Twitter，我会转发上面的一些内容，跟家人聊聊"（美国华裔三代小 X）；有时出现鸿

沟,"大家说不到一起去"(德国一代华侨D女士)。这中间既有语言的屏障,又叠加了不同圈层和代际的区隔。

全球性社交平台的兴起和渗透,已经超越华语社交圈的范畴,带来更加丰富多元的信息交互和思想碰撞,也生态性地影响了华裔族群中传统代际关系的更新改造。

从社会演进的意义上看,后喻文化的出现并不意味着前喻文化和并喻文化的退隐,而是三者并存,因时空变化而呈现此起彼伏、主次互易的态势。华裔新生代的代际互动和族群关系,在传统社会的前喻和现代社会的后喻之间,呈现出复杂多变的动态走向。代与代之间传统的单行向下的知识文化通路,逐渐开始双向化和"多车道化"。互联网带来人们时空观和思维方式的嬗变,也在塑造新的网络社会意识。从这个意义上说,网络赋权下的华裔新生代不仅在重构新的传受关系,也在重塑新的代际关系;而知识文化传递的后喻式转向,实际上也是一种社会化"反哺",对于华人父老前辈而言,则是经历网络时代的一个"再社会化"过程。

四、身份认同:华裔意识与数字公民

对于华裔新生代而言,身份认同是他们无法绕过的内心叩问。"我是谁""何处是家"这类看似简单的问题,却是一个时常徘徊在确定和不确定之间的两难选择。

身份认同(identity)是当代社会学、心理学、文化研究等多学科领域的重要概念,最早源于哲学和逻辑学范畴,译为"同一性"或"统一性",学者们从不同角度对其进行了多维界说和解读。精神分析学家弗洛伊德认为,认同是个人与他人、群体或被模仿人物在情感上、心理上趋同的过程。① 在社会学者看来,身份认同主要有个体(主体)和社会(集体)两个层面的含义,

---

① 车文博.车文博文集(第6卷):弗洛伊德主义[M].北京:首都师范大学出版社,2010:375.

认同研究大体沿着自我认同（self-identity）与社会认同（social-identity）两条主线展开。自我认同强调个体的心理和生理体验，以自我为核心；社会认同则强调人的社会属性，是"一个人对其所属的社会类别或群体的意识"①。法国学者马尔丹指出，认同是一种特殊的叙事形式，认同与文化有着密不可分的关系。② 总体来说，身份认同具有归属感和一致性等内涵，其基本含义是个人与特定社会文化的认同。③ 随着主体论的变迁，从历史演进的角度看，经历了以自我为中心的启蒙身份认同、以社会为中心的社会身份认同、后现代去中心的身份认同三次大的转变后，身份认同不再只有统一的模式，人们也不再拥有恒定不变的身份认同感。④

华裔新生代的身份认同主要表现为文化身份认同，这是一个纷纭多样的版图，华裔意识则是明暗不一的底色。深访中有不少受访者谈到，父祖辈话语里的中国故乡和中华文化，对他们来说既亲近又遥远，似熟悉更陌生：亲近熟悉，来自家庭族裔中长辈们的言传身教与潜移默化；遥远陌生，则来自与当地社会文化的时空隔膜和现实差异。与一代移民相比，华裔新生代不再是毫无根基又急于立足的外来者，他们生长于斯，对于移居社会的陌生感和边缘感不似前辈们那么明显；关于中国的认知，也不像前辈们那样，残留着曾经贫穷屈辱的记忆，以及溯源而来的另类身份感。他们生活在中国国力迅速提升的现当代，没有那种悬殊的比较落差，心态也相对平和。对于当地社会，如果说一代移民是移入或嵌入的话，那么新生代则是融入，除了无法改变的血统和体貌外，他们在语言方式、行为举止和生活习性上，与当地人已没有多少差别。另一方面，他们也时常受到中华文化的浸润与滋养，通过原生家庭的日常生活，通过族群聚会、人际交往和华语媒体，点点滴滴默会在心。

---

① HOGG A M, ABRAMS D. Social identification: a social psychology of intergroup relations and group process [M]. London: Routledge, 1988. 转引自：周晓虹. 认同理论：社会学和心理学的分析路径 [J]. 社会科学, 2008（4）: 46-53.
② MARTIN D C. The choice of identity [J]. social identities 1995, 1（1）: 6-17. 转引自：张旭鹏. 论欧洲一体化的文化认同建构 [J]. 云南民族大学学报（哲学社会科学版）, 2004（3）: 89-93.
③④ 陶家俊. 身份认同导论 [J]. 外国文学, 2004（2）: 37-44.

就群体而言，华裔新生代构成多元，生长环境参差，在社会化过程中吸收的文化"养分"各异，在移居地融入主流社会的过程中遇到的困扰也不同。然而，相同或相似的是，比起非移民后代，他们的人生经历和生活感受更加复杂，裹挟在不同甚至有冲突的社会和文化环境中，存在经常性自我困惑，身份认同也时常纠结和矛盾。"在美国，有他者的感觉，回到中国，感觉还是他者。语言差异不说，思维方式的差异（使我们）更难融入。"（美国华裔二代小 L）语言是文化的载体。语言对于身份认同来说，是重要的影响因素，但并非决定性的。"我有华人血统，会说中文，可它不是母语，我也不属于任何地方。"（俄罗斯华裔三代小 W）在华裔新生代的身份认同中，有信奉"一元论"者，即单一认同；有信奉"二元论"和"多元论"者，既认同居住国又承认自己的中华子孙身份，以及跨国跨族裔认同。他们是更偏向祖籍国还是更偏向移居地，是更倾向于单一认同还是双重认同乃至多元认同，答案不一。然而，无论是哪一种认同，甚至是时而混杂、时而矛盾、时而游离的认同，深层次里，华裔意识都是基因一样的存在。

信息社会学家曼纽尔·卡斯特尔（Manuel Castells）在《认同的力量》（*The Power of Identify*）一书中曾经指出，所有认同都是建构起来的[1]；社会学家安东尼·吉登斯（Anthony Giddens）也有认同是"可塑造"的看法。两者观点可谓异曲同工，意指认同有借助外在因素来实现自身"反思性"建构的特征。[2] 当今社会被称为媒介社会，传媒作为社会生活的关键变量，在现代人的身份认同建构机制中，不论是在某一国家或地区内还是跨国跨地区领域，也不论是在单一认同还是多元认同的建构中，无疑都发挥着重要作用，这已为大量研究所证实。

虽然家庭仍然是华裔新生代与中华传统和血缘祖籍发生联系的第一纽带，并深刻地影响着他们的身份认同，但是在网络环境下，经受多元信息的冲击和异质文化的碰撞，以及各种社会形态的拉扯，他们的认同来源也由血缘文

---

[1] 卡斯特尔.认同的力量[M].曹荣湘，译.2版.北京：社会科学文献出版社，2006：6.
[2] 吉登斯.现代性与自我认同[M].赵旭东，等译.北京：生活·读书·新知三联书店，1998：2-5.

化开始泛化为生活方式、意识形态等各种维度。尤其是在社交媒介语境下，兴趣、情感和理念连接成为可能，家庭族群关系中已基本形成的认同可能会在网络的影响下发生嬗变，被解构或重构。换言之，在既有的血缘、宗教、文化和民族国家认同之外，一些基于趣缘、经历、数字公民和网络社会的认同意识也逐渐浮出水面。

信息流动的全时域性，一定程度上消解着民族国家认同，同时也在滋生着新的超民族国家认同，为华裔新生代以自己熟悉的方式去寻找和建构认同打开了新的空间。在 Facebook、YouTube 和 Twitter 等跨国平台上，不乏各类社交圈，包括华侨华人社交群组，也时常可见华裔新生代活跃的身影。他们的信息消费兼具本地性与全球性、茶馆性与自媒体性等多重特征，加上移民家庭出身和原生性的跨文化经历，使他们的认知不再局限于一国一地，而是更具国际观，他们对各类媒介内容抱持开放和包容的态度，对事物的认识和讨论也相对立体多元。一些华裔新生代将中华文化与其他文化一道视为世界文化的组成部分，无所谓亲疏有别，而是寻求泛族群和超意识形态的视野，关注全球性公共议题。比如难民问题和气候问题，还有"新冠疫情是人类共同的敌人，（防疫抗疫）得大家合作，不要太政治化"（美国华裔二代小 Z）。他们的社会化过程与全球社交平台的演进密不可分，由此形成自己网络社会公民的角色观和身份感，从更广泛的意义上与世界共振和共情，即所谓升级版的"想象的共同体"。

值得一提的是，在一些华裔新生代那里，此前时空隔绝、离散天涯的海外华侨华人，因为互联网而相遇和走近。他们会借助互联网有意无意地去发现和寻找同类人，在海外有 5000 万下载量的 WeChat（微信）已经成为海外华人联系彼此的纽带，牵拉起新的信息关系。有例子可以从侧面印证这一点：CCTV-4 近几年海外华语观众年度问卷调查显示，华裔青年群体对于《华人世界》（2019 年改版为《华人故事》）栏目的喜爱度颇高。《华人世界》是一档以报道海外华侨华人资讯以及反映他们在世界各地生活、学习、打拼事业的经历和感受为主要内容的栏目，好似一座海外华侨华人彼此沟通的桥梁。2020 年在 CCTV-4 最受欢迎的栏目排名中，《华人故事》名列第四，颇受喜爱。经由数字时空中的信息交往，以往沉淀在家庭族群记忆里的习俗和传统、谋生和创业的艰辛，被无形中放大和勾连，成为共享的生活体验，由此引发的感同身受会促使华裔新生代对于华人共同体投入更多的关注，并在对相似或相同命运的凝视与比照中，去探寻、去回答关于"我是谁"的身份追问。

五、华语电视：新观念与新赛道

由传统电视主导传播的时代已经渐行渐远，互联网成为国际传播的主流平台已是大势所趋。如果说传统中心式分发面向大众、社交分发面对小众、智能推荐针对非众，那么在由社交平台和智能算法所构建的圈层小众和个体非众时代[1]，电视媒体将如何生存？现实留给人们的选择并不多，时间窗口期也稍纵即逝。

华语国际电视要与时俱进，观念更新必须一马当先：基于中心权力意识的传受观要向技术赋权下的去中心交流观转变；基于传播者本位的纯粹"功能导向"要向围绕受众的"需求导向"或"服务导向"迁移。确切地说，在受众意识上要实现三个突破：一是突破频道看受众。海外受众不再囿于频道编排的"时间流"看电视，网络带给人们随时随地、随心所欲选择内容的自由，看节目，但非锁定频道。二是突破电视看受众。人们不再驻足电视大屏，而是在电视、电脑、手机等大中小不同屏端游走，在多维时空中切换，尤其是多功能地使用手机读、听、看、用和玩，成为凯文·凯利（Kevin Kelly）所说的"屏之民"（people of screen）。三是突破受众看"受众"。从被动接收信息到主动搜寻、讨论和参与传播，人们不再是乌合式大众受众，而是走向具有能动性和个性化的"后受众"/用户。对于华裔新生代来说，网络媒体暨全球社交平台为他们打开了一个跨越文化、代际和身份之蔽的自主交流的新时空。

华语电视最重要的突破之一，还在于突破渠道短板，朝着多通路平台化生存转型。这是媒介升级的逻辑选择。目前，传统媒体普遍面临触达焦虑，

---

[1] 刘燕南.从"受众"到"后受众"：媒介演进与受众变迁［J］.新闻与写作，2019（3）：5-11.

国际传媒更是如此。渠道失灵、终端分立、受众弥散，如何触达目标对象，成为痛点和难点。华语电视要突围解困、实现有效触达，需要开拓和整合渠道资源，以自我扬帆和借船出海的方式多点布局：一方面加快新媒体平台建设，统筹形成自己的全媒体矩阵，强调移动优先，多维度多层次（微博、微信、移动端 App 等）建构网上通道，尤其是借华人世界渗透率较高的 WeChat（微信）等第三方社交媒体，深耕忠实受众，吸纳新生代，提升华语传播的增量价值；另一方面借助多方力量通过互联网渗透，以开放的视野和心态，利用覆盖广泛的全球社交平台如 Twitter、Facebook、TikTok 等，寻找和吸引目标受众，尽可能激活信息推荐的元启动，强化抵达受众的能量密度。时下社交平台逐渐超越传统电视成为海外华语受众尤其是华裔新生代接触信息的主渠道，华语电视当以受众的渠道偏好作为传播的渠道首选。

再进一步，选择新赛道，从自主可控的意义上发力数智移动端。转型中的华语电视，要完全"脱实向虚"并不现实，但是在发挥大众传媒功能的同时，应着力打造垂直类平台和升级自建"垂直+"综合性平台，突出平台的社交功能、个性化推荐功能，以适配人们信息消费从中心式、社交式到智能式分发的多种需求。通过智能算法、数据挖掘、机器学习等技术，建立海外华语受众暨华裔新生代受众的兴趣图谱，做好受众的画像标签，实现信息推送的精准性。同时，开发针对移动端的新产品新服务（如直播等），强化自我导流，凝聚更多的受众 / 用户。

"内容为王"是华语电视的传统强项。不仅要让人看得见，还要让人看得进去、喜欢看。华语电视要坚守并提升自己的核心优势，关键之一便是利用升级平台的社交互动、智能推荐功能，发挥议程设置作用，强化内容力。考虑到信息需求是华裔新生代媒介消费的主要动因，而中国近年来的经济发展和影响力的提升令世人瞩目，华语电视应丰富自己的信息传播光谱，提供及时客观的新闻、理性持平的观点。对于文化和娱乐这类受华裔新生代欢迎的节目类型来说，华语电视也应在提升品质和内涵、寓教于乐方面多下功夫，以"润物细无声"的软力量深度触达，于潜移默化中让人入眼、入脑、入心。软文化传播比宣教式灌输更有力量，理解和认同的效果更佳。

 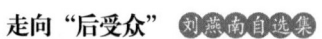

拓展视听优势，发力短视频。数字视频尤其是短视频是当下主流，也是符合华裔新生代媒介消费"能力"的内容形式，这为华语电视"扬长竞短"、进阶新赛道争夺受众，提供了契机。华裔新生代的母语已非汉语，多数人的汉语能力较弱，听、看、说的能力强于读、写的能力。视频产品的强项正在于以动态影像的会意功能突破语言障碍；短视频选题范围广、耗时少、门槛低，潜在地迎合了华裔新生代移动化、碎片化、快节奏的媒介消费特征；一些趣味性内容、放松性互动更充满魅力，也是他们喜闻乐见的新形式。以短视频平台 TikTok 为例，2020 年其下载量已经超越 Facebook 位居全球第一①，成为海外传播的新渠道，对华裔新生代亦有很强的吸引力。当然，短视频是文化消费快餐化的产物，不一定堪当影响时政和文化传承的大任，但是作为建立连接和社交传播的界面工具，仍然具有足够的张力。华语电视拥有丰富的优质节目，可以通过盘活改造存量、创新短视频内容增量等方式，更好地适应华裔新生代媒介消费的新趋向。

华语电视的平台化生存转型，说到底是要强调一种平台精神，建构自信、开放、包容的传播生态和共同体意识。当遇有全球重大新闻事件时，华语电视不回避矛盾和利害，突出话题性，为大家提供讨论和争鸣的平台，应是这一建构的题中应有之义。此其一。其二，作为媒体平台，华语电视应创新内容生态：一方面要整合内部资源，基于社交媒体、视频平台、移动端等生产内容；另一方面，改变一味倚重专业生产内容（PGC）的惯习，吸纳外部用户生产内容（UGC），朝着"PGC+UGC"方向拓展。开放 UGC 不仅有助于改进内容结构和形式维度，而且有利于广开资源和扩充用户群，让华语电视变得更加亲和、平易，更有凝聚力。其三，从优化平台策略的角度，华语电视还应强化产品意识，做产品而不只是做内容，可以尝试采用包括直播、动漫、知识问答、信息服务等形式在内的互联网"新生物"，连接更多的华裔新生代，适配其特征和需求，以促使其从受众到用户再到粉丝的转变。

---

① TikTok 全球下载量去年居首 超过 Facebook[EB/OL].（2021-08-07）[2021-08-30］.https://i.ifeng.com/c/88VMpmCzAcC.

评估篇

国际传播效果评估指标体系建构：框架、方法与问题*

国际传播是以国家战略目标为引擎的跨国传播，既注重战略布局，亦讲求方法与效果。建构国际传播效果评估指标体系，着眼于战略构想与具体实施之间的协同互动，对传播效果进行动态考察，这是推动我国国际传播从强调能力建设向关注能力与效力"双力耦合"方向迈进的必要环节，是促进我国国际传播从"走出去"向"走进去"深入的关键，也是实现国际传播可持续发展、有效提升我国国际影响力的重要举措。

我国国际传播战略的实施，从加强国际传播能力建设起步，历经十多年的努力，目前已经初见成效：我国国际传播网络在不断铺设和完善，已经建立了覆盖全球的分支机构，兼顾发达国家与发展中国家，在具有战略意义的重点国家、地区和城市都有所布局。[①] 然而，传播能力只是构成国际传播"目标函数"的变量之一，进入新时期，要实现全面提升我国国际传播影响力的战略构想，仅仅注重传播能力建设是不够的，传播的最终目的是实现效果预期，我们需要将传播能力与传播效力相匹配，将对国际受众的把握和对传播效果的想象落到实处，进行客观、科学、理性的考察，尽可能避免误判和盲

---

* 本文原载于《现代传播》2018年第8期，与刘双合作撰写，系中国外文局重点课题"国际传播效果评估指标体系研究"（项目编号：15WWJA03）的成果之一。《新华文摘》网络版全文转载。

① 胡正荣.国际传播的三个关键：全媒体·一国一策·精准化［J］.对外传播，2017（8）：10–11.

动。正是在这一背景下,建构国际传播效果评估指标体系,逐渐由"选答题"变成了"必答题"。

这样的转变,本质上说,是从注重外延式扩张向注重内涵式深耕的推进,是从单纯注重投入向讲求投入产出平衡的转型,也是从注重传播的"功能驱动型"向注重"功能+受众双轮驱动型"方向的发展,同时,这也是在日趋复杂的国际形势下,面对国际政治经济力量重组和国际传媒的竞争加剧,我国国际传播所作出的必然回应。

构建国际传播效果评估指标体系,是一项具有中国特色的研究。放眼全球,包括欧美发达国家在内的世界各国,对于国际传播效果评价体系的研究,鲜少关注,既无成熟的标准,也没有多少研究成果和评估模型可供借鉴和参考。这意味着,立足中国国情,在理论与实践相结合的基础上努力创新,是我们探索这一建构工作的基本出发点。本研究拟在梳理概念和分析评估体系类别的基础上,针对我国国际传媒的传播实践,侧重"能力—效力"框架,建构一套新的综合性效果评估指标体系,并对相关指标进行权重分配处理。

一、概念辨析与框架探讨

在我国国际传播效果研究领域,传播力、传播能力、传播效力、传媒实力等概念一直"多力并存",相互牵扯和交叉。

"国际传播力"概念最早出现在《国际传播与国家形象》一书中。作者认为,国际传播力是一国所具有的传播能力与效力在国际领域里的总体体现。国际传播能力是一国在国际传播方面所做的"投入",表现为一国现有的国际传播状况,如从事国际传播机构的数目、基础设施情况、人员的配备和培训等,基本上属于一种传媒"硬实力";国际传播效力是一国国际传播工作的"产出",表现为一国现实达到的国际传播效果,如受众数量、受众对传播内容的认知程度、国内外舆论导向的力度等。[1] 有研究遵循这一思路,将国际传

---

[1] 刘继南,周积华,段鹏,等.国际传播与国家形象:国际关系的新视角[M].北京:北京广播学院出版社,2002:89.

播力归纳表述为两个方面：一是国际传媒所具有的现实能力，如在其自身建设上的软硬件投入和基础条件支持；二是国际传播效力，即一国媒体经过长期的国际传播实践而内在产生并逐渐积淀起来的实际效果。①

有学者将目光聚焦于传播者一方，认为国际传播力特指新闻媒体在国际传播当中所表现出来的能力，包括对国际传播受众信息需求的分析理解能力、信息生产与表现能力、传播速度与精度、信息的覆盖面及影响效果等方面的管控能力等。②亦即国际传播力主要考察传播者的表现，不涉及具体的受众效果问题。

也有研究将国际传播力分为三个方面，分别是传播能力、传播效力和传播权力，并对传播效力进行了较为全面的表述。作者指出，国际传播效力是国际传播对国际受众及国际社会产生的有效结果，具体指国际受众接收信息后在认知、情感、态度、行为等方面发生的变化，以及对国际社会产生的或有意或无意、或直接或间接、或显在或潜在的一切影响和结果，传播效力体现一个国家的影响力，是一种软实力。③

"传媒实力"由清华大学胡鞍钢教授等提出。作者将传媒实力视为一个国家传媒体系渗透力和影响力的总和，包括传播基础、国内传播、国际传播和传媒经济四个方面。④内容与国际传播力类似，但偏重传播能力，关于基础设施等（硬实力）方面的指标较多，关于影响和效果等（软实力）方面的指标很少，且对渗透力和影响力并无明确界定。

研究者们在讨论国际传播力或传播实力概念时，一般会同时关注到"能力"和"效力"这两个方面，以及传—受两端，也大体默认这两者分别指涉国际传播中的"硬实力"和"软实力"，虽然理解上存在一些细微差别。自从美国哈佛大学教授约瑟夫·奈（Joseph Nye）的著作《软实力》（*Soft Power*）

---

① 刘肖.国际传播力：评估指标构建与传播效力提升路径分析［J］.江淮论坛，2017，284（4）：172-177.
② 程明，奚路阳.关于大数据技术与国际传播力建构的思考［J］.新闻知识,2017,396（6）:3-6.
③ 邵瑞.媒介素养：构建国际传播力的一种新途径［J］.东南传播，2015(11)：90.
④ 胡鞍钢，张晓群.中国传媒迅速崛起的实证分析［J］.战略与管理，2004（3）：24-34.

一纸风行，关于软硬实力的研究便开始兴盛。传媒通常被纳入一国的"软实力"范畴。其实，传媒本身也可分为软、硬两方面：作为一种物质载体和技术工具，是有形的硬实力；其传播机制和内容影响部分，则属于无形的软实力。

需要指出的是，传播能力与传媒（传播）实力二者不能画等号。传播能力术语的使用有些"重硬轻软"，通常由基础设施一类指标构成，其外显性较之受众效果等指标更容易统计，而传媒（传播）实力，如果从软硬二分的角度看，与国际传播力的概念比较接近，此其一；其二，国际传播语境中的传播力，与国内传播语境中的传播力，内涵上有差别，前者反映传播能力与效力之和，后者主要作为受众视听行为效果的表征，如《中央电视台栏目综合评价体系优化方案暨年度品牌栏目评选办法》中的传播力指标。

参照上述概念，考察目前有关国际传播效果的评价体系，我们将相关研究大体划分为三种框架或模式："软—硬实力型""受众—效果型""能力—效力型"。

（一）软—硬实力型

"软—硬实力型"，顾名思义是从软实力与硬实力两个方面进行考察。这一类型的早期代表，是《国际传播与国家形象：国际关系的新视角》一书中的"国际传播力评估指标体系"。作者在从概念上区分国际传播力、国际传播能力和国际传播效力的同时，围绕国际传播力建构了一个由软、硬两类指标构成的体系。其中，"软指标"包括传播者素质、传播艺术、传播权威性等一系列质化指标；硬指标包括国际传播机构数目、投入经费、从业人员数量、语种数、受众数量等能够量化的指标。[1] 不过，如果按照作者对"国际传播力"的定义来分析，这套体系主要考察的是其中之一"力"，即国际传播"能力"，以"硬"为主，"软"指标的设置较弱，对"效力"的考察略显不足。

---

[1] 刘继南，周积华，段鹏，等.国际传播与国家形象：国际关系的新视角[M].北京：北京广播学院出版社，2002：88-89.

（二）受众—效果型

即从受众角度切入，通过考察受众的"接触—认知—心理—行为"等一系列活动来评估传播效果。受众反馈是传播效果最重要、最直接的体现，任何效果评估都离不开对受众的把握，这是传播学的基本原理之一。受众—效果型评价体系，具体案例有"受众层次的效果评估指标体系"[①]。在该体系中，有受众对不同媒体的接触指标，有针对不同媒体的认知指标，也有对国家形象的认知和评价，还有部分行为指标，内容丰富；此外，公众（受众）属性也被纳入评价体系中，把握受众细分状况，以便更策略性地评估传播效果。不过，这一类型着眼于受众—效果层面，对国际传播主体投入等因素的考察有所忽略。

（三）能力—效力型

能力—效力型评价体系关注传播能力和传播效力（效果）两大因素：前者聚焦传播者的传播投入和主观努力；后者强调传播产出和客观效果，将传播者与受众、传播能力建设与传播效力的取得相联系，综合评估传播效果。中国国际广播电台围绕新媒体推出的评价体系，中央电视台海外中心以"一把尺子、统一衡量"为特征建构的评价体系，都大体遵循这一框架。[②] 即从传播广度出发，重点评估传播渠道的覆盖力；从传播深度出发，衡量中国媒体的公信力和影响力；从传播响度出发，评测受众的满意度等。另有研究者提出"媒体国际传播能力评价体系"[③]，由内容生产能力、市场拓展能力、技术支撑能力、品牌经营能力、国家影响力等5个一级指标组成，主旨是评估传播能力，但是其市场渗透力等二级指标的设置，与传播效力（效果）的内涵也密切相关。

"能力—效力型"评价体系有三个特点：一是其建构与我国自2009年起

---

① 柯惠新，陈旭辉，李海春，等. 对外传播效果评估体系的框架研究［M］// 全国第一届对外传播理论研讨会论文集. 北京：中国传媒大学，2009：375-391.
② 有关中国国际广播电台和央视海外中心的资料来自本课题组对相关人士的访谈。
③ 唐润华，刘莹. 媒体国际传播能力评估体系的核心指标［J］. 对外传播，2011（11）：6-9.

开始实施的国际传播战略第一期工程相呼应，体现了较强的战略响应性和布局导向性。以传播能力建设为起始，目前的评估也处于评估传播能力甚于评估传播效果阶段，只是随着传播实践的深入，开始向效力（效果）评估方向发力；二是评价体系中纳入了能力和效力两类指标，其实质是将两者相关联，视传播能力为传播效果的致效因素之一，反映能力建设对于效力（效果）实现的影响作用；三是多数评价体系从传媒角度出发，关注实操性，偏重硬指标，以客观、显明、直接可测指标为主。

综合上述，采用软—硬实力的概念，并以此构建体系，难以确切地反映评估指标的内涵与类别，评价体系包含多个维度，非软、硬两分法所能完全涵盖。至于传播力概念，内涵相对丰富，理解上存在一定分歧。相比之下，采用效果概念，可能更加直接和明确。另外，"受众—效果型"思路，对国际传播战略投入方面的努力关注较少，对影响效果的多重因素的反映有所不足。

国际传播本质上由国家利益所驱动，传播效果的产生，与国家战略主导下的传播能力建设是分不开的。虽然效果的实现取决于诸多因素的影响，并非硬件投入愈多、规模愈大、技术愈进、生产愈努力，效果便愈佳，但是，传播能力对于传播效果来说无疑是一个重要的致效因素。在效果评估研究中，传播能力与效力之间大体呈现正向关系，只是因为媒介不同、传播定位不同，而有不同的强弱呈现和表征。传播能力本身内含诸多要素，评价体系亦由多种指标综合构成，评估研究通过赋权，对不同维度、不同层级的指标赋予不同的权重，正体现了科学把握指标间关系，进而建构科学有效的综合性效果评价体系的一种努力。

本研究以"能力—效力型"框架为主，拓宽维度，有所变通，引入更多变量，探索建构一套新的综合性、系统性、可操作的国际传播效果评估指标体系。

二、体系构建：原则、思路与方法

国际传播集跨国界、跨文化、跨语言等多种跨界要素于一体，既要遵循一般传播的普遍规律，又有其自身的特殊性。与国内传媒以目标导向、效果反馈、竞争激励为功能特征的效果评价体系相比，国际传播效果评估一方面内含了基本相同的诉求，另一方面作为国家战略体系的组成部分，又有其特殊要求，并体现在评价体系的建构原则、思路和方法等方面。

（一）原则

1. 科学性

采用科学的理论和方法，一方面以国际传播学、国际政治、社会学、心理学等理论为指导，力求评价体系有较强的理论阐释力；另一方面在方法上追求科学性，数理模型的建构符合指标关系和评估规律，以系统性、综合性思维建构体系。

2. 客观性

立场客观，真实反映国际传播的实际效果；指标含义明确，测量方法准确；反映指标之间的内在联系，形成清晰的逻辑关系。

3. 可操作性

指标设置有效、合理和灵敏；数据来源可得和可靠；测量有信度和效度；数据采集和统计处理易行。

4. 开放性

可适时完善和改进评价体系。效果评估以时间为轴，可分为短、中、长期；以事件为准，可分为一次性和常规性；以媒质为界，可分为不同媒介类型和传播渠道评估，等等。要应对所有这些变化，需要建立一套既统一、稳定又相对灵活、开放的体系，适应各种媒介类别，兼顾当下与未来，为效果评估的调整、改进和更新，预留必要的开放式入口和应变空间。

（二）思路

1. 几项指标、一把尺子

即将影响传播效果的诸多因素，以及传播效果的多种表征，转化为可测指标，分别赋予不同的权重，形成全面系统的多指标、综合性、量化的评价

体系，实现结果的唯一性和得分的可比较性。这是国内效果评估的常用框架，也是世界上其他领域相关评估所采用的主要方法。

2. 双力并举、双效并行

以"能力—效力"双力并举为主要框架建构评价体系，即将传播能力和传播效力两类指标纳入体系，将传播能力建设视为取得传播效果的基础和条件，是致效因素之一；传播效力则是实际传播效果的反映。与此同时，引入经营指标，兼顾传播效果和经济效益，将后者视为传播效果的一种间接反映，考察国际传媒的市场能力，对投入产出情况进行测量和评判。虽然现阶段乃至未来一段时间内，要求国际传媒在完成传播任务的同时实现经济效益可能不太现实，亦非国际传播战略目前的主要目标，但是从长远看，国际传媒必须经受住受众市场和传媒规律的双重考验，培养自我造血能力，才能健康成长。建立效果与效益"双效并行"的评价机制，有益于国际传播的可持续发展。

3. 新旧兼顾、主客结合

在新旧媒介并存的当下，建立适应媒介融合趋势的评价体系，对传播绩效进行全面、科学、系统的评估，这是我国媒体的主流做法。① 对国际传播效果进行综合评估，同样应该与时俱进，将传统媒体和新媒体指标、主观和客观指标、行为和心理指标纳入体系。国际传播效果评估面对不同类型的传媒，包括报纸、广播、电视、通讯社、互联网等，在指标设置时，除了考虑不同的媒体类型及其新旧媒体矩阵和梯队外，还要考虑独角兽型社交媒体平台的相应指标，后者也是网络行为和心理数据的重要来源。

4. 不同层级、区别处置

国际传播涉及不同语种、对象和媒介类型，要建构一个适应多种媒体需要的综合性指标，纳入各种影响因素和效果表征，难度刚性较大，需要根据不同指标层级区别处置。一级指标，强调宏观概括力和广谱性，能适用于不同类型、国别、语种、受众定位等的媒体；二级指标，依据一级指标属性进一步分解，围绕其内涵适度微调，不可过于离散；三级指标，细化指标，强

---

① 刘燕南. 关于电视评估中纳入新媒体指标的思考［J］. 中国广播电视学刊，2013（5）：11-14.

调可操作性，可针对不同媒介类型和不同评估要求分别设置指标，比如广播电视采用视听率，报纸采用发行量或阅读率，网络采用UV（独立访客数），等等；最后，一级、二级和三级指标呈树状构成体系，统一适配与个性匹配相结合，分别适应不同的评估需求。

（三）方法

国际传播效果评估指标体系要想真正落地，从研究到应用，最关键的一步，是对指标进行赋权。本研究以定性与定量相结合的方法建构体系，并采用德尔菲法和层次分析法，对各指标进行权重分配，这是本研究不同于国内现有国际传播效果评价体系的创新之处，也是落实效果评估指标体系应用性的一种努力。

所谓权重，又被称为权或权数，是指以某种数量形式对比、权衡被评价事物总体中诸因素的相对重要程度的量值。指标赋权，是对指标重要程度进行的一种兼有主观评价和客观反映的综合度量。采用科学方法进行指标分析，改变以往拍脑袋赋权的做法，是评估体系科学可行的重要保证。

德尔菲法又称专家调查法，本质上是一种意见征询法，即通过背对背的方式就某一问题征求每位专家的意见，进行整理、归纳和统计后，匿名反馈回去，再次征求和反馈。由于克服了畏惧权威和拒斥不同意见的弊病，因此采用这种方法能够取得较为客观的调查结果。

层次分析法（AHP）是一种系统、层次化、定性与定量相结合进行群体决策的方法。该方法由美国匹茨堡大学运筹学教授萨蒂（T. L. Saaty）于20世纪70年代初提出。

本研究在进行文献综述、专家访谈、分析研讨的基础上，初步建构了效果评价体系的三级递阶层次结构，并构造了两两比较判断矩阵，生成专家调查表，邀请来自管理层、学界和业界的30位专家[①]进行重要性比较判断，并对专家打

---

① 专家们分别来自中国传媒大学、北京师范大学、中国人民大学、河北大学、江苏师范大学、北京交通大学、北京第二外国语学院、天津外国语大学、国家新闻出版广电总局、中央电视台、中国国际广播电台、中国日报社、新华社、北京电视台。

分结果进行一致性检验,之后计算各级指标的权重,最终得出赋权结果。

三、体系阐释:四项指标、一把尺子

按照上述原则、思路和方法,本研究建构了一个以"四项指标、一把尺子"为特征的综合性评价体系,统一衡量传媒的国际传播效果(详见表1)。

所设指标分为三级:一级指标有4个,包括基础建设、内容产制、传播影响、市场经营。其中,基础建设和内容产制大致属于传播能力范畴;传播影响属于传播效力(效果)范畴;市场经营介于两者之间,偏重传播效力(可视为间接效力)部分,是对投入产出的一种衡量。二级指标有12个,包括硬件设施实力、内容生产力等。三级指标有52个,包括覆盖率、内容首发率、内容转引率等。

(一)指标解说

基础建设是指我国传媒从事国际传播在基础设施、人力、物力等方面的建设情况,分为"硬件设施"和"从业人员实力"两类。其中,**硬件设施**是指基础硬件设施条件,分为两个部分:一是信息采集的渠道实力和基础支撑,包括设立的海外站点数、自建网站数、媒介类型数量;二是信息的覆盖规模,包括覆盖的国家和地区数、覆盖率、入户率等。**从业人员实力**是指从事国际传播的人员数量与质量,数量包括海外雇员数量、国内派出人员数量;质量包括工作人员平均学历和从事国际传播的平均工作年限;共11项三级指标。

内容产制是指采集、加工、生产、制作、传播的媒介产品的数量、质量以及竞争力,分别对应内容生产力、内容品质力、内容竞争力三项二级指标。其中,**内容生产力**是指媒介渠道和内容,包括内容语种数量、传播渠道数量(如频道数、频率数、网站数、客户端数、社交媒体账号数量)、内容产量(如发稿量、节目播出时长、自建网站音视频播出时长、官方账号发文数、音视频发布总量);**内容品质力**是指媒介产品的质量,包括"专业性"和"创新性";**内容竞争力**包括"首发率""原创率""被转发/转引率",以及体现多样性的"内容形态数量";共 17 项三级指标。

传播影响是指对受众(包括意见领袖)产生的影响及获得的传播效果,计有受众接触、受众认知、受众态度、受众行为、专家评价 5 项二级指标。其中,**受众接触**是指受众对媒介产品的接触和使用情况,包括社交媒体账户粉丝量、接触度(含电视、广播、报纸到达及网站独立访客数、社交媒体访客数)、媒体平均接触时长和频次(每周)等三级指标;**受众认知**是指受众对媒介产品的了解和记忆的程度,如提及知名度;**受众态度**是指受众对媒介产品是否满意,偏好如何;**受众行为**是指受众之间、受众与传媒机构及其媒介产品之间的互动和交流情况,包括推荐度和参与度,参与度主要表现为来信、来电、转发、评论与点赞等;**专家评价**是指行业专家作为相对特殊的受众,对传媒机构及其媒介产品在引导力、公信力和权威性等方面的评价。

市场经营是指传媒机构从事国际传播的资产总量、投资和收益情况,即考察传媒的市场经营能力,间接反映传播效力,由经营规模和目标完成率 2 项二级指标组成。需要指出的是,目前我国国际传播仍然处于"只有投入,不计收入"状态,尚未开启市场或半市场化经营模式。"市场经营"指标的设置,一是着眼于未来,着眼于国际传媒的有效率、可持续发展;二是讲求动态灵活性,比如目标完成率,目标的设立可因时、因势、因媒体而变,评估操作取决于管理方针和传媒运行的需求。

表 1 国际传播效果评估指标体系

一级指标	二级指标	三级指标	受众调查	视听测量	网络监测	其他方法
基础建设	硬件设施	海外站点数				√
		自建网站数			√	√
		媒介类型数量			√	√
		覆盖国家和地区数量	√	√	√	√
		发行量(报纸)				√
		覆盖率(广播)	√	√		√

续表

一级指标	二级指标	三级指标		受众调查	视听测量	网络监测	其他方法
基础建设	硬件设施	入户率（电视）		√	√		√
	从业人员实力	数量	海外雇员数量				√
			国内派出人员数量				
		质量	工作人员平均学历				√
			从事国际传播的平均工作年限				√
内容产制	内容生产力	内容语种数量					√
		传播渠道数量	频道数		√		
			频率数		√		
			网站数			√	√
			客户端数			√	√
			社交媒体账号数量			√	√
		内容产量	发稿量				√
			节目播出时长（广播电视）		√		√
			自建网站音视频播出时长			√	√
			官方账号发文数			√	√
			音视频发布总量			√	√
	内容品质力	专业性					√
		创新性					√
	内容竞争力	首发率				√	
		原创率				√	
		被转发/转引率				√	
		内容形态数量				√	√
传播影响	受众接触	社交媒体账户粉丝量				√	√

续表

一级指标	二级指标	三级指标		受众调查	视听测量	网络监测	其他方法
传播影响	受众接触	接触度	电视到达	√	√	√	√
			广播到达	√	√	√	√
			报纸到达			√	√
			网站独立访客数			√	√
			社交媒体访客数			√	√
		媒介平均接触时长（周）		√	√	√	
		媒介平均接触频次（周）		√	√	√	
	受众认知	提及知名度		√			
	受众态度	满意度		√			
		偏好度		√		√	
		推荐度		√		√	
	受众行为	参与度	来信				√
			来电				√
			转发			√	√
			评论			√	√
			点赞			√	√
	专家评价	引导力		√			√
		公信力		√			√
		权威性		√			√
市场经营	经营规模	资产总量					√
		海外投入总额					√
		海外收入总额					√
	目标完成率	实际收入					√
		预期收入					√

来源：本研究自制。

（二）数据来源

传播效果评估指标体系由多个维度的不同指标组成，数据来源丰富，包括受众调查、视听率测量、网络监测、其他方法等四种。

受众调查主要采用量化手段，对受众行为、态度、喜好等方面进行考察，反映受众对媒体及其产品的评价和反馈，由调查机构提供相关数据。视听率测量是针对广播电视传播进行的效果调查，确切地说是对受众收视收听行为的客观测量，一般由专业性公司提供辛迪加式数据。网络监测指的是通过互联网收集受众/用户信息的方式，包括对受众的网络媒体接触行为和参与行为进行监测，由网络公司或第三方机构提供数据。其他指标如海外站点数、海外雇员数、国内派出人员数、从业者平均学历和工作年限等数据，大都属于媒体管理数据，主要以人工统计、内部上报等方式采集，一并归入"其他方法"。

（三）权重分配

本研究采用德尔菲法和层次分析法对评价体系各指标进行权重分配，结果详见图1。

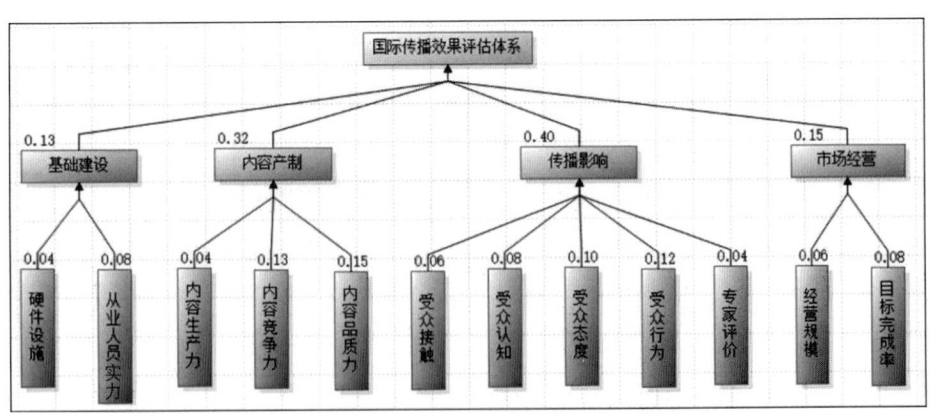

图1　国际传播效果评价体系指标权重分配

来源：本研究自制。

四项一级指标的权重分别是基础建设 0.13、内容产制 0.32、传播影响 0.40、市场经营 0.15，即**传播影响 > 内容产制 > 市场经营 > 基础建设**。换言之，传播影响这一直接体现传播效果的指标权重最高，而内容产制这一相对"软"性的致效因素对传播效果的影响，也显著高于基础建设这一"硬"性因素的影响。

二级指标的权重排序是：内容品质力、内容竞争力、受众行为、受众态度、从业人员实力、受众认知、目标完成率、受众接触、经营规模、硬件设施、内容生产力、专家评价，获得两位数以上权重的有 4 项指标，分别属于"内容产制"和"传播影响"的范畴。

在"内容产制"项下，内容品质力的权重超越内容竞争力和内容生产力，拔得头筹，可见内容以"质"取胜甚于以"量"称雄。

在"传播影响"项下，受众行为排在受众接触、受众认知和受众态度之前，居权重之首。从内容接触、认知到产生态度并引发行为，层层递进，行为效果通常被认为是最高阶也是最难实现的效果。本研究中，专家们认为，国际传播是否有效，受众是否产生相应的互动行为是最重要的标准，这与我们通常认为的"传播效果的标杆，只要设定在受众接触或受众认知这些相对较低的刻度上，就算有效果"这类认识，有一定出入。

专家评估的权重排在最后，这显示，尽管本研究的受访者基本属于专业人士和专家学者，但他们仍然认为，在国际传播效果评估中，来自专家的反馈的重要性相对较小，更重要的因素是内容力，是传播的最终对象——受众的反应。这个结果看似出乎意料，实则合乎逻辑和情理。

四、问题探讨

以上我们从历史与现实、学术与实践相结合的角度出发，对国际传播效果评价体系的建构进行了新探索。这项研究，是一个综合了研究创新、需求导向、操作可行等诸多诉求在内的系统工程，目前仍在初级阶段，还存在一些问题需要深入探讨。

（一）评估缺乏"对标"

所谓对标，这里指对目标或标准的比对和讲求。在效果评估领域，基于传播目标的评估是一种常见模式。央视节目评价体系中就有"目标完成率"这一指标。纵观我国国际传播的发展，主要以服务国家战略为旨归，有相对宏观的战略意义上的规划和框架，但是战术意义上的目标模式还不够清晰，致使效果评估难以建立起良好的"对标"基础，对于传播的"投入产出"也缺乏敏感意识。此其一；其二，现阶段国际传播被认为是一种战略传播，不必拘泥于眼前短期效益，纵向上看，或有近、中、长期战略规划，但即便如此，对于近期乃至中期目标也需要建立基本的、相对明确的目标设定，否则便谈不上长期战略的实施和实现。战略传播不意味着不计"成本"，不考虑"效益"，传媒运行本身也要尊重传播规律，有必要设立相应的指标，从短中期着手，为长期可持续发展培养自我造血能力。评价体系的构建如果缺乏对标性，其价值便有从"体检表"变为"成绩单"的危险。

（二）评估机制亟待完善

我国国际传播作为一项整体性、系统性战略工程，客观上对传媒之间建立统筹协调机制提出了要求，反映在效果评估领域，就是建立一套共性与个性相结合的科学有效的评价体系，并形成常规性制度。然而，目前尚未有一套得到各方公认的评价体系，各媒体基本上各自为政，标准不一，方法各异，只针对自身，并无外在推之力。不同类别、不同形态传媒之间的合作和沟通不足，更缺乏横向比较，对于建立制度化的评估机制、设立专业机构和专门人员等也重视不够，存在传播效益模糊、资源配置有效性不明、管理效率不高等问题。要适应国际传播深入发展的要求，建构一个既有普适性框架又能满足不同媒体个性化需求的评价体系是必需的，目前在健全和完善评估机制、提高资源分配的针对性和使用的有效性等方面，仍有不少改进的空间。

（三）强化新媒体评估

新媒体超越时空，快捷、高效、低成本、强互动的传播方式，为国际传播带来新机遇。随着新媒体技术的不断渗透，传播渠道与平台不断扩展，Web2.0、SNS、移动 App 等开始广泛应用于国际传播，新媒体指标也逐渐进入主流传媒的效果评估视野。近年来，我国国际传媒都加大了对新媒体国际传播效果研究的力度，指标纳入程度在提升，但也存在一系列问题，比如新媒体指标设置还不够完善，大都只是简单罗列粉丝量、浏览量等指标，缺乏对人们态度和心理、参与等方面的关注，对移动端的效果考察仍在起步阶段。另外，新媒体效果评估基本止步于指标设置阶段，缺乏进一步的权重研究，个别标明权重的，赋权依据也略显不足。与新媒体效果评估密切相关的大数据应用技术尚未成熟，目前利用爬虫、插件、移动云端及其他技术获取数据，覆盖范围有限，在完整性和准确性上亟待提升。

（四）落实可操作性

目前国际传播效果评价体系大都停留在纸面上，是笼统而无法操作的（访谈专家语），究其原因，一是指标设置不尽合理，二是缺乏准确、可靠、易得的数据来源，三是无权重分配或权重分配缺乏科学依据。要将评价体系从"设计图"转化为切实可行的"施工方案"，并最终落地，打通从研究到实操的"最后一公里"，一方面要注重指标设置的科学性、数据来源的匹配性以及指标赋权的合理性，适时进行调整和改进权重分配；另一方面在培养和使用专业人才、规范操作程序、严格质量控制等方面也要下功夫。

任何评价体系的建构都不可能一蹴而就，都需要在科学、客观、开放、可操作等方面不断试错，不断创新。"先有再好"，这意味着本研究既是一项研究成果，也是一个新的开端。我们希望经过持续的迭代和优化，这项研究能够在理论上有所建树，在适用性和操作性上不断取得突破，以适应各类国际传媒的传播效果评估需求，促进我国国际传播事业的健康可持续发展。

内容力·传播力·互动力[*]
——电视节目跨屏传播效果评估体系创新研究

融媒时代,"我们已经成为屏之民"[①],跨屏传受成为媒介新生态的重要标志之一,其实质,也是传受关系的一次深度重构。数字技术发展和受众/用户需求的双重驱动,促使电视节目摆脱传统大屏的束缚,走向"大、中、小"多屏交会的传播联动,受众的注意力被分散到不同的屏端,他们的媒介使用超越传统的"线性+客厅+接收"模式,呈现出"时空多维+传受一体"的新特征。

跨屏传受扩大了电视节目的覆盖面和影响力,效果评估的新需求被激活。电视媒体的高渗透率、网络媒体的高接触率及社交媒体的关系链传播,进一步延续和增强了电视节目的传播生命力,这为电视内容的价值增值提供了新的途径,也唤起了传播主体对跨屏传播效果进行综合评估的渴望。对于电视台来说,一个科学有效的跨屏传播效果评价体系,有助于把握节目在不同屏端的传播效果,促进资源的科学配置,也能为衡量媒体溢价和实现价值变现提供依据。对于广告商/广告主而言,跨屏多终端环境为广告传播提供了更多选择,如何选择合适的媒体矩阵,优化预算分配,也亟须全面把握传播效果。

另一方面,当传统的电视收视率和评价体系已经无法满足市场对于多元数据和价值拓展的需求,急需新的行业标准和"通行货币"更新迭代时,基

---

[*] 本文原载于《现代传播》2019年第3期,与张雪静合作撰写,系国家广电总局课题"电视节目跨屏传播效果评估体系研究"(项目编号:GD1527)的研究成果之一。

① 凯利.必然[M].周峰,董理,金阳,译.北京:电子工业出版社,2016:93.

于跨屏传播的效果评价体系的建构，对于管理层和各相关利益方来说，都是有益于市场和行业有序发展的重要举措；尤其是，对于从体制机制上推动媒介融合、促进传统媒体的数字化转型升级和互联网化并落实到效果的实处，更是多有助益。

建构电视节目跨屏传播效果综合评价体系，是一项前沿性课题。跨屏传受，改变了传统效果评估的要素构成和路径取向，带来诸如互动和参与等新内涵、新变量。综合性效果评估的维度确立、指标设置、数据来源、权重分配等，都需要顺应跨屏传受这一世界性潮流，除旧布新；而强调社会效益与经济效益相结合，则是中国传媒业的特定要求。这一切都对评价体系的建构提出了挑战，也为创新打开了空间。

本研究拟对评价体系的研究现状、难点进行梳理和分析，在综合考察内容力、传播力和互动力等因素的基础上，探索建构一个由多维度、多层次、多指标、多数据源组成的综合性评价体系，并采用层次分析法进行指标权重分配，这为本研究提升科学性和强化实操性奠定了基础。

一、研究现状与模式选择

关于电视节目跨屏或跨媒介传播效果的评估，时下已有不少研究面世。这些研究涉及不同的屏端和渠道，多以"电视+互联网"为主干，这是电视跨屏传播的基础结构，也是研究电视跨屏传播的起始点。我们将迄今为止林林总总关于电视跨屏传播的效果评价体系研究，按照所涉及的"新—旧"媒体维度、"行为—心理"维度和"主观—客观"维度，大体分为三类模式[①]：

（一）"大综合"模式，新旧结合，旧为主导

即在传统的电视评价体系中"纳入"互联网平台的受众视听情况，打包

[①] 2013年，笔者在"关于电视评估中纳入新媒体指标的思考"（《中国广播电视学刊》2013年第5期）一文中，曾经对融媒体发展中的电视评估进行探讨。如今时移势易，社会变迁和媒介生态变化巨大，评估体系的发展已呈现出新特征，原有模式划分也有更新。

新旧媒体要素，包括"行为+心理"维度、"主观+客观"指标等，以"多维一体"的形式，对电视节目的台网传播效果进行全面综合性考量。这类案例中外均有。例如，央视市场研究股份有限公司（CTR）的"省级卫视综合评价体系"、英国广播公司（BBC）的"公共价值"评价体系等[①]。其特点是，以旧为主，纳新为辅，在原有体系中加入新媒体到达率或网络传播力等少数指标。

（二）"大分离+小综合"模式，除旧布新，另立山头

即在互联网上新设一套评价体系，新旧媒体完全分离，不涉及传统电视的收视效果，只考察电视节目在互联网上的传播和影响情况，包括"行为+心理"维度和主客观指标。这类案例基本上属于中国特有，比如"中国电视网络影响力""网络人气指数""电视媒体网络传播影响力"等体系，专门聚焦电视节目的网络传播效果。

（三）"大分合+小分离"模式，新旧分合，各自为营

既有新旧媒体分开进行的效果评估，也有综合新旧媒体的效果评估，但都是单维考察，即只关注客观指标（或行为指标），不涉及（或极少涉及）主观评价（或心理情感）指标。主要考察收视行为和参与行为，包括传统的收视率系列数据，以及新媒体点击率、独立访客、下载量、日活数等。这一类评价体系的案例，以央视市场研究股份有限公司（CTR）的"媒体融合效果评估探索"（1.0版）之"网络传播力指标体系"为代表，初期是新媒体客观指标，包括官方微博账号、微信公众号、自有App、官网、第三方平台等五大渠道数据，之后逐步推向新旧媒体综合评估。

上述三类模式都采用"多项指标、一把尺子"的综合统一路径，结构上开放，分别反映不同的评估取向，适应不同的评估目标，一定程度上反映了电视跨屏传播效果评估发展的不同的阶段性特征。三者并非截然对立或彼此

---

① 刘燕南. 统一与融合：省级卫视综合评估体系探析[J]. 现代传播，2013（12）：1-5.

区隔，而是存在交叉和包容关系，经由转型升维或简化降维，可以相互转化。除第二类模式不涉及新旧媒体之间的跨界外，其他两类都含有融合新旧媒体效果指标的基因。

节目跨屏传播的效果评估，本身就蕴含着对综合性的要求。在实际操作中，目前的选择主要有两种：一是第一类"大综合"模式，二是第三类"小分离"模式。前者是在传统的电视评价体系中加入互联网传播效果指标，兼顾新旧传媒和主客（行为—心理）等因素，可谓对传统评价体系的一种微调式改造，既保持了原有体系的相对稳定性，又引入了互联网新质，是一种改良而非颠覆式的革新，因而更加引人关注；后者则是新旧媒体兼顾或非兼顾均可，但只是单维评估，只关注客观行为指标，不在意主观心理指标，某种意义上比"大综合"方式更加简洁明了。然而，跨越不同屏端却囿于单一维度的行为评估，这与管理高层一直以来所倡导的坚持社会效益为主、社会效益与经济效益并重的要求有一定距离，"小分离"模式可以阶段性或者局部性应用，却难以胜任对跨屏传播效果的全面性考察。

媒介融合是当今的主旋律，其实质是传统媒体的数字化转型升级和互联网化。这是一个传媒发展不断破维，朝着移动、交互、智能方向一路疾驰的过程，也是体制机制乃至思维方式不断变革的过程。适应融媒发展需要，基于以往评估实践，升级乃至重构新的评价体系，这是新时期建设具有传播力、引导力、影响力、公信力的新型主流媒体的题中应有之义。

融媒时代的跨屏传受，不仅意味着信息流和受众流的跨屏流动，还意味着受众的媒介行为从"受"到"传"的跨越；不仅投射受众收视，还涵盖受众参与；不仅反映行为，还会表达心理。跨屏传播效果评估，对于内容特点的判断，对于人们收视行为和心理反应的把握，乃至对于人们参与行为的考察，都是以跨屏传受为基础的。对这些变量及其相互关系的把握和评判，只有真正意义上的跨屏综合考察才能完成。

要实现对节目跨屏传播效果进行系统、全面、科学的评估这一目标，将影响和表征节目效果的诸多要素有机结合，走"大综合"路线，是一种必然选择。与以往不同的是，本研究选择"大综合"模式，不再拘泥于以旧为主，

也不再囿限于原有维度，而是从实际出发，着眼于互联网新生物层出不穷的现实，关注融媒环境下的"传—受"互动和"受—传"互易，致力于实现"新旧＋主客"融合转化意义上真正的综合性。这样的"大综合"，由于引入新的参与维度，使得评估更加多元，不仅丰富了评估的内涵，也增加了体系的复杂性，并在体系框架、指标设置、权重分配方面引起一系列连锁反应。

二、难点分析与评估原则

跨屏传播效果评价体系，是指围绕评估目标而建构的一套包括线上—线下、主观—客观、行为—心理等多种指标在内的综合性量化评估系统，旨在对节目跨越大、中、小屏传播中所产生的包括社会效益和经济效益在内的或直接或间接的效果进行测定和评估。理论上，与跨屏传播效果评估相关的维度、因素和数据，应以合乎评估目标的方式，系统而逻辑地在体系中得到体现，然而在实践中，仍然存在不少难点和约束。

（一）维度确立和指标设置

确立评估维度是构建评价体系的关键，也是设置评估指标的前提。国家广播电视总局2012年发布的《关于建立广播电视节目综合评价体系的指导意见（试行）》（以下简称《指导意见》），可谓是建构传播效果评价体系的导向性文件。《指导意见》强调坚持正确导向，始终把社会效益放在首位，坚持社会效益与经济效益双赢，并提出了比较宽泛的品质和视听率两个维度。依据《指导意见》，以往电视机构的节目"大综合"评价体系的建构大体以品质和视听效果两个维度为取向，一级指标的设置主要涵盖影响力、引导力、传播力、创新力、专业性等指标，网络效果主要是知名度、收视度、关注度等一类行为指标[①]，且大都作为二级指标"隐藏"在诸如传播力这类一级指标之下。

---

① 参见姜涛在2013年10月于云南举办的"融媒体时代跨平台传播与评估研讨会"上的论文《2013省级卫视综合评估研究》，以及央视市场研究股份有限公司在2013年9月于北京举办的"2013年省级卫视综合评估体系构建研讨会"会议函。

这些指标分别代表以思想性、专业性等内涵为核心的品质维度，以及以收视率、点击量为代表的视听效果维度。

随着跨屏实践的发展，受众／用户的主动性和参与性在不断增强，他们在大、中、小屏之间穿梭游走，在视听行为和参与互动之间频繁切换，仅仅用品质和视听效果两个维度来涵盖跨屏传播效果，难免捉襟见肘。这是传统的大众传播思维在效果评估领域的延伸，仍然行走在"品质—效果"的单行线上，未能凸显网络时代受众"受—传"主体性转换的新特征，以及由此产生的参与互动新维度。

在以往的评价体系中，内容常常被视为传播效果的主要致效因素，节目的思想性、创新性和专业性，为传播实现社会效益和经济效益奠定了基础；但是在跨屏时代，效果的实现受多种因素的交互影响，内容是实现效果的因素之一，却非唯一因素。受众既是信息的接受者，也是传播者；互动既是效果的表征，又是再传播的起始；社交媒体的圈层传播会加持和迭代效果，受众的互动行为对传播效果具有相当的酶促作用，受众参与互动这一维度不能忽视。

跨屏节目传播效果评估，不仅要遵循《指导意见》，也要体现中央在《关于推动传统媒体和新兴媒体融合发展的指导意见》中提出的"强化互联网思维"的精神，即一方面坚持社会效益优先、社会效益和经济效益"双效并重"的原则，并体现在具体实践当中；另一方面，与时俱进，反映网络时代受众参与这一新特点。因此，本研究拟从内容品质、视听反应、参与互动三个维度出发，构建评价体系。维度一旦确定，评估指标亦就逻辑性地随之而确立。这三个维度分别指涉以思想性为核心的品质指标、以传统视听和网络视听为代表的效果指标，以及以网络参与为表征的互动指标。

互动从传统的"品质—效果"二维体系中脱颖而出，成为评价体系中的一个独立维度，主要缘于新媒体平台上受众主体性和参与能力的极大提升。互动维度的确立，有助于推动评价体系因时而进，因势而行，拓展自己的涵盖力和应用价值，将我们关于新媒体环境中受众向用户转型的洞察落到实处；另一方面也有利于强化综合评价体系的科学性和现实辐射力。

（二）权重分配

按照《指导意见》的要求，思想性、创新性、专业性等六项品质评价的权重不低于总体的 60%；收听率、收视率等指标的权重不超过总体的 40%。这被认为是坚持社会效益优先的重要体现。且不说这样的权重分配依据如何，当下大多数电视台的生存来源 80% 以上靠广告，这个 40% 的视听权重规定是否与市场转型中的电视生态相符，就算这样的权重分配成立，能否扭转或者防范所谓收视因素的负面影响，也颇需存疑。[①] 实际上，在贯彻上级导向意图的前提下，遵守市场规则，一直是传媒人努力的方向；最大限度地凝聚共识，也是管理层和实务界共同努力的方向。在实践中，面对这个《指导意见》中权重规定所带来的困扰，探索改进的呼声也时常可闻。

跨屏评价体系的建构，突破了传统的品质指标与视听效果指标的二维划分，由于新增了互动这个新维度，权重分配模式也面临重构。以往的节目综合效果评价体系大都为新媒体指标预留出 10% 左右的权重，如央视市场研究股份有限公司（CTR）的"省级卫视综合评价体系"，但是今天，在我国网民 8 亿多、网络视频用户超过 6 亿的情况下[②]，这样的权重比例显然无法反映跨屏传受的现实，人为预留权重也难以确保科学性。如何在遵守《指导意见》原则的基础上，解决主观意愿与客观实践的有效对接问题、新旧不同指标之间的协同问题以及评价体系与实际需求相匹配的问题，尤其是，如何采用系统科学的权重分配方法客观处理各因素之间的关系，建构科学有效的评价体系，需要认真思考。

（三）数据来源和数据融合

建构评价体系最重要的基础，是拥有科学可靠的数据来源，否则评估便成为无米之炊。但是融媒时代，数据来源多元化，冲击着传统上由某一个或

---

① 刘燕南，张渤，刘双. 电视评估体系的顶层设计与基层实践：来自电视台一线的报告及思考［J］. 现代传播，2015（8）：1-6.

② 中国互联网络信息中心发布第 42 次《中国互联网络发展状况统计报告》［EB/OL］.（2018-08-20）［2018-08-30］. http://www.cnnic.net.cn/.

几个独立的第三方监测机构提供数据的市场秩序。视频行业的内容运营商、网络运营商、终端设备商以及应用软件生产商等利益相关方，成为潜在或显在的大数据拥有者，理论上都具有在特定范围内开展受众研究和收视统计的基础与现实空间。[①] 数据所有权的分散，导致各种数据孤岛和数据壁垒的出现，防范和治理数据造假问题日益突出，亦使得第三方调研机构跨平台跨终端进行数据采集面临不少困难。

另外，电视跨屏传播面向大、中、小不同屏端，涉及对受众行为的跨平台多终端视听测量。是采用同源样本测量受众新旧媒体不同行为，还是采用多源混合方式测量不同屏端受众行为，一直令人困扰；而如何融合从不同屏端测量得到的不同的大小数据，也是一大难题。理论上说，同源样本测量是实现跨屏效果测量这一目标的有效途径之一，但是跨屏测量要求海量样本，投入巨大。目前国外跨屏测量的发展趋向是，部分视听小市场在探索"同源样本＋白名单"的方式，如香港市场；另外一些市场则朝着以非同源测量为主的方向推进。要融合不同终端要素和测量数据，必然涉及样本小数据与网络大数据的融合问题，通过大小数据的融合实现"大数据"下受众属性的识别，无疑是释放大数据价值的关键。然而，大小数据的融合至今仍然是行业公认的难题，求解仍有待数据科学和算法的创新。[②]

建构跨屏效果评价体系，一是以数据源权威、可靠、可得为基本前提，二是采用非同源数据时，需要平衡多源数据与数据可信和可得之间的关系，并深入探讨数据融合的基本路径。

由上述分析，本研究认为，建构新的电视跨屏传播综合评价体系，必须明确五项原则：科学性、全面性、客观性、开放性、可操作性。即以科学的理论指导，采用科学方法，客观反映实际，全面系统地涵盖多屏端的传播要素和评估维度，在指标设置、测量技术、权重分配和体系建构上，针对实际，把握规律，落实可操作性，并为融媒评估的未来发展预留开放式接口。

[①] 陈若愚.收视率与互联网时代的数据秩序［J］.收视中国，2015（4）：2-3.
[②] 刘燕南，张雪静.跨屏受众收视行为测量：现状、问题及探讨［J］.现代传播，2016（8）：1-7.

三、体系解说："三项指标，一把尺子"

按照上述原则和思路，本研究建构了一个由多维度、多层次、多指标、多数据源组成的电视节目跨屏综合性评价体系，简单概括为"三项指标，一把尺子"。同时，将内容品质、视听效果和互动行为三个维度坐实，分别设置内容力、传播力、互动力3项一级指标，各指标乘以各自的权重，相加后得出节目传播效果的综合得分。数据来源分为四类，分别是观众调查、专家评审、视听测量和网络监测（详见表1）。

表 1　电视节目跨屏传播效果评价体系

指标体系			数据来源			
一级指标	二级指标	三级指标	观众调查	专家评审	视听测量	网络监测
内容力	专业性	专业品质		√		
		创新性		√		
	影响性	满意度	√			
		引导力	√			
		公信力	√			
传播力	跨屏收视率	直播收视率			√	
		时移收视率			√	
		网络收视率				√
	跨屏到达率	到达率			√	
		独立访客数				√
互动力	关注度	发布量				√
		阅读数				√
	参与度	点赞量				√
		评论量				√
		转发量				√

来源：本研究自制。

（一）内容力

内容力旨在从品质和影响两个层面对节目进行评估，重在强调社会效益，分为专业性和影响性两项二级指标。专业性包括节目内容的专业品质和创新性；影响性包括满意度、引导力和公信力。

专业性考察节目在文案策划、编辑编排、制作剪辑、播音主持、音响音乐、画面镜头等方面的表现。**创新性**考察节目定位是否鲜明准确，策划、选题、编排是否独到，形式是否新颖，表现手法是否推陈出新，具有创新性。**满意度**既是对观众态度、喜好等心理因素的考察，也是对电视节目质量评价的反馈。考量维度通常涉及"功能需求"和"收视享受"两方面的满意度。**引导力**侧重评估节目的思想导向性和价值引导性，即是否宣扬正确的思想导向、价值观和道德规范。**公信力**衡量节目在受众中积累形成的可信性、权威性及社会责任感。

专业性和影响性都涉及对品质的考察，但前者侧重对节目质量的评判，后者侧重评估受众对节目的喜好和态度，或者说节目影响受众心理的特质，两者有所不同。

（二）传播力

传播力包括跨屏收视率和跨屏到达率两项二级指标，评估节目跨屏传播后达到的受众规模和广度。两项指标由节目在大、中、小不同屏端的传播效果数据融合而成，反映节目跨屏传播的市场（经济）效益。

跨屏收视率是对观众在不同屏端收看节目的总量（或百分比）的考察。对跨屏收视的测量方式主要包括同源测量和异源融合两种。前者虽然最为理想，但操作难度和成本较大。本研究将采用多源融合的思路建构跨屏收视率，通过融合直播收视率（R1）、时移收视率（R2）、网络收视率（R3）及与各自权重相乘，集成数据来展示节目的跨屏收视情况，即某节目跨屏收视率为：$R = R1 * 权重_1 + R2 * 权重_2 + R3 * 权重_3$。

直播收视率（R1）指节目在电视上直播时的收视率，即针对某一特定节目，平均每分钟的收视人数占推及人口总体的百分比。

时移收视率（R2）被定义为"节目在电视频道中首次播出后 7 日内基于所有点播和回放行为产生的电视机端的收视率"[①]。时移收视率（R2）属于收视率测量体系的一个部分，是对原有测量体系的拓展，并非新的测量体系，其计算方法与传统收视率（R1）基本相同。目前受众的时移（回看与点播）收视行为日益增多，时移收视不仅延伸了节目收视时间，亦为节目增量价值做加法。将时移收视纳入效果评价体系，是全面反映节目的跨屏传播效果的重要一环。

网络收视率（R3）由节目网络传播收视数据整合得出。网络收视率的监测范围涵盖电视台的网络电视台以及主流视频网站的网页、客户端、移动网页及 App 等。通过对不同终端平台上受众视频收视时长的监测，加总得出节目的网络收视率。网络收视率计算公式中的"总推及人口"可以考虑采用电视观众人口（约 12.8 亿）作为潜在总体受众规模，以便与电视收视率加和、对比。网络收视率以累计时长（VD）为测量指标，可以兼顾传播的广度和深度。对视频传播情况的统计，时下使用最多的指标是"点击量"，但是点击量如何转换为收视率还未形成共识。目前对于累积收视时长的监测统计还有一定难度，点击量相对容易，随着技术的发展与行业合作的推进，对累积时长指标的使用或将成为趋势之一。

跨屏到达率是对节目跨屏受众规模的考察，是节目传播广度的表征。跨屏到达率下设到达率和独立访客数（UV）两个指标，分别对应电视到达率和网络到达率。

传统电视的**到达率**是指在特定时段内符合到达条件的不相重复的电视接触总人数（或占比），一般以到达千人或百分比来表示。其中，到达条件在人员测量仪条件下是"至少收看了 1 分钟"。**独立访客数**是适应中屏、小屏测量的指标，指特定时段内收看视频的不相重复的访客数。独立访客非常接近但不一定完全等同于真实独立的个人。到达率和独立访客都是基于人数而非人次的指标，通过两项指标的整合（去重）可以得出节目跨屏到达率。跨屏到达率是

[①] 郑维东. 时移收视也是事儿 [J]. 收视中国，2016（4）：3.

不同屏端符合到达条件的接触总人数占总体电视推及人口的百分比。

严格意义上的跨屏收视率和跨屏到达率，都应该是去重后的数据，但是非同源测量方法对于受众重叠情况的估计，目前还存在一些疑难。同源测量可以避免数据重复问题，可是采用同源样本，测量成本甚巨。国外的一些调查机构如康姆斯科（comScore）等，尝试采用固定样本组与普查相结合的方法对跨屏受众到达率进行去重，不过准确性有待进一步考察。数据去重是未来攻关的一大方向。

（三）互动力

互动力评估节目吸引新媒体平台受众参与内容消费、生产、传播等行为的热度，下设关注度、参与度两项二级指标。时下，受众越来越多地在新媒体平台上参与内容产制和消费，从以往单一的收视行为，延伸出点赞、评论、转发、生产等互动参与行为。

互动力反映受众通过参与行为而构建的与内容之间的关系，某种意义上，它既可以被看作是衡量节目传播效果的热度指标，也可以被视为是评估内容质地的深度指标，还可以被视为是能够实现再传播的广度指标。通过互动力进一步评估节目传播的综合效果，对于提升节目质量、强化品质评估，多有助益。本研究仅评测客观互动行为，对互动心理的考察有待下一步推进。

关注度指受众出于自己的需求和喜好主动选择内容进行关注的程度，可以分解为发布量和阅读数两项三级指标。其中，**发布量**表征受众通过内容创建和分享，表达自己观点和意见的积极性，在新媒体平台上，主要指受众发布的原创内容数量，统计范围包括微博、微信和论坛贴吧等；**阅读数**则指受众对微博、话题、微信公众号上与节目内容相关的文章阅读数量的总和。

参与度指受众接触节目所产生的内容解读、心理反应和"制播"行为，可以量化为受众在新媒体平台上对节目相关内容的点赞量、评论量和转发量。其中，**点赞量**反映受众对节目相关内容的认可度；**评论量**体现相关内容的热议度，是节目影响力的体现；**转发量**则反映受众扮演传播者角色，主动分发的行为。

四、数据来源与权重分配

电视节目跨屏传播效果评价体系，指标涵盖内容力、传播力和互动力三个维度，数据分别来自观众调查、专家评审、视听测量和网络监测。为实现评价体系的可操作性，本研究采用层次分析法对指标进行了权重分配，旨在打通连接实际的"最后一公里"。

（一）数据来源：方法与类别

内容力指标数据主要来自专家评审和受众调查，前者一般通过小样本的专家调查或小组讨论获取，后者则通常采用抽样问卷调查方式获取。问卷调查法在了解人们较深层次的行为和心理方面卓有成效，但是存在成本高、周期长、反馈慢等弊端；新媒体时代线上调查作为一种方便快捷的方式，或可酌情替代。当然，采样方式的选取，与调查周期长短、资金和人员投入密切相关。由于问卷调查费时费力，因此通常以季度调查为主，也有月度和年度调查，日常调查则较少。英国 BBC 的欣赏指数调查是一个特例，它反馈及时、样本量大、覆盖范围广，但这些优势都是以简化调查内容为前提的。

视听测量是广电视听领域的一种独特测量方法，基于抽样和数理统计原理，获得抽样调查小数据。目前，收视率测量仍处于人员测量仪法和日记卡法并存阶段。广视索福瑞（CSM）是中国视听测量市场上的巨无霸，除提供电视直播收视率数据外，还提供时移（点播、回看）收视率数据。时移收视率拓展了传统的收视测量体系，找回了直播流之外的回看、点播增量。目前，CSM 正在开拓跨屏收视测量业务，力图为跨屏生态下的节目综合传播效果评估提供支持。本研究评价体系中的直播收视率和时移收视率数据，均来自视听行为测量。

网络监测是一种新兴的互联网数据测量方法。本研究中的网络收视率、跨屏到达率（独立访客、受众参与行为）数据，均来自网络监测。目前，测量网页端和移动端的方法较多，主要有受众端样本监测、植码技术和抓取技术。

受众端样本监测得到的是小数据，跨屏监测一般会综合受众端样本监测和后台植码技术，将获得的大小数据进行融合。例如，康姆斯科的跨屏测量服务，采用固定样本组与普查相结合的方法，数据主要通过受众端固定样本组监测和植码技术获取；还有调研机构将受众端的样本监测从电视样本户扩展为跨屏样本户，以实现同源研究。从操作性来看，植码技术以基于渠道的后台植码为主，即在视频播放软件或页面上加入监测代码，当用户访问该页面时会发出请求，从而实现对收视行为的监测，同时还可以获得节目受众规模、收视时长、收看频次等丰富的信息，有利于不同屏端收视数据之间的换算加和。抓取技术适用于受众参与行为数据的获取（主要是基于网络公开数据的自主抓取），通过网络爬虫等技术抓取视频内容在网络上的互动情况，主要包括阅读量、点赞数量、评论量、转发量等。

（二）权重分配：层次分析法

权重分配是让评价体系由"案头"走向"工地"的关键一步。所谓权重，简单来说就是权衡重要程度，是对指标重要程度的一种兼有主观评价和客观反映的综合性度量。传统电视机构的权重处理通常会采取如下方式：一是根据评估目标对指标相应赋权；二是考虑我国广播电视体制的双重属性以及管理层意图等，人为分配；三是针对不同节目属性进行权重调查处理。无论采用哪种方式，都不难发现其中主观决策的影子。

本研究采用德尔菲法和层次分析法进行指标权重处理，旨在改变以往人为因素决定赋权的做法，以提升评价体系的科学性和可操作性。德尔菲法又称专家调查法，指就某一问题背对背征求每位专家的意见，反复沟通，取得调查结果。层次分析法（AHP）是一种系统性、层次化、定性与定量相结合进行群体决策的方法，用于决定不同层次元素的权重。由于所需要的数据信息相对较少、可操作性强，因此它能有效平衡数据主观性与客观性之间的关系。层次分析法近年来应用日渐广泛。

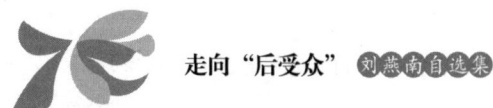

表 2　跨屏电视节目传播效果评价体系指标权重

指标体系		
一级指标	二级指标	三级指标
内容力（0.3863）	专业性（0.1422）	专业品质（0.0778）
		创新性（0.0644）
	影响性（0.2441）	满意度（0.0853）
		引导力（0.0675）
		公信力（0.0913）
传播力（0.3870）	跨屏收视率（0.2307）	直播收视率（0.0616）
		时移收视率（0.0708）
		网络收视率（0.0983）
	跨屏到达率（0.1564）	到达率（0.0697）
		独立访客数（0.0866）
互动力（0.2267）	关注度（0.0820）	发布量（0.0195）
		阅读数（0.0625）
	参与度（0.1447）	点赞量（0.0268）
		评论量（0.0545）
		转发量（0.0634）

来源：本研究自制。

　　本研究对来自传播学界、业界和调研界的 32 位专家进行了调查交流[①]，结合文献综述和分析研讨，建构了效果评价体系的三级递阶层次结构，并根据标度理论构造了两两比较判断矩阵，生成专家调查表。通过对 32 位专家提交

---

① 专家分别来自中国传媒大学、中国社科院新闻与传播研究所、北京交通大学、中国劳动关系学院、江苏师范大学、西安外国语大学、国家广播电视总局、中央电视台、北京电视台、北京时间、浙江广播电视集团、广西电视台、深圳广电集团、四川广播电视台、天津广播电视台、歌华有线、亚马逊公司、当代东方投资有限公司、广视索福瑞媒介研究（CSM）、国双科技公司、艾瑞咨询公司、中文在线等机构。

结果的计算，本研究得出各项指标的相对重要度，建立了较为客观精准的权重集，从而赋予评价体系各级指标不同的权重（见表2）。

五、轻重之间

对权重分配结果进行分析，不难发现，内容力和传播力指标的重要性不相上下，均超过38%，后者以微弱的优势居先；互动力权重超过20%。这里，内容力和传播力对于效果评价体系的重要性，可谓并驾齐驱。其中，传播力权重38.7%，与《指导意见》中有关"收听率、收视率数据的权重不超过总体的40%"的要求有所呼应，尽管传播力中的跨屏视听行为指标与传统的视听率并不完全等同。至于互动力，这个新媒体语境下首次独立进入评估体系的指标，以22.6%的权重影响跨屏传播的总体效果，显示出跨屏传受发展的交互特征日益突出，引人关注。

在内容力中，影响性权重高于专业性。在"影响性"项下的三项三级指标中，权重排序依次为：公信力＞满意度＞引导力，内容的公信力对于传播效果的影响，被认为是至关重要的；专业性指标的权重不及15%，显示受访专家们对于专业性这一致效因素之于传媒效果的作用认知相对理性。

在传播力中，不出所料，跨屏收视率的权重高于跨屏到达率。收视量与到达范围，前者更被看重。在"跨屏收视率"项下的三项三级指标中，权重排序依次为：网络收视率＞时移收视率＞传统收视率。同样，在跨屏到达率中，代表新媒体视听的独立访客所占权重也超过了传统到达率。这显示受访专家们对于新媒体视听效果的重视，已经超过了传统电视。

在互动力分解出的两项二级指标中，参与度所占权重高于关注度。这表明，专家们更高看网络赋权下受众的互动参与行为。在"参与度"项下的三项三级指标中，权重排序依次为：转发量＞评论量＞点赞量。这三种主动参与行为，从卷入度来说，评论无疑最高，但对能力的要求也更高；从分享性上看，转发高于点赞。显然，在考虑精力付出的前提下，重分享、能卷入、有态度的参与行为，颇受专家们的重视。

跨屏时代，新媒体变量之于综合性传播效果的影响，相较传统媒体变量，大有后来居上之势。

六、创新与前瞻

本研究采用"大综合"模式，但不同于以往的"以旧为主"，而是打破既有格局，让具有新媒体基因的互动力指标脱颖而出，单独设置，用传播力涵盖融合性的跨屏收视率和跨屏到达率，用内容力囊括从专业性到影响性的一系列质性评估内容，并采用科学的层次分析法进行权重分配，最终构建了一个由内容力、传播力、互动力构成的"三位一体"的综合性电视节目跨屏传播效果评估体系。

本研究的创新性主要体现在以下四个方面：

第一，重构"大综合"模式，顺应跨屏传受发展的时代潮流，开发新的受众参与维度，全面覆盖关乎效果的多元要素，尤其是"受—传"衍生效果要素。

第二，创建新指标，新增互动力一级指标，按受众自主投注程度，再分解为关注度和参与度两项指标。同时，突出跨屏融合特色，在传播力指标下新设跨屏收视率和跨屏到达率二级指标，以反映新旧媒体此长彼消又融合共存的趋势，提升评估的科学性和融通性。

第三，以评估的可行性为取向，对跨屏测量、数据来源、采集方法等问题进行了系统务实的探讨，以期获得权威、真实、可信、可靠的数据支持。

第四，采用层次分析法，对评估指标进行了权重分配，进一步落实评价体系的操作性。这是迄今为止，电视评价体系建构研究领域中的一项新举措。

目前，传统媒体的数字化转型升级仍是进行时态，跨屏评价体系的构建和完善也在持续探索之中。一方面，融媒演进及场景融合，已经变得越来越复杂，由此所建构出的高参与性、强互动性的开放式信息系统，使得含有新媒体基因的变量，在传播效果评价体系中所占的权重越来越高。另一方面，新媒体数据矿藏丰富，且实时全量、颗粒度较小，如何打通数据之间的关联，挖掘用户特征、行为数据、内容数据等所蕴藏的更深层价值，仍有待突破。

在跨屏新生态下，建构综合性效果评价体系，既要讲求科学性、系统性和操作性，也要强调开放性和前瞻性。要充分利用技术赋能，容纳更多互联网新生事物，不断平衡政治、经济、技术等因素的影响，在实践中获取更大的应用空间，焕发更强的创新活力。

电视评估体系的顶层设计与基层实践*
——来自电视台一线的报告及思考

"创造性破坏"是著名经济学家熊彼得（Joseph A. Schumpeter）20 世纪中期提出的一个观点。他认为，正是"创新的竞争"而不是通常意义上的价格竞争，成为破坏和创造经济结构从而建立新的生产体系的决定性因素。如果略去这个观点的经济学特征和社会背景，将其引入改革开放以来中国电视业市场转型的语境中，不难发现，收视率对中国电视业的渗入，也多多少少可以视为一个"创造性破坏"的过程——虽然这种"创造"并非原创，收视率只是一个舶来品而非土特产；"破坏"也不是一种毁灭或休克疗法，而是重在对市场转型中的中国电视业的游戏规则和管理机制进行改造，或者说是一种兼有解构和建构双重特征的渐进式革新，而不是革命。

进入 21 世纪，中国电视界关于收视率的应用，从数据描述和简单分析进入更高层次的评价体系建构阶段，一个真正意义上的"创造性"阶段。以中央电视台为旗舰的中国电视台启动了构建电视节目评价体系的探索，采用多种指标，分别赋予不同权重，努力构建起一个量化的综合性评价体系，对电视传播的效果（或绩效）进行全面、系统和科学的评价，以期为电视业的健康发展提供一个有效的反馈、激励和导向机制。近年来，鉴于电视市场转型中一些失序和失范现象不断涌现，以及新媒体和大数据浪潮的强烈冲击，国家广播电视总局陆续出台了一系列规则和条例，力图发挥纠偏、规管和导航

---

* 本文原载于《现代传播》2015 年第 8 期，与张渤、刘双合作撰写，收入本书时略有调整。

作用，促使各电视台围绕上级意图和各自台情，对评价体系进行改进和优化。其中最具有针对性的，莫过于2012年9月国家广播电视总局出台的《关于建立广播电视节目综合评价体系的指导意见（试行）》（以下简称《指导意见》）。

近十多年来，中央电视台、各省级台以及部分城市台陆续推出了一系列各具特色的节目评价体系。如果说这是在高层认可和鼓励之下的一种自发性的本土创新的话，那么《指导意见》的出台则带有更多定规立矩的意味，确切地说，这是经过"摸着石头过河"的早期探索之后，广电管理高层关于节目评估的一项"顶层设计"。如今两年多过去，《指导意见》的试行情况怎样？各电视台评价体系的构建（改建）和运行情况又是如何？

2014年夏秋之际，中国传媒大学受众研究中心在中国电视艺术委员会的组织下，对全国包括中央电视台、北京台、上海台和湖北台在内的8家省级以上电视媒体进行了调查。本文结合《指导意见》的相关内容，就上述8家省级以上电视台综合评价体系的特点进行比较，分析各电视台在实践中遇到的困扰及其原因，并对评价体系的未来走向进行探讨。

一、《指导意见》的出台背景及主要内容

在我国现有国情和广电体制下，坚持社会效益优先的原则，实现社会效益和经济效益双赢，一直是电视机构在实践中不断探索的命题，这种努力也体现在节目综合评价体系的建构与不断改进中。

作为国家级电视媒体的创新示范，中央电视台从20世纪末开始酝酿节目评价体系的构建，并于2002年首次推出了以"客观指标＋主观指标＋成本指标"（即"三项指标、一把尺子"）为特征的综合性节目评估方案，引发各电视台纷纷效仿。此后，央视不断对评价体系进行调整完善，2008年加入了"品牌"和"趋势"两项指标，变"三项指标"为"五项指标"；2011年，央视正式出台了《电视节目综合评价体系优化方案》，采用"引导力＋影响力＋传播力＋专业性"（即"四项指标、一把尺子"）的方式，对栏目进行综合考

核[①],希望"实现由重视收视率为主向重视栏目综合评价转变,自觉践行社会主义核心价值体系"[②],全面提升中央电视台的综合实力。综观十多年来央视对评价体系的构建、改进和更新,已经大体形成"几项指标、一把尺子"的量化形式,亦为其他电视台构建评价体系确立了基本的维度和模板。

省级台是我国电视市场伞形结构中的重要层级,承上启下,既要参与全国性市场竞争,又要竞争地方市场。这种双向出击,决定了他们在学习央视经验的同时,更要努力创新,不断构建和改进自己的节目评价体系,以适应复杂的竞争环境,准确反映传播绩效,并对其内容生产、资源分配和经营管理产生一定的杠杆作用。

我国电视界对于"偏"收视率乃至"惟"收视率的节目评价机制一直保持警惕,这也是构建"综合性"评价体系的初衷之一。然而在实践中,制度化的评价机制基本上以一季、半年或一年为评价周期,间隔较长;而电视竞争迅猛而激烈,瞬息多变,日常操作中收视率因其反馈的简洁、快速和便利,常常被作为主要衡量指标,这几乎成为所有电视台的工作常态。

收视率及收视竞争规则的引入,无论是在舆论层面还是实践层面,一直都是非不断。一方面,对于市场转型中的电视业,收视率作为市场风向标无疑具有正面意义,对于激发市场活力和促进电视业发展发挥了一定的积极作用;另一方面,当收视率作为"行业货币"的作用被片面放大、功能被畸形发挥时,也会引发诸多负面影响。例如,节目低俗化、传递消极价值观和生活态度等;更不用说,一些污染样本户或操控数据等违法现象时有发生,严重扰乱了市场秩序,影响了电视业的健康发展。因此,社会大众对于净化荧屏,抵制庸俗、低俗、媚俗之风的呼声,日益高涨。收视率所遭遇的种种"拥戴"和"诟病",都将一个具有中国特色的现实课题摆在人们面前,即如何结合国情和台情,建构起一套指标完善、操作性强、纵横可比的综合性节目评价体系。另外,近年来新媒体对电视的冲击不断加剧,受众的移动化、

---

① 刘燕南. 央视新评价体系的纵比与横比 [J]. 南方电视学刊,2011(4):10-13.
② 张鑫. 央视"栏目评价体系"揭秘 [J]. 中国广播影视,2011(7):8-10.

碎片化、交互化特点日益凸显，跨屏传播在分流受众尤其是年轻受众的同时，也提出了一个新问题：评价体系如何适应媒体融合的要求，全面衡量节目跨屏传播的总体效果？

2012年9月，原国家广电总局出台《关于建立广播电视节目综合评价体系的指导意见（试行）》，提出了建立综合评价体系的指导思想，以及"坚持正确导向，始终把社会效益放在首位"等基本原则，从评价对象、评价内容、评价等级、组织实施等多个维度进行了明确规定，其中有原则指导，也有操作要点；并首次将新旧媒体"融合力"指标列入体系。这表明，经过十多年的探索，国家广播电视总局作为我国广播电视业的最高管理机构，开始将节目综合评价体系的建构从"倡导创新"逐渐转向"纳入轨道"。

《指导意见》的特点主要如下：（1）努力建立广电业统一的评价标准；（2）倡导进行以品质为核心的综合评价；（3）对品质评价指标进行了详细说明，具体包括思想性、创新性、专业性、满意度、竞争力、融合力六项（见表1）；（4）明确要求品质指标的权重不低于总体的60%，收听率、收视率指

表1 国家广播电视总局节目综合评价体系的品质指标

品质指标	评价内容
思想性	体现社会主义核心价值体系建设要求，宣传正确的世界观、人生观、价值观，弘扬社会正气，传承优秀传统文化，倡导科学思想、促进社会和谐稳定
创新性	定位鲜明准确，策划、选题、编排等内容独到，形式新颖，体现时代精神，表现手段推陈出新、具有原创性
专业性	文案策划、编辑编排、制作剪辑、播音主持、音响音乐、画面镜头等制作、播出环节的专业水准情况
满意度	受众对广播电视节目内容、形式、质量和编播的好感、信任、认可、支持和赞许情况
竞争力	节（栏）目和频率、频道的知名度、品牌价值等情况
融合力	节（栏）目和频率、频道与互联网终端、手机等新媒体的融合程度，以及在新媒体上二次传播和口碑影响情况

来源：据国家广播电影电视总局《关于建立广播电视节目综合评价体系的指导意见（试行）》编制。

标的权重不超过总体的40%;(5)要求建立评委数据库,原则上以半年为一个评价周期;(6)将节目综合评价结果与各类政府奖项的评选挂钩。《指导意见》仍然依循"几项指标、一把尺子"的量化开放模式。尺子只有一把,但是指标数量可以视时空背景和评价需要而适当增减。

二、各电视台节目评价体系特点比较

《指导意见》为构建评价体系提供了新的框架、维度、指标、权重等方面的标准参考和指导。两年多来,各电视台根据《指导意见》的要求对评估方案进行了新一轮调整或重构,在框架设计、评估维度、评估对象、指标设置、评估周期等方面形成了自己的一些特点。以下我们将对中央台、北京台、上海台、山东台、湖北台、黑龙江台、吉林台、陕西台这八家电视台的评估方案进行比较分析(见表2)。

表2 中央台和部分省级台节目评价体系一览

分类	指标及权重	特点	共性
中央台	引导力10% 影响力25%:网络影响力10%、满意度15% 传播力55%:收视目标完成率10%、观众规模20%、忠诚度15%、网络传播力10% 专业性10%:专业品质5%、创新性5%	(1)一级指标四项 (2)传播力中与收视率相关指标的直接权重为35% (3)传播力中的网络传播力、影响力中的网络影响力各占10%的权重 (4)每季度评估	(1)评价体系具有综合、开放、量化的特点 (2)兼有主客观指标、行为和心理指标 (3)基本上设置了与思想性和专业性相关的主观指标,权重分别在20%(含)和10%(含)上下 (4)与收视率相关的指标所占权重不超过40%
北京台	频道:收视率40%,其他指标(社会责任、品牌价值、文化品质专业品质、竞争力、社会舆论引导力、新媒体融合力)未显示权重 节目:收视贡献率、投资价值贡献率、品牌价值贡献率	(1)分频道和节目评估,形成"台—频道—栏目"的一体化评价体系 (2)收视率权重为40%,其他指标未显示权重 (3)节目评估一级指标三项,均为贡献率指标	

续表

分类	指标及权重	特点	共性
上海台	播前：专家、观众、市场三个维度；包括网络在线测评、现场看片座谈测评 播后：专家评价30%、观众评价30%、收视表现40%（收视20%、成长趋势20%）、专业性	（1）分播前和播后评估 （2）播后评估一级指标四项 （3）观众因素占比较大 （4）收视表现指标占比40%，专业性指标未标明权重	（1）评价体系具有综合、开放、量化的特点 （2）兼有主客观指标、行为和心理指标 （3）基本上设置了与思想性和专业性相关的主观指标，权重分别在20%（含）和10%（含）上下 （4）与收视率相关的指标所占权重不超过40%
山东台	主观指标：思想性20%、艺术性与创新10%、制作水准8%、播音主持7%、评委满意度5%、受众满意度5%、监听监看5% 客观指标：频道贡献率30%、竞争力10%	（1）一级指标两项 （2）主观指标中，二级指标设置较多 （3）客观指标占比40% （4）每季度评估	
湖北台	传播力35%：频道视听贡献率10%、受众规模20%、成长趋势5% 影响力30%：满意度10%、品牌美誉度10%、投入产出比10% 专业性25%：引导力10%、专业性15%	（1）一级指标四项 （2）与收视率相关的传播力指标权重达到了35% （3）有投入产出指标 （4）每半年评估	
黑龙江台	思想性20%、创新性15%、专业性10%、满意度10%、竞争力20%、融合力5%、收视率20%	（1）一级指标七项 （2）收视率指标仅占20% （3）指标占比最低仅5% （4）每季度评估	
吉林台	思想性10%、创新性10%、专业性10%、满意度10%、竞争力10%、融合力10%、收视率40%	（1）一级指标七项 （2）收视率指标占比40%，其他指标均占10% （3）每半年评估	
陕西台	思想性20%、创新性10%、专业性6%、满意度6%、竞争力10%、融合力8%、收视率40%	（1）一级指标七项 （2）收视率占比40%，专业性和满意度占比均为6% （3）每半年评估	

来源：据中央台、北京台、上海台、山东台、湖北台、黑龙江台、吉林台、陕西台相关资料编制。

中央电视台基本沿用 2011 年出台的栏目综合评价体系，设有传播力和三项非视听率范畴的一级指标——引导力、影响力、专业性。虽然与《指导意见》中的六项"品质"指标略有不同，但是三项指标下属的二级指标基本涵盖和细化了《指导意见》的要求。2014 年央视将"融合力"引入并分解为"网络影响力"和"网络传播力"两项二级指标，分属"影响力"和"传播力"之下，各赋予 10% 的权重，体现出对新媒体传播效果不断提升的关注和重视。

与央视评价体系在形式上比较接近的是湖北台的评价体系。同样是"四项指标、一把尺子"，湖北台的这把尺子由影响力、传播力、投入产出比、专业性四项指标构成。其中，"投入产出比"替代了"引导力"，并被赋予 10% 的权重。这类成本效益指标在央视 2002 年版评价体系中曾经出现。该指标的设置，是湖北台关注节目成本效益的体现，也是它不同于其他电视台的一大特点。

北京台于 2011 年 8 月推出新版综合评价体系，首次提出了以"品质"为核心的要求。北京台将这一概念转化为"社会责任""品牌价值""文化品质""专业品质"等可具体衡量的标准，构建了包括品牌力、媒体融合力等指标在内的多维度体系。2014 年，北京台又根据内容生产的目标要求以及各专业频道的定位和特点，设立了具有区隔性、差异化的考核指标，形成了"台—频道—栏目"层次分明、相互关联的评估体系。

兼有播前预馈测评和播后反馈考评，且观众因素占比较大，这是上海台节目评估的主要特点。其节目全流程测评中心于 2013 年 4 月正式运行。上海台的播前评测以观众需求为导向，由观众、专家和市场三方组成；播后综合评估同样由三方组成，只是市场指标明确由收视表现（40%）替代，后者又进一步分解为节目收视（20%）和节目成长趋势（20%）两项指标。上海台的综合评价体系旨在将评估理念覆盖到从节目生产到播出的所有环节，形成一个包括观众需求测评、创意测评、小样测评、样片测评、播后考评在内的闭环，以提升生产环节的预馈精度和播后环节的反馈力度，提高传播的有效性。

山东台新版节目评价体系于 2013 年年初试运行，包括主观评价和客观评价两个维度。主观评价由七项指标组成，主要考察节目导向与品质。山东台将总局《指导意见》中的满意度细分为评委满意度和受众满意度，并增加了监听监看指标，三者权重相同，均为5%。客观评价有两项指标，其中频道贡献率取代收视率，以兼顾同一台组内部不同播出平台的差异。

黑龙江台在原节目评价体系"五力"（引导力、影响力、传播力、竞争力、品质力）的基础上，对照《指导意见》，采用六项品质指标和一项收视指标对评价体系进行调整。其中，收视率所占权重20%，融合力权重仅5%，是所有设置这两项指标的电视台中最低的。

与黑龙江台相似的有陕西台和吉林台，三台节目评价体系与总局《指导意见》要求大体吻合，权重分配上略有差异。陕西台实行频道中心制（新闻中心除外），节目创新和节目淘汰均由频道自主决定，评价体系目前仅作参考使用，未被纳入评奖与考核范围。吉林台2012年10月推出《吉林电视台节目综合评价体系》，并先后两次进行修订，评价结果与绩效考核挂钩。

综观上述包括中央台在内的8家电视台的评价体系，可谓同异互见。相同之处是：（1）评价体系模式相同，所有电视台的评价体系均采用了"几项指标、一把尺子"的综合、量化、开放的模式；（2）既有思想性、专业性、满意度、创新性等主观指标，也有收视表现等客观指标，又分别称为心理指标和行为指标；（3）主观指标总权重大都在60%及以上，尤其是与思想性、专业性相关的主观指标权重基本在20%（含）和10%（含）上下；（4）均设有与收视率相关的客观指标，且权重未超过《指导意见》所要求的40%。

不同之处在于，各电视台的评估维度、指标分级、指标数量不一：有些台明确设置了思想性指标，有些则将其分解到引导力或影响力、社会责任等指标中。有些台加入了融合力指标（北京台、黑龙江台、吉林台、陕西台），中央台则以细化的网络传播力和网络影响力替代；湖北台设立了投入产出比这一成本效益维度，其他台则无此一指标；上海台将评估分为播前和播后两类，北京台则分为频道评估和节目评估，而多数电视台只做播后节目评估。此外，有些台将与收视率相关的指标作为二级指标，隶属于一级指标的传播力（中央台、湖北台），或者客观指标（山东台），有些则直接将收视指标列为一级指标（北京台、上海台、黑龙江台、吉林台、陕西台）。一级指标最少的是两项，最多的有七项。

很显然，各电视台并没有完全照搬总局的"六项指标"，而是求大同存小异；从各台评估体系的指标内涵和权重分配来看，则基本上是《指导意见》的落地延伸。

三、评价体系的实践之困

《指导意见》的推出，"对解决广播电视节目导向偏颇和唯收视（听）率等问题，具有很强的针对性和指导性，对提高广播电视节目品质和维护广播电视社会形象，具有积极的现实意义"，这已经取得不少共识。①《指导意见》不仅提出了电视评价的指导思想、基本原则、评价对象、内容和权重，以及如何组织实施等要求，而且明确提出，鼓励电视机构参照这些原则、标准和要求，"创造性地开展广播电视节目综合评价工作"。调查发现，各电视台在与总局精神保持一致的同时，对评价体系都进行了一定程度的调整和改造。不过，在实际操作中，各电视台仍然面临诸多不适和困扰。

（一）体系的融合改造与标准统一

21世纪的第一个十年，包括央视在内的我国大部分省级以上电视台都推出了自己的评价体系，且已经运行多年。《指导意见》作为行业最高管理机构的顶层设计，虽然原则性居多，只是对"品质"类指标和视听率指标的划分和权重提出了要求，并未阐述原理，也未提出指标设计、分级和各级权重分配的具体要求，但是毕竟与各台原有体系不同。对各电视台来说，一方面要响应总局要求进行体系的融合改造，另一方面又要保持原有体系的某种延续性。如何协调操作，颇费思量。其结果一如上节所述，便是各具特色。

比如，与"思想性"（或称引导力）相关的指标权重，有些台占10%，山东、陕西和黑龙江台则高达20%，占"品质"类指标的三分之一，占全部指

---

① 传媒司召开建立节目综合评价体系和加强收视（听）率管理培训座谈会［EB/OL］.（2012-09-18）［2014-05-02］. http://www.sarft.gov.cn/articles/2012/09/18/20120918155633510133.html.

标的五分之一；对满意度、创新性、专业性等指标，有些台将它们设为同一级别，有些台则整合指标，相互嵌套，权重在5%到20%之间不等；对"竞争力"，有些台作为主观指标，有些台作为客观指标，黑龙江台将其视为后者，直接与节目创收情况挂钩；与新媒体相关的指标，各台在有无、称谓、权重等方面均不一致，且不少尚未具备真正的效力，如山东台一开始排除了"融合力"，后来虽然试验性地设置了该指标，但并没有发挥实际效用；等等。

差异的存在，缘于各台发展状况的不同，并直观地反映在指标设计和权重分配上。目前，要构建一个为各电视台所认可和采用的"大一统"的评价体系，显然不切实际。各电视台的普遍做法是，在总局要求、历史传承、自身发展三者之间努力协调和平衡，改进或重构自己的评价体系以有效地应用于实际。问题的关键在于，各台评价体系之间要能够"对话"，无论是框架设计、指标设置还是权重分配，都要标准基本统一、维度科学，从上到下，至少要有明确的依据。

（二）主观指标的合理性与测量的客观性

《指导意见》重视"品质"评价，在各电视台的评价体系中，这类指标的权重也纷纷得以提升。然而，品质及其细分指标相对比较抽象，对"品质"的评价是一项主观性较强的工作，无论是指标设计还是数据采集，都存在较大的弹性，容易受人为因素的干扰，不像客观行为指标相对简明直观，可测性较好。要将受众和专家等对节目的主观心理评价转化为量化的数据，需要电视台耗费相当的人力、物力和财力，并且极有可能因弹性较大而导致偏差，出现"费力不讨好"的结果。

对于省级电视台来说，从卫星频道到地面频道，自办节目数量少则几十个，多则上百个，节目形态多样，数量庞大，要了解专家或观众对所有节目的品质类评价并非易事。就算每季度或半年评价一次，每次最少几十个小时的节目也很难在短时间内完整看完，因而大都采取抽样式、跳跃式浏览，难免以偏概全，无法准确反映节目的真实情况。因此，如何增强主观指标设计的合理性，提高测量的"客观性"与有效性，仍需探索。一般来说，常规性节目评价应讲求主观和客观指标设置的科学与平衡，尽可能少用主观指标，并对抽象概念进行操作化处理。大量的主观态度性数据若是依靠观众问卷调查获取，也应尽量简化指标，使数据简便易得，以便评价工作能够顺利持续进行。

（三）融合力指标的科学性和可操作性

在评价体系中加入新媒体元素，这是电视评估对传媒生态融合竞争趋势的一种回应。北京台、黑龙江台、陕西台、吉林台响应《指导意见》精神，纷纷设置了"融合力"指标，央视则以"网络影响力"和"网络传播力"对应。然而，指标设计和现实操作一时还难以同步。

首先，融合力被解释为节（栏）目和频率、频道与新媒体的融合程度。严格说来，新旧媒体的融合包括技术、资源、网络、业务、终端等多方面的融合，笼统地说融合或确定融合程度，可测对象和标准都比较模糊。其次，融合力还包括在新媒体上的二次传播和口碑影响情况。正如不少电视台提出的，各种以网络影响力或网络人气为名称的新媒体数据，往往缺乏行业标准和调查规范，科学性和公信力存疑，各平台数据也无法统一，数据来源问题仍有待解决。最后，融合力的权重分配依据也比较模糊。可见，如何清晰地界定融合力，建立和完善第三方跨平台、跨终端的科学测量体系，解决数据源及权重分配问题，成为融媒时代评估体系能否与时俱进的主要难点。

（四）评委组成的"质"与"量"

《指导意见》明确提出，广播电视播出机构要邀请人大代表、政协委员、管理部门负责人、播出机构负责人、其他媒体代表、专家学者、专业机构代表、广告商代表等各方人士，建立"评委数据库"；评价操作时，应从评委数据库中按比例抽取评委代表组成评价小组，评委数量不得低于数据库人员总量的10%，且不得少于20人，亦即评委数据库至少要在200人以上，以对思想性等六项"品质"类主观指标进行评价。然而，省级台尤其是一些较偏远地区的省级台，虽然身处省会城市，但与首都北京相比，人大代表、政协委员、专业机构代表等均属"稀缺资源"，且他们一般工作繁忙，多数既无时间也没有足够精力参与节目收视和评价，一旦时间和精力无法保证，则进行节目评价难免出现不及时和不达标的情况。既要讲求评价团队的代表性和多样性，又要保证足够的人数，还要求他们保质、保量、准时完成评价任务——组建这样的数据库对不少电视台来说难度不小。一些电视台不得不对此进行变通，比如山东台便通过加入受众代表的方式对评委数据库进行"调整扩容"。

总体上看，节目综合评价体系作为电视行业的重要产品，在指标科学、操作性强、纵向可比、横向通用等方面还有不少探讨的空间。无论是评价维度还是具体指标，仍需要更加明确地界定和划分。以"品质"为核心的主观指标相较于已经成熟的视听率指标，仍然显得抽象，容易流于空泛；而且主观指标就像一把伸缩尺，在不同电视台乃至不同频道之间难以达成共识和统一。而一旦缺少共识和统一，则节目综合评价结果与各类政府奖项的评选之间便难以真正挂上钩。

四、评价体系再"评价"

构建综合性评价体系的必要性已无需赘言，《指导意见》指导下的新评价体系的构建和应用，两年来也取得了一定进展。但是，新评价体系要在全国范围内真正落地，仍存在诸多不确定性。

原因包括，构建和运行电视节目评价体系，是一项人、财、物投入较高且专业性较强的系统工程，实力较弱的电视台往往缺乏足够的内外部条件支撑。对于某些强势传媒来说，虽然不受人、财、物等资源的制约，但由于相当一些节目已经通过社会化方式生产，尤其是那些市场反响热烈、不惜重金引进的节目，往往会被网开一面而进入"政策特区"，导致评价工作支离破碎，在台内难以顺畅运转。另外，进入频道专业化时代以来，各电视台频道数及节目数迅速增长，不同频道之间定位不同，内容差别较大。一套标准化的评价体系有时难以适应所有频道和节目的考核，如果不做微调或变通，极有可能出现一些节目或频道的弱点被放大，而其优点或独特之处却未能进入

考核的现象，无形中造成一些偏失。

目前，节目综合评价仍以播后评价为主，主要问题是评价周期长、涉及面广、评价效率低，无法像收视率监测那样对节目收视效果进行全天候测量和立竿见影的反馈。调查中发现，一些电视台配合度较低，不愿意公开节目评价方案或运行情况；有些电视台对综合评价体系的态度暧昧，避谈评价体系的具体操作；有些电视台在构建评价体系时抱持"半推半就"的态度，介入但不投入，制定好的方案仅仅停留在内部文件上而没有真正落到实处；不排除还有一些电视台在《指导意见》的规定动作之外，以自选动作为主，或者评价体系只是聊备一格，表面上遵从硬性的评价指标和权重分配要求，实际上仍主要以收视率评价替代。

我国电视业的市场转型是改革开放的伴生物，也是由边缘启动而至中心认可默许的上下博弈的产物。对于电视台来说，坚持社会效益与经济效益并重，遵从上级要求和遵守市场规则，并不是一个非此即彼的选项，关键在于上级要求是否能够最大限度地凝聚共识，是否切合实际，操作上是否简便易行。时下大多数电视台的生存来源80%以上靠广告，评价体系将与市场相关的视听率权重定为40%以下，虽然这个权重不一定要与各电视台的生存来源占比等同，但是正如不少电视台所言，40%的权重依据何在，是否与市场转型中的电视生态相符，能否扭转或者防范所谓收视因素的负面影响，都颇需存疑。目前电视业面临新媒体的强烈冲击，新媒体的运营模式基本上"以用户为中心"，在此大背景下，人为地拉低收视指标的效果反馈和市场信号功能，既不利于电视业的生存和发展，对其转型也会产生误导。一些市场化程度较高、机制更灵活的省级台尤其是强势省级台，对本次调查相对疏离的态度，或许从一个侧面反映了这类看法。

从根本上说，电视评价体系是一个集效果评价、竞争激励、目标导向等多种意图于一体的管理机制。一方面主观意图要与实际相结合，另一方面要遵循客观规律，尤其是评价体系的建构有其内在逻辑和结构要求，包括主旨明确、维度清晰，指标有效、灵敏、可操作，尽可能全面、客观，数据易得、流程可控，等等。如此，评价体系才有可能真正发挥实效。

五、结语

我国电视评价体系的构建经过十多年的探索,目前正处于从"自发"到"自觉"逐渐成熟阶段,与此同时,广电高层的态度也从最初的"放手鼓励"向"精准导航"转向。

在市场转型和媒介融合日益深入的背景下,要实现电视业的健康、融合、可持续发展,营造良好的政策环境,建设绿色市场生态,至关重要。这就要求广电管理部门结合国情和传播宗旨,既高屋建瓴定规则,做好顶层设计;又要贴近现实,尊重市场规律,适应基层"施工"。尤其是立足我国电视业发展不平衡的现实,不搞"一刀切",为创新留出空间,这应该成为电视评价体系始终不变的主题。另一方面,也要求各级电视台和电视从业人员自觉履行职责,构建和用好评价体系这个杠杆,既完成好规定动作,又发挥创造力,与时俱进,为丰富荧屏、更好地服务受众做出努力。

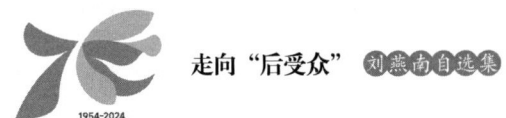

电视评估：公共电视 vs 商业电视*
——英美及我国台湾地区的经验与思考

电视评估一直是我国电视学界和业界关注的焦点，某种意义上，也是世界广播电视界关注的热点领域。虽然世界各国的广播电视业实行不同的体制，主要有公共广播体制和商业广播体制之分，电视评估也因此呈现不同的类别和形态，但是，在通过电视评估更好地实现各自的传播价值和管理目标方面，却有不少相通之处。

国外尤其是电视业比较发达的国家和地区，在电视评估的理论和实践领域已经积累了比较丰富的经验，如今为因应新媒体的挑战，综合利用新旧传媒资源以适应社会发展，又适时进行了若干调整和创新。以下本文将对英美两国及我国台湾地区电视业的电视评估模式进行梳理和概括，对其特点进行分析，以期为同样遭受新媒体冲击和市场竞争压力的我国大陆电视界的评估工作，提供一定参考和借鉴。

一、电视评估：分类、目标与指标

电视评估主要指针对电视机构和电视节目的传播效果或绩效、品质等进行的评估。一般分为两个层面，其一是电视台或频道层面，称为电视台或频道评估；其二是节目层面，即节目评估。

---

* 本文原载于《中国地质大学学报》（社会科学版）2011 年第 2 期。

电视台和频道评估相对宏观，主要针对电视台或频道在制作播出和经营管理过程中的各个环节实行考核和评估，包括对节目生产与编播、传播绩效、技术设备、投入产出、人力资源等环节的综合评估，或者对其中某些部分的综合评估。

节目评估大体分为两种，一种是对节目质量进行评估，另一种是对节目传播效果（或绩效）进行评估。通常，节目效果评估又分为播前评估和播后评估。播前评估属于预馈性的，并非对已经实现的传播效果的评估，只是一种预估；播后评估则属于反馈性的，主要针对实然态的传播效果而言。播前评估一般会涉及对节目质量（或价值）因素的评估，播后评估则不一定。对节目质量（或价值）因素的评估，可以视为是对节目效果中致效因素的评估，而非对实际效果的直接评估。目前，我国各级电视台所努力建构的电视节目评价体系，基本属于播后效果评估。

所谓电视台／频道评估和节目评估，都是指为实现评估目的，按照一定的原则和标准，对电视台／频道或电视节目传播所产生的包括经济效益和社会效益在内的各种直接或间接效果（或绩效，包括某些致效因素）所进行的评价和测定。评估体系则是指围绕评估目标而构建的一套多指标、综合性、定量化的评估系统，是包括评估方法、评估指标、评估操作规程、评估分析应用等一系列子体系在内的总体系，通常由各种指标、权重和数学运算组成。它规定了评估的标准、对象、内容和方式。

不同广播电视体制下的电视评估，在评估目标和衡量指标上有不同的选择。以美国为代表的商业广播体制，电视评估基本上属于节目评估，包括播前评估和播后评估，主要关注收视率代表的市场反应，收视效益和广告效益是评估的重点，一般以观众触达、节目收视、广告收入、经营运作等为指标。简言之，效率优先。

以英国为代表的公共广播体制，电视评估既包括电视台或频道评估，也包括节目评估。20世纪80年代、90年代"双轨制"盛行，传统上实行公共广播体制的国家和地区，开始加大对私营资本的开放力度，电视竞争不断加剧。这些国家和地区的电视评估开始讲究综合性，既注重公共价值，也关注收视率，但是不唯收视率。比如，联合国非政府组织"世界广播电视理事会"（World Radio and Television Council，WRTVC）2000年曾经确定了四个概念作为绩效评估的原则——独特、品质、效率和普及，其中，效率原则很大程度上与收视率系列指标相关，并以此为基础发展公共广电的具体评估指标，即综合了节目品质、公众服务、社会价值、示范效应等多方面的因素。简言之，兼顾公平与效率，公平为重。

值得注意的是，公共广播电视体制下的电视评估，大多以"公共价值"这个有一定抽象度的概念作为评估目标，类似于绩效评估。换言之，它既非纯粹意义上的传播效果评估，也非简单的节目质量评估，而是混杂了各种因素，亦有意无意模糊了质量评估、效果评估、绩效评估之间的限阈；基本上属于电视台／频道层面的评估。

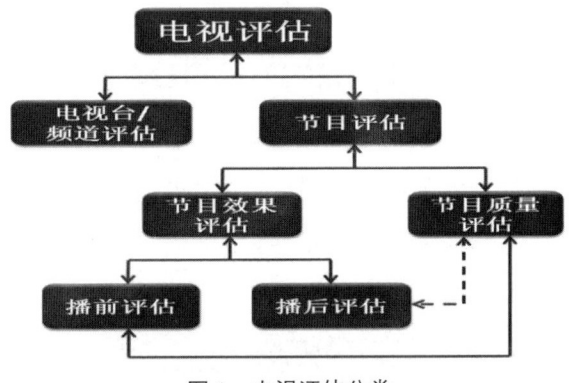

图 1　电视评估分类

来源：本研究编制。

二、公共价值评估：英国模式及我国台湾的变通

英国是世界上历史最悠久、最具代表性的公共广播体制国家，英国广播公司（BBC）也是世界公共广播界的一面旗帜。BBC 的组织架构、运作规程及电视评估方式，对其他公共广播体制国家或公共广播机构具有重要的示范作用。

(一)英国 BBC 的公共价值评估

公共广播机构的电视评估,一直与自身的责任、价值和功能定位密切相关。建立一套电视评估体系,对内可用于管理,对外区别于商业广播机构。20 世纪 80 年代以来,随着广播电视业的私有化和商业化这一世界性潮流的发展,广电媒体脱离公共规范、顺从市场的苗头日益显现,这一态势促使人们进一步反思电视的角色与社会责任问题,并体现在电视(品质)评估中。

传播学者丹尼斯·麦奎尔(Denis McQuail)曾经指出,针对(媒体)品质议题的讨论,正是公共力量监督媒体的前提保证,如此才能阻止商业化后,其所失去的公共责任。北欧学者罗森格伦(K. E. Rosengren)也曾经指出,节目评估的目的,是为检视广电媒体的规范价值与规则,是否被贯穿于节目中。20 世纪 90 年代早期,被公共广电媒介视为品质标杆的概念是"多元化",以节目类型的多样性和异质观众来证明公共广电媒介有别于商业广电媒介之处;90 年代中期之后,当有线电视与卫星电视负担起专门频道的多样类型时,公共广电媒介又逐渐扬弃了"多元化",而扩大以"公共利益"及"负责任"作为品质的新论述。[1] 近年来,随着内外部竞争的加剧,英国 BBC 和日本 NHK 等公共广播机构则从道德使命的抽象概念,进一步清楚定义"公共价值"或发展强化问责的绩效衡量体系。[2]

英国广播公司 BBC 的电视评估最初由节目评估起步。20 世纪 40 年代,BBC 采用"反应指数"来评估电视节目;1983 年起,实行每周一次的观众欣赏指数调查,主要针对电视节目进行评估。两者均为播后评估。到 2004 年,BBC 开始推出新的评估管理制度,目标是评估电视台的公共价值。公共价值等一类综合性评估,也基本属于播后评估范围。

如何将抽象的"公共价值"具体化?BBC 进行了系统分解。首先,将公共价值的构成分解为价值要素、广电使命、衡量途径三个维度;其次,进一

---

[1] 钟起惠.节目品质与优质电视:兼论当前台湾电视节目产制的困境及出路[M].台北:三民书店,2003:12-13.
[2] 曹琬凌,彭玉贤,林珍玮.公共广电问责体系初探[J].新闻学研究,2008,96(7):129-186.

步细分，将价值要素分解为三部分——个人价值、公民价值、经济价值；广电使命划分为六项——民主、文化与创意、教育、社会、全球价值和建构数字英国；最后，将公共价值的衡量途径分为四个方面——触达率、质量、影响力、投资价值（见表1）。

换言之，BBC把"公共价值"的概念融入日常评估与绩效衡量制度中，发展出一套由三个层级组成的公共价值评估架构。位于顶层的是公共价值检测，凡是提供新服务或发生重大变化，必须经过这层检验，最后由董事会决定是否通过；中间层是公共价值评估；底层是持续性绩效评估，由BBC经营层日常进行。①

表1　BBC定义的公共价值构成

项目	BBC的定义
公共价值的要素	个人价值、公民价值、经济价值
公共广电使命	民主价值：借由公正的新闻与信息，巩固成熟之公民社会
	文化与创意价值：丰富英国文化与创意生活
	教育价值：鼓励体制内外的启发兴趣与知识学习，拓宽国人视野
	社会价值：联系不同群体，促成多元包容的社会
	全球价值：经由具公信力的国际新闻，让世界看见英国
	建构数字英国
公共价值衡量途径	触达率（Reach）
	质量（Quality）
	影响力（Impact）
	投资价值（Value for Money）

来源：曹琬凌，彭玉贤，林珍玮. 公共广电问责体系初探[J]. 新闻学研究，2008，96（7）：129-186. 本研究编制。

---

① 曹琬凌，彭玉贤，林珍玮. 公共广电问责体系初探[J]. 新闻学研究，2008，96（7）：129-186.

对于持续性绩效评估，BBC 过去主要以市场份额作为评估指标，现在则涵盖触达率、质量、影响力和投资价值四个方面。BBC 策略部每个季度根据上述四个方面进行整体分析，逐项给予"绿"（绩效高于一般水准）、"黄"（绩效持平）、"蓝"（绩效落后）的三色标识，并提出改善对策；经营层则根据这四个维度，着手拟定未来五年的整体目标和关键指标；董事会再根据经营层提出的目标，决定发放有效期为五年的"服务执照"（见表2）。

值得注意的是，BBC 作为一家公共广播机构，并未忽视收视指标的作用，而是将触达率（亦称到达率）等收视指标纳入评估体系之中，同时注重投资价值（见表1）。另一个值得关注的动向是，在"触达率"一栏，BBC 特别将新平台触达情况包括在内（见表2）。这里新平台主要指融合性的新媒体平台，体现出新媒体时代电视节目从传统荧屏向数字视频领域延伸的态势。这是不同于此前评估体系的一大特点。

表 2　BBC 持续性绩效评估体系

衡量维度	衡量指标
触达率	触达率、较少触达的年龄群情况分析、收看（听）时数、受众市场占有率、新平台触达情况
品质	满意度分数、欣赏指数、获奖比例分析、平面媒体报道分析、特色评估、创意评估
影响力	记忆度、认知、信任度及行为面影响、同业影响、平面媒体报道、最近具有影响力的活动
投资价值	绝对成本、每位使用者成本、使用者每小时成本、投资效益认知调查

来源：曹琬凌，彭玉贤，林珍玮. 公共广电问责体系初探[J]. 新闻学研究，2008，96（7）：129-186. 本研究编制。

（二）我国台湾公共电视的公共价值评估

我国台湾公共电视于 1998 年 7 月开播，2006—2007 年联合包括"中华电视公司"在内的几家电视机构一起组成了公共广播电视集团（简称"公广集团"）。按照台湾《无线电视事业公股处理条例》，公广集团承载着更多社会期待与外界监督，被认为有必要建立一套区别于商业电视以收视率为单一绩效评估方式的"公共价值评量体系"，一来强化问责体系，二来作为绩效管理工具。

2007年，公广集团围绕公共电视的价值评估，推出了一套多元化的评估体系，包括"触达""品质""影响力""公共服务""财务与事业营运效率"五大维度，下设二十几项具体指标（见表3），作为评估电视台公共价值的操作性架构。

表3　台湾公广集团公共价值衡量指标

衡量维度	具体指标
触达	收视率；触达率；收看时数；新平台触达率
品质	节目品质；节目喜爱程度；多元、创新；深度、有意义；节目之公正性
影响力	塑造公民社会；发挥社会影响力；信任度；需要度；国际展示
公共服务	资源分享、服务公民；提升产业环境；收视普及；数字发展；提升多元族群传播权；发扬族群语言与文化
财务与事业营运效率	运作透明化；有效运用并开发资源；人力资源活化与专业技能提升；提供公平合理的劳动条件

来源：曹琬凌，彭玉贤，林珍玮.公共广电问责体系初探[J].新闻学研究，2008，96（7）：129-186.本研究编制。

台湾公广集团的公共价值评估，在相当程度上借鉴了英国BBC的持续性绩效评估模式，但是进行了符合台湾当地情况的一些变通。在衡量维度和主要指标的设置上，如触达、品质、影响力三个维度，与英国BBC一致，且均列出了"新平台触达率"这一指标；但是在其他一些次级指标的设置上，则略有不同。例如，在触达维度上，减去了市场份额指标；在品质部分，强调多元和节目的公正性；在影响力部分，则加入了"国际展示"指标。注重外在的国际观感或国际评价，一直是台湾传媒机构乃至整个台湾社会政治经济文化的一个重要特征。

另外，台湾公广集团的评估中还加入了一个新维度——"公共服务"，并设置数字发展指标,强调发展数字高科技;鉴于台湾社会族群多元的特征,特别设立了提升多元族群的传播权和发扬族群语言和文化等指标。同时,以"财务与事业营运效率"取代 BBC 的"投资价值"维度。台湾公广集团的评估进一步突出了公共电视服务公众的特点,并对自身运营和人才使用等方面提出了一定的要求。

三、美国的电视评估:商业与非商业模式

美国是商业广播体制的典型代表,商业电视不仅占据了美国电视的几乎全部市场,而且开足马力向全世界的电视荧屏扩张。相比之下,美国公共电视的发展十分缓慢,几近停滞,市场份额也很少,看上去就像是商业丛林中的小矮人。不过《芝麻街》这档儿童节目的巨大成功,仍然令人难忘美国公共电视的节目表现。在美国,电视评估虽然以商业电视模式为主,但是非商业的电视评估也有一定特色。

(一)商业电视的评估模式

作为世界上历史最悠久、最具效率的商业电视王国,美国在商业电视评估方面已经建立起一套比较完善的流程和标准。美国的电视评估主要是节目评估,节目评估又分为播前评估和播后评估(见图 2)。

播前评估旨在为节目定价、交易和节目编排提供依据,帮助节目买卖双方"各取所需",科学决策,避免资源浪费,算是一种节目市场机制。播前评估涉及客观和主观两方面,其中,客观方面是指对节目和演职人员的一些客观描述和市场预馈,包括节目在不同市场上的收视率数据、观众特征、播出时段、发行量等表现;主观分析则指电视机构相关人士将客观资料与电视机构的预期目标进行比照后,就是否购买和在什么时段播出作出决策。虽然播前评估要考虑的因素不少,但是并未形成由这些因素所构成的评价体系,也没有量化形态。

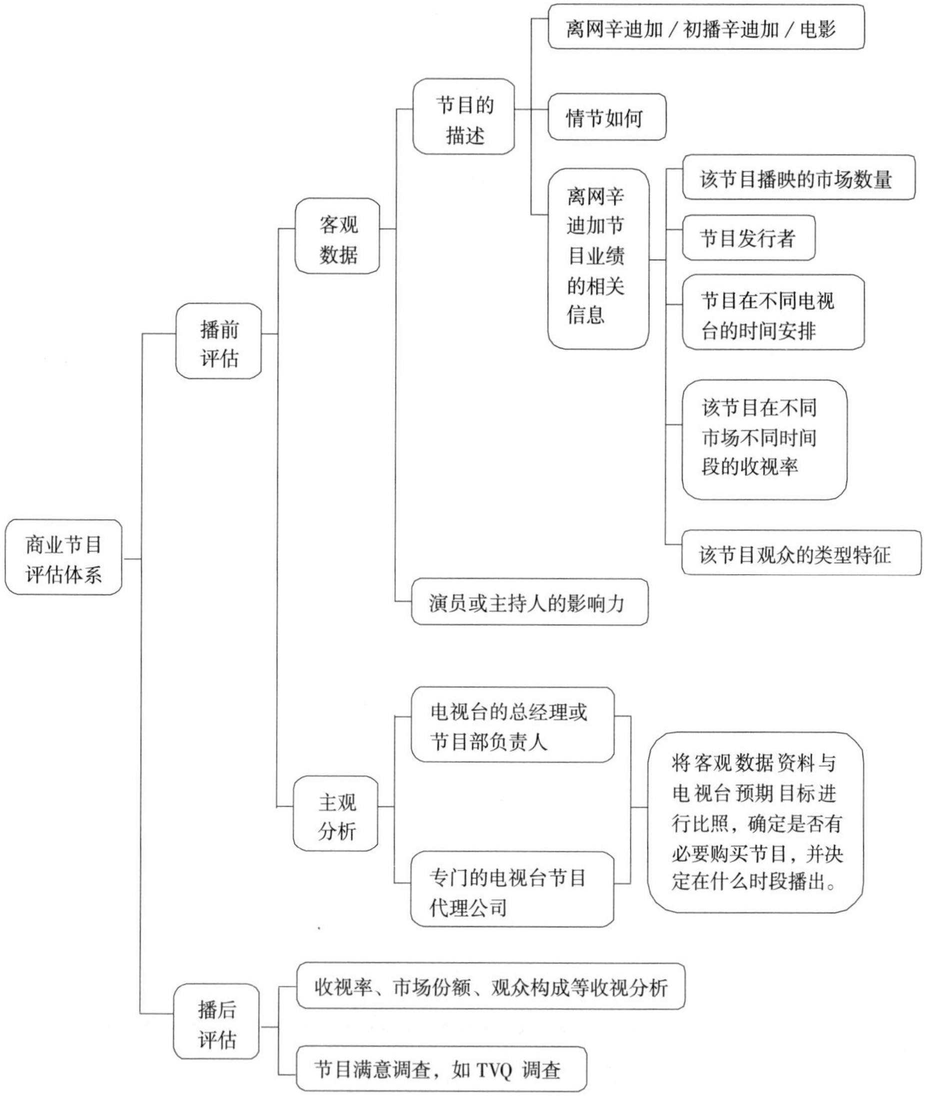

图 2　美国商业电视节目评估概要

来源：杨凯.美国电视节目评估体系及启示[J].中国广播电视学刊，2005（2）:71-72；王兰柱，等.中国电视节目评估：理论与实践[M].北京：中国传媒大学出版社，2007:121-127.本研究编制。

美国商业电视机构还采用一种被称为"小安妮"（Little Annie）的节目分析系统，预测节目的收视情况。即当受试观众在观看样片的同时，记录下他们的情绪反应及其强度，研究人员将观众反应绘成曲线，通过观察和分析，

192

对节目可能的收视情况做出判断。据说，这套评估方法在预测节目收视表现方面有一定的准确性。①

播后评估相对比较简单，主要是传播效果评估，确切地说是收视效果评估。这是商业性电视机构的日常性评估工作，包括收视率、收视份额、观众构成等数据分析。另外也间或有一些节目满意情况调查，类似于我国的满意度调查。美国商业性电视机构基本不采用兼有收视指标与满意度指标的综合性评价体系。

（二）非商业电视的评估模式

公共电视在美国收视市场上的占有率不足1%，与四周环伺的商业电视网很难相匹。公共电视的许多节目，尤其是针对小众群体所制播的节目，也不大适合仅仅用收视率及相关指标来衡量。因此，不同于商业电视台注重节目传播效果评估，美国公共电视对于节目品质的研究比较关注。

美国传播研究处（Office of Communication Research）1978年开始推动一系列节目定质研究计划，除了三项所谓质化的节目吸引力研究VOXBOX、TVQ、PTVQ之外，还有质化的电视品质比率研究TQR，服务公共电视的评估工作。这些研究严格说来并非采用了真正的定性方法，而是用量化方法进行的质化研究，也称为质化的收视率调查。不过，比起量化的收视率调查只有收视行为数据来说，前者能够提供的信息更加丰富。②

VOXBOX是一种电子装置，装设在抽选出的样本户家中的电视机上，除频道按键外，另设有9个评价节目质量的特殊按键——最好的、具有信息性的、可信的、有趣的、无聊的、不可信的、愚蠢的、看不下去要转台、演员表现等，观众对电视节目质量或内容有任何意见和看法，都可以按下相应的按键，以此搜集观众的意见反馈。TVQ是采用邮寄问卷的方式，调查观众对

---

① 迈耶.美国商业电视的竞争［M］.刘燕南，等译.北京：中国传媒大学出版社，2007：52-77.
② 王兰柱，等.中国电视节目评估：理论与实践［M］.北京：中国传媒大学出版社，2007：121-127.

于节目的知晓度、接触度、节目偏好等方面的情况。①PTVQ 严格说来只是 TVQ 调查中的一项指标,显示喜欢某节目的观众占该节目接触度的比例,数值越大,显示观众对该节目的评价越高,类似节目喜爱度指数。

相比之下,TQR 则是一种更复杂、更细化的"收视质"评估模式。首先通过焦点小组访谈,对节目进行先探性研究;然后从全美抽取数千人的样本,进行节目测试;最后通过因素分析归纳出 14 个因素,涵盖节目内容、影响、诉求、观众反应、观众与节目的关系等各个方面,再从这 14 个方面着手,调查观众对于节目的满意情况。"1979 年的研究显示,美国公共电视的节目在'因素—信息丰富度'这一项的得分,明显高于商业电视台的节目。"②

总之,美国公共电视的评估有自己的特点,属于节目评估;所采用的方式,既不同于美国商业电视,也不同于以英国 BBC 为代表的以电视台／频道为单位的综合性公共价值评估模式。

四、比较与思考

以上本文对英国 BBC、我国台湾公广集团、美国的商业电视和公共电视的电视评估进行了简要概括和分析。英国和美国分别是世界上最具代表性的公共广播体制和商业广播体制国家,虽然世界各国或地区的电视体制各有不同(有些并非纯粹意义上的公共体制或者商业体制),电视市场的竞争情况有所差异,评估体系也不尽相同,但是通过上述分析,不难发现,英美两国和我国台湾地区的电视评估有一些共同点,其经验值得探讨和思考。

第一,评估目标明确。商业电视和公共电视各有追求。商业电视以取得高收视和高盈利为目的,"市场导向"明确,评估目标是市场效益;而以 BBC、台湾公广集团等为代表的公共广电,宗旨是提供公共服务、实现公共价值,因此需要综合平衡节目品质、媒体影响、公共服务和市场表现等各个

---

① 王兰柱,等.中国电视节目评估:理论与实践[M].北京:中国传媒大学出版社,2007:121-127.
② 参见彭玉贤《美国节目收视调查方法》,http://www.pts.org.tw/~rnd/p2/000726-2.htm。

方面的因素，评估目标是公共价值。市场效益评估相对简单，相比之下，公共价值评估更加复杂而多元，而且公共价值的内涵和外延、概念界定、公共价值评估体系的构成，还存在许多可讨论之处，但是公共电视追求实现公共价值，目标十分明确。

由于公共电视台的建立和运作，其传播资源和权力的来源，其社会存在的合理性、责任和义务，都是由相关章程甚至一些法规来界定的，因而评估目标与其责任是联系在一起的——公共电视评估往往与问责密切相连。公共价值评估有的属于电视机构内部的自律性评估，有的是外部第三方进行的他律性评估。无论哪一种评估，一旦发现未能履行相关责任或实现既定传播目标，即会对相关人员实行问责。

第二，商业电视的播后评估多采用市场性的收视率系列指标，公共电视则采用以公共价值评估为特征的多指标、综合性的评估体系。这一体系既包括电视台或频道评估，也包括节目评估；既非单纯的节目效果评估，也不是纯粹的节目质量评估，而是兼有效果、质量和其他评估要素。在公共价值评估体系中，有些属于节目质量指标，有些属于效果指标；前者是节目内在品质，属于一种致效因素，而非真正实现的效果。但是，公共价值评估似乎不拘泥于"质量—效果"范畴，也不一定刻意将"效果"和"效益"的区别清晰化，只是强调公共价值，并且不断充实其内涵和评估维度，其评估体系是一个具有综合性、开放性和一定包容性的系统。

第三，收视率并非商业电视的专利，公共电视在评估时，并不排斥反映市场效益的收视率系列指标，而是将其纳入评估体系中。在公共电视的评估体系中，有些直接引入了收视率，有些采用触达率，有些则采用了市场份额指标，只是在权重分配上存在一定差异。换言之，公共价值评估并不否认收视率市场指标的作用。虽然公共电视不必拘泥于收视指标，可以在社会利益和公共服务方面争取更多、更忠实的分众群体，但是媒体或者节目公共价值的实现，同样离不开一定规模的受众群。舆论界过去一直认为，公共广播体制下的电视机构不看重收视指标，这是一种错觉。

第四，商业电视看重节目播前评估，指标具体、可操作性强。商业电视

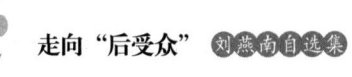

的播前评估以指导节目定价、交易和编排为出发点，对节目发行者、故事情节、播映数量、观众类型和演职人员都有比较详细的描述和判断，可以为科学决策提供参考。事实上，科学合理的播前评估是传媒业市场化和商业化的自然延伸，也是规避风险、降低成本、避免浪费、提高效率的重要一环。相比之下，公共电视对节目播前评估似乎鲜少涉及。其实，实行广播电视"双轨制"后，不少公共电视的运作也无形中渗入了一些市场因素，而要建立科学高效的节目购销和制播机制，重视播前评估是必要的。

第五，新媒体因素被纳入电视评估。BBC和台湾公广集团都关注新媒体因素的影响，将新媒体平台触达率作为一个指标，纳入评估体系。由于新媒体的冲击，通过传统电视机收看电视节目的观众逐渐减少，尤其是年轻人，越来越多地通过新媒体收看音视频信息，传统电视传播在向新媒体平台延伸。评估时，考虑新媒体所覆盖的受众收视情况，可谓电视评估与时俱进的一种表现。

当然，上述各类电视评估也存在一些有待解决的问题，比如公共电视的公共价值评估。"公共价值"这一概念内涵丰富、外延广泛，本身有着各种不同的理解，如何界定和取得共识，仍需探讨。评估体系中指标越多、越分散，主观因素越多，不仅评估焦点可能会越模糊，还会降低评估的客观性和可操作性。因此，要繁简得当，将日常评估与阶段性评估相协调。另外，公共价值评估更多地偏向电视台/频道层面的评估，而非节目层面的评估；节目层面的综合评估如何加强，如何与电视台/频道层面的评估相互配合和协调，也有不少工作要做。不过，他山之石，可以攻玉。英美两国和我国台湾地区的电视评估方式，尤其是公共电视的评估模式和经验，对正处于市场转型中的我国大陆电视业来说，仍然具有一定的参考和借鉴价值。

再谈节目评估：反思、借鉴与探讨*

建立一套科学、有效、准确、简便适用的电视节目综合评估体系，是目前处于电视市场竞争中的不少电视台孜孜以求的目标。2000年在成都，由中国广播电视学会受众研究委员会、北京广播学院电视传播研究所（受众研究中心的前身）、央视—索福瑞媒介研究公司三方联合，举办了一场名为"制播分离新形势下的电视节目评估"研讨会，对电视节目评估的理论和方法体系进行了比较充分的交流和研讨，取得了一些成果，对实际运作也起到了很大的推动作用。近年来，随着电视业的迅猛发展，一方面，集团化整合带来频道专业化、分众化、栏目个性化趋势加剧；另一方面，地方电视台的本地化、市民化特征日益凸显，节目评估面临新的难点和问题。与此同时，人们对于节目评估的认识日趋理性，如何立足于中国实际，在节目评估的理想性与现实条件的可能性之间寻求最佳契合点，成为关注的重点。

本文将结合我国电视业的发展现状以及国内外相关研究成果，就电视节目评估定位与指标选取、满意度调查、欣赏指数与市场策略的关系等几个方面的问题进行探讨。

---

* 本文原载于《电视学》（第一辑），中国传媒大学出版社2006年1月版，与夏征宇、王英钰合作撰写。

一、评估定位与指标选取

我国电视界关于电视节目综合评估体系的建构始于20世纪90年代末。当时,包括中央台和部分省级台在内的一些电视机构出于自身实践发展的需要,开始自发地、尝试性地开展这项工作。雏形期的各台电视节目评估体系,虽然选取的指标多有不同,但是有一点是共同的,即都将收视率指标纳入其中,而且所占比例较高。这一点从1999年初北京广播学院(现中国传媒大学)电视传播研究所对国内电视台从业人员进行的调查中便可窥得一斑。受访者中,有近四分之三的人认为本台收视率指标所占比重超过了50%。[①]

很显然,节目评估体系的建构离不开收视率。收视率意味着有多少人看过了某一节目(或频道),这是最基本的传播效果。可是"量"的测量并不能代替"质"的评价,只注重收视率,并不能反映节目在人们心目中的位置,也无法解释为什么会有叫好不叫座、叫座不叫好、叫好又叫座、不叫好也不叫座的现象。于是,在参照其他国家和地区开展欣赏指数调查的基础上,满意度这个被认为是"品质导向"的指标或称"质"的指标,被纳入评估体系之中,以弥补单纯依靠收视率的不足。不过,这样的指标体系,仍然被认为未能反映中国电视业市场化转型的特点,尤其是从过去不计成本、不讲投入产出的粗放型模式,到今天树立成本经营意识的转变。因此,将成本指标纳入评估体系当中,一时成为人们的共识。

理论上说,评估指标的选取首先要解决两个问题:一是节目评估究竟评估什么,二是用什么指标来进行评估。有人认为节目评估是评估节目质量,还有人认为是评估节目的经济效益或社会效益。事实上,最初在建构节目评估体系时,关于评估什么的问题一直处于模糊当中,一些电视台的评估体系中,既包括收视率、满意度和其他一些经营性指标(如成本指标、广告满档率等),也包括技术因素、画面因素等。

[①] 刘燕南,孟颖.电视传播者眼中的收视率[J].中国广播电视学刊,1999(12):18-21.

作为综合性指标体系，目前的节目评估并非节目质量评估。因为所占权重最大的收视率只是反映观众人数多少的一项指标，虽然一定程度上似乎可以间接反映节目质量，类似于人们常说的"节目好看观众才多"，但是，收视率本身不能直接评估节目质量，"它并不说明节目的品质，也不能判断节目的好坏"[①]；而且好看是否便意味着质量高，也有不少争议。评估节目质量，注重的主体不同，评估指标和体系也应有所区别。此外，那种认为节目评估是单纯的经济效益或者社会效益评估的看法，也有商榷的余地，因为前者不需要采用满意度指标，后者也不需要纳入经济指标。

目前的节目评估基本上可以视为一种效果评估，也是一种播后评估，包括对节目传播直接产生的观众"量"的客观评估、观众心目中对节目喜好的"质"的主观评估，以及由此衍生而来的相关评估，例如对节目投入产出情况的评估，等等。其目的当然不只为效果而评估，很大程度上仍然着眼于科学化管理，强化质量控制，起到某种预警作用，乃至为播前决策提供一定参考。中央电视台的《节目综合评价体系方案》便是在讲求"一把尺子"的目标下，将客观指标、主观指标、成本指标三项综合进一个框架内，从而实现更全面、更客观（包括主观评价客观化）、更开放、更简单的评估体系建构，以便提高节目质量、增强竞争能力，最大限度地满足观众收视需求。[②]

要建立一个科学的评估体系，所选取的指标一定要独立、有效、灵敏、可操作。[③]一般来说，指标太少，评估可能不充分，不能对节目予以全面反映；反之，如果指标太多，相互之间可能重复或交叉，冗余增大，缺乏可操作性。因此，需要适当分层、归类或删减。例如前述画面因素、技术因素等，可以直接用于专业性节目评奖，但在节目评估体系中，为避免琐细，可以适当调整，将其归纳进专家或业内人士意见中。

---

① WIMMER R D, DOMINICK J R. Mass media research: an introduction [M]. California: Wadsworth Publishing Company, 1994: 289.
② 程宏. 央视的节目评价与末位淘汰改革 [J]. 中国记者, 2003（1）: 38-39.
③ 夏征宇. 电视节目综合评估与预警系统 [M]// "制播分离新形势下的电视节目评估: 方法、体系与实际运作研讨会"论文集. 成都, 2000.

目前国内使用较多的评估体系，大体采用收视率、满意度、领导和专家评议、经营效益等主要指标。收视率指标主要反映观众收看节目的行为信息，以此可大体推断观众的收视需求。满意度主要反映观众对节目的喜好和评价，也是采用量化方式反映"质"的评价的一项指标。专家评议指标一般由多年从事广播电视研究或实务工作的专业人士和资深人士组成专家委员会，对节目进行打分评议，通常能够较好地反映节目专业性、艺术性和制作技术等方面的质量状况。不过，这种评价方式的主观性较强，对同一节目，专家评分的标准差可能较大，需要适当增加参与节目评议的专家数量，以保证一定的科学性。领导评价则通常由本台（本部门）的相关领导，基于本台（本部门）定位、传播策略和实际表现做出。

经营性指标主要包括成本核算指标，评价节目的经济效益，在经济学上讲就是评估其投入产出比。这种投入可以是电视台在节目制作中的投入，也可以是制播分离后购买节目的经费。在评估体系中加入这一指标，一方面可以增强成本意识，从而提高电视台运作的综合经济效益；另一方面也为栏目提供了有效的排位调节指标——当收视率下滑或满意度不达标时，可以通过减少栏目的成本来改善其在频道栏目排名中的位置。不过，由于不少电视台还未建立以栏目为单位的成本核算体系，因此，目前大多只能以预算成本和栏目收视率作为替代。

二、满意度调查：困境与纾解思路之一

满意度作为对收视率指标的一个重要补充，在节目评估体系的建构中，占有相当的地位，这已得到电视业界的认同。然而在实际操作中，无论是从测量的便捷性、数据的易得性，还是从获得来自市场的价值补偿方面，目前满意度调查都遇到了一些困扰。

世界上开展满意度（欣赏指数）调查的国家（或地区）有一个共同特点，即市场相对较小，调查的频道和节目数量也较少，容易形成统一的满意度测量体系；而且要么采用固定样本组方式同步打分，要么采用电话访问，操作难度

不大。例如，英国主要采用日记法对固定样本对象进行调查，要求他们每天对4个频道的节目进行打分，每周反馈数据；荷兰和澳大利亚则将欣赏指数调查与收视率调查同步进行，每天由固定样本组成员通过人员测量仪上的投票键对节目进行打分，数据反馈可以一天为周期；我国香港的欣赏指数调查采用电话访问方式，对4家电视台的100多个节目进行打分，每季度调查一次。[①]

我国目前有2200多个频道，其中上星频道就有50余个，如果按照国际标准以30分钟为一个节目单元，每个节目重播一次，每个频道每天至少播出24个节目单元，那么仅上星频道每天就有1200个节目单元。可以说，没有任何一位观众能够全部看过这些节目；采取问卷形式对这些节目进行满意度调查，其结果可想而知。时下，国内的满意度调查都是各电视台独立操作，大都局限于本台节目和本地市场；即使是中央电视台，在全国范围内进行调查，也只是在频道满意度部分选取有一定影响力的省级上星频道。这样便很难形成一致标准，也谈不上各频道或栏目之间的可比性。不同机构对同一频道（或栏目）进行调查，结果可能完全不同。

从经济效益层面上看，满意度调查的专业性和市场化程度不高，未能吸引广告商（广告主）的关注，亦未能获得相应的市场补偿。理论上说，节目满意度高会有助于提高广告关注度，但是实际上，广告商和广告主似乎更愿意相信收视率，对他们来说，收视率是一种客观的行为指标，可以直接测量，比起只能间接测量的满意度这个心理指标，也许更好把握、更可靠，也更有用。如此一来，满意度调查的结果便只能内部消化，类似于早期的收视率调查，只是各电视台内部的自我反馈行为，而不是一种提供"行业货币"的行为。满意度调查大多采用问卷方式，投入的成本相对较高，却无法取得任何经济回报，这必然影响各电视台开展满意度调查的积极性。目前各电视台都

[①] GUNTER B, WOBER M. The reactive viewer: a review of research on audience reaction measurement [M]. London: John Libbey & Company Ltd, 1992.
克斯.荷兰的电视观众研究 [M]// 外国电视研究译文.北京：北京广播学院出版社, 1991.
苏钥机, 钟庭耀.电视节目欣赏指数：香港经验 [M].电视节目欣赏指数调查顾问团, 2001.
刘燕南.电视传播研究方法 [M].北京：北京师范大学出版社, 2003：308-318.

在尽量压缩调查经费或延长调查周期，反过来，这又势必影响满意度调查的效果。

从调查角度看，收视率调查是长年累月不间断进行的，用人员测量仪统计单位能够精确到每分钟；而满意度调查则大多每半年或一年才进行一次，更加依赖人们的主观反应。满意度调查是一种心理测量、一种间接测量，一方面会受到诸如"社会认可""光环效应"等因素的影响，不一定是人们常态的心理反应；另一方面，让受访者对过去一周（或一个月、半年）看过的频道或栏目打分，依赖人们并不可靠的记忆，测量的信度和效度误差也会相对较大。显然，满意度调查在调查频次、时效性和准确性上都与收视率形成了差距。

事实上，在推出满意度调查时，有业界人士便曾经指出：满意度的推出，自有其适应我国国情需要、适应社会文化和电视业健康发展要求的一面，但是不能因此而挤压甚至排斥收视率。满意度调查中的某些次级指标，收视率测量本身已经能够得出。收视率概念比较科学、客观而严谨，各指标之间有逻辑关系，可以定量转换。要善于从中推导、引申出可资利用的指标数据。另一方面，目前的满意度调查从技术上说可谓是一种倾向性调查，当受众对某一类型节目有相同程度的倾向，而这类节目在竞争环境中同时出现时，相同程度的倾向性难以解释受众在实际收视行为上的差距。反过来说，目前国际上更注重从受众的实际选择行为中分析其倾向性，其理论基础是2000年诺贝尔经济学奖获奖者之一的微观计量经济学家麦克法登（Daniel McFadden）的"离散选择理论"以及派生出来的"受众选择"理论与模型[1]。

此外，也有一些学者从经济学角度提出，收视率与满意度问题，类似于需求与效用问题。所谓效用是指人们消费之后的满足程度，通常情况下，效用决定需求。观众的时间是有限的，在有限的时间内，人们的收视选择通常以最大限度地实现收视满足为目标。换言之，从效用函数可以推导需求函数，反之也一样，故而认为没有必要做专门的满意度调查。[2]

---

[1] 夏征宇2001年在中国传媒大学应用传播学专业研究生班上的讲课主题"也谈收视率与满意度"。
[2] 韩国高等教育财团中国学者沙龙（ISEF）上部分经济学研究者的发言。

我们知道，收视率与满意度的测量对象相同，都是观众。观众收视无论是呈现工具性特点抑或仪式性特点，其行为与喜好在通常情况下基本上应该是统一的。观众喜欢（或至少不讨厌看）哪些节目，会在行为上表现出来。很难想象一位观众的收视行为会经常与其满意度或偏好背道而驰。通过收视率这一行为指标来推测人们心理，这种推测有一定的可靠性。英国学者巴怀斯（P. Barwise）和埃伦伯格（A. Ehrenberg）曾经对分别附属于美国三大无线电视网的三家电视台晚间黄金时段娱乐节目的收视率与欣赏指数进行研究，结果发现：观众人数多的节目，欣赏指数较高；观众人数少的节目，欣赏指数较低。这一现象在英国和加拿大也同样存在。[1] 国内学者的研究则发现，无论从全体观众来看，还是分不同人口统计特征的观众群来看，全部节目的满意度和收视率之间都存在非常显著的正向相关关系。这表明，整体而言，观众对电视节目的满意程度是影响观众收视行为的一个非常重要的因素。[2] 当然，也有少数节目类型存在一些例外，将综艺娱乐性节目与信息类节目分开是非常有必要的。

满意度数据的生产依赖收视率测量之外的专门调查，且成本投入较大。为纾解这一难题，新西兰的两位学者丹纳赫（Dannaher）和劳里（Lawrie）曾经进行专门的实证研究，提出通过人员测量仪收视率调查，建立一种电视节目欣赏度的行为测量方式的可能性。他们认为，观众会用脚来投票，如果不喜欢某一节目，他很可能会换频道或关掉电视机；观看一档节目时间更长的观众，对节目更忠实，也更欣赏。

这种测量方式以分钟收视率数据为基础，建构了 PMV 和 P80+ 两个测量指标概念，表征观众的忠实度，而忠实度与欣赏度有相当强的相关性。PMV 是观看某节目时间与该节目全部播出时间的比例，被称为收视分钟百分比；

---

[1] BARWISE P., EHRENBERG A. 1988. Television and its adience [M]. London: Sage Publications Ltd: 52–53.
[2] 萧海峰. 满意度与收视率、市场占有率及忠实度关系的实证分析 [J]. 收视中国, 2002（2）: 5–7.
刘燕南. 电视传播研究方法 [M]. 北京: 北京师范大学出版社, 2003: 322.

将每一名观众的 PMV 相加后求出平均值，得到该节目的平均 PMV。P80+ 则是收看该节目时长占节目总时长 80% 以上的观众占该节目全部观众的百分比。在这里，那些观看该节目 20% 以上时长的才被视为该节目的观众。

结果发现：观众忠实度得分范围更广，而传统的欣赏指数调查分数差异范围相当小；节目收视率增加时，观众忠实度也倾向于增加，两者之间存在显著正向相关关系，基本证实了巴怀斯等人的研究结论，即存在所谓双重危险法则（double jeopardy，又称双虞法则）。一档节目观众规模大，意味着它不仅拥有更多观众，而且观众对该节目更忠实、更欣赏；反之亦然。当分别计算信息类和娱乐类节目的收视率与忠实度的关系时，对信息类节目而言，忠实度与收视率之间呈现很强的正相关关系，而娱乐节目的忠实度与收视率之间的正相关性比之稍弱；等等。①

观众欣赏度的行为测量有许多方法论和操作上的优点。首先，无须再做专门的满意度调查，只要是采用人员测量仪固定样本组的收视率调查，便不需要增加额外成本；其次，可以在测量收视率的同时进行数据采集，这意味着在节目播出后就可以及时得到满意度数据，避免了传统满意度调查的延迟性；再次，测量是客观、隐性和衍生的，不会使受访者像接受日记法或问卷调查法调查那样有回忆的痛苦，对受访者自身也没有过多的要求，甚至不需要他们按投票键；最后，数据生产的广泛性和透明性更强，无论是广告主、广告商还是传播者，凡是有机会接触人员测量仪数据的人员或机构，都可以方便地计算出观众欣赏度来。

当然，这一方法也有不足。例如，因为节目观众规模小（收视率低）、样本较少（这也是传统欣赏指数调查面临的问题），其忠实度得分的可信度可能不高，等等。

目前在我国，开展满意度调查的合理性和正当性是不言而喻的。笔者无意否认其意义，也不反对进行必要的专门调查，从某种程度上来说，正是为

---

① DANNAHER P, LAWRIE J. Behavioral measures of television audience appreciation［J］. Journal of advertising research, 1998, 38（1）:54-65.

了更好地凸显和实现满意度的价值，才需要针对现实做适当调整。在市场太大、频道数和栏目数较多、经费不足且无法获取相应的市场补偿的情况下，当难以进行全面、及时、大型的抽样调查时，不妨借鉴他人的有益经验，适当变通，尝试采用对收视率测量进行深度加工的方法以为替代。收视率测量如果在某种程度上能够满足满意度调查的一些要求，从中可以捕捉到一些有效信息，那么用收视率数据导出满意度指标，不失为一种比较可行、比较严谨的方法。

三、欣赏指数与市场策略：韩国案例

中国电视市场的传播覆盖方式，类似于罗伯特·G.皮卡德（Robert G. Picard）在《媒介经济学：概念与问题》一书中所描述的伞状模型，分不同的层级（或地域），只是他探讨的不是电视而是报纸。电视传播规模要大得多，观众也多得多，从中央台到省、市电视台，传播层层交叠。中央电视台和省级上星频道在全国市场上争夺观众，省级电视台地面频道尤其是城市（地区）电视台则与本地观众更贴近，地方认同感更强烈。而在北京、上海和广州等经济、文化比较发达的大都市，当地电视台在本地市场所占份额要高于中央台的份额，也高于其他上星台的市场份额之和。

近年来涌动的集团化潮流，催生出几代同堂式的电视台大家族。各电视台除了主打频道外，纷纷致力于专业化频道、个性化栏目的耕耘，一方面占领本地市场，另一方面服务特定观众。甚至有些省级卫视也不再固守新闻综合性的老路，而是另辟蹊径，以电视剧、综艺娱乐节目等特色取胜。理论上说，由于观众特征和需求是多种多样的，不同层级（或地域）的频道及栏目各有不同的功能预设，也有不同的市场定位，即使是同一层级的频道及栏目，市场定位也不一定相同。这便自然引申出一个问题：不同电视台、不同时段、不同类型的节目有不同的收视率或占有率预期，对不同的频道和栏目来说，是否也会有不同的满意度预设？

更进一步，我们如何从"质""量"二维出发评估电视市场的观众分布？

在一个分层级的市场上,对所有频道和栏目设定同一标准并不合适,按照各自定位,提供有一定质量的节目满足观众需求并寻求自身观众规模的最大化,在这两者之间找到平衡,或许更现实一些。在这一点上,韩国案例或许能够提供一些参考。

韩国是一个实行公共广播体制的国家,直到20世纪90年代初才引入民营广电。自此,韩国的广电业一直在公营、民营并存的二元结构中成长,也在公益性与商业性的竞争中寻求平衡。韩国广播公司(KBS)是公共广播的旗舰,汉城广播公司(SBS)则为民营广播的代表。在四大无线频道中,KBS-1TV 为公共广播频道;KBS-2TV 和 MBC-TV(文化广播公司)两家既是公共广播,又在商业基础上运行;SBS-TV 则主要是商业运作。值得注意的是,无论是公共广播公司还是商业广播公司,都主要依靠广告生存,只是程度不同而已,这是韩国与其他公共广播体制国家不同的一点。[①]20 世纪 90 年代初,在已有收视率调查的基础上,韩国开始向英国学习,引进了以"兴趣/享受"为标准的品质导向的欣赏指数调查,又称 AI 项目(Appreciation Index Project)。这项调查通过抽样的方式,覆盖四家无线电视频道的节目,请观众按照百分制对每一档节目打分,每年进行 8—10 次。按照传播学者伊恩·安(Ien Ang)的说法,这种广播体制的双轨制,是与受众测量上的双轨制相对应的。[②]

在韩国,有研究者曾经根据 1994 年 3 月至 10 月的欣赏指数得分和观众收视率数据(这两项调查是彼此独立的),对韩国四家电视频道的节目 AI 得分、AI 标准差、观众规模进行了分析。结果发现:首先,欣赏指数平均得分最高的是 KBS-1TV,KBS-2TV 和 MBC-TV 得分接近这四个频道的总体平均分,SBS-TV 的得分最低,但是它们相互之间差距并不大,在 5 分左右,总体平均分集中在 70—75 分之间(见图 1);其次,KBS-1TV 的欣赏指数的标准差最小,SBS-TV 的标准差最大(见图 2);最后,接近 AI 总体平均分

---

① 刘燕南.公共广播体制下的市场结构调整:韩国个案(上)[J].现代传播,2003(4):85-87.

② ANG I. Desperately seeking the audience[M].London:Routledge,1991.

的 MBC-TV 观众规模最大，KBS-2TV 次之，KBS-1TV 居三，SBS-TV 最小（主要受覆盖范围影响），所有频道的观众规模都比较稳定（见图 3）。①

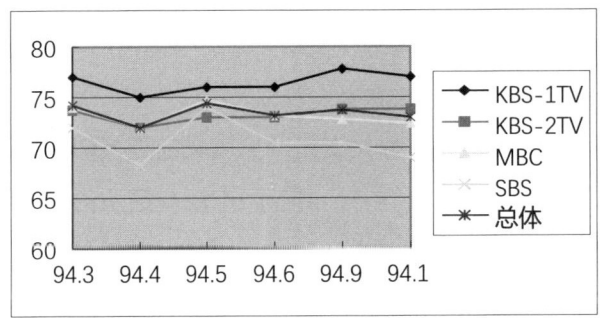

图 1　韩国各频道节目平均欣赏指数得分（1994 年 3 月至 10 月）

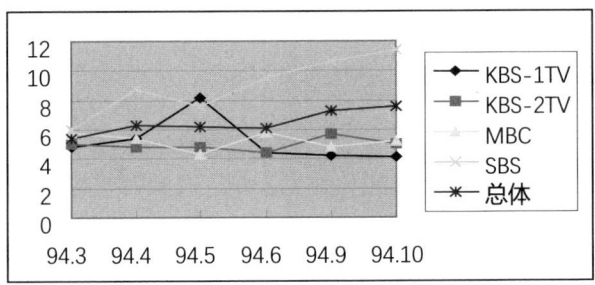

图 2　韩国各频道节目欣赏指数得分标准差（1994 年 3 月至 10 月）

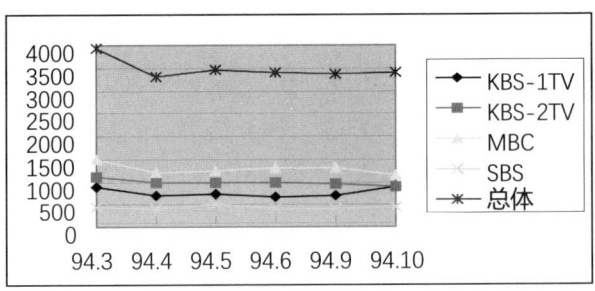

图 3　韩国各频道观众规模（1994 年 3 月至 10 月）

---

① 本文图例均引自 KIM Y H. Program quality and audience size: an economic approach to network television regulation [M]//Communication and culture: identity, plurality, equality. Seoul: Shin-Yang Publishing, 1996.

韩国研究者认为，SBS 作为一家新进入广播市场的电视台为争取观众，将自身的品质定位得相对低一些，不足为奇，正如有收视费支持的公共广播 KBS-1TV 可以成为节目品质的引领者一样。如果说 AI 标准差能够在一定程度上折射出节目的多样性（或差异）的话，则 SBS-TV 的多样性最大，而 KBS-1TV 的多样性最小。因为新来者为避免市场风险，必然将自己的节目分散在较大的范围内，当不具备有关文化产品市场的更多知识时，产品的范围宽比集中在窄小范围内要安全得多；而兼顾市场与品质的传播者拥有的观众规模较大。①

很显然，基于收视率的市场竞争策略与基于欣赏指数的品质策略是不同的。但是，无论是公营广播还是民营广播，都不会完全忽视收视率或完全不顾及节目品质。事实上，不管从理论上还是从实际操作来看，两者也不可能截然分开。

英国学者休斯（Hughes）和瓦因斯（Vines）曾经以节目品质为 X 轴、受众规模为 Y 轴建构了一个二维坐标系来表示观众分布，对英国 ITV、BBC 和 CH4② 三家广播电视机构进行研究。他们发现，在英国，观众总体的分布呈右偏态，节目品质水平较低部分的观众人数比品质高的部分要多，而品质最好和最差部分的观众规模均接近于零。

在韩国，研究者将 AI 得分（节目品质）在 50—100 分之间划分为五个层次，观众规模与这五个层次相对应，然后将这些数据纳入休斯和瓦因斯模型（见图 4）。结果发现，观众分布是"左偏"的，与休斯和瓦因斯对英国广播机构的研究相反。研究者认为，一方面，这一结果可能受调查方式和概念界定等因素的影响，因为总体上看，各广播公司虽然定位不同，但是大都按照自

---

① KIM Y H. Program quality and audience size: an economic approach to network television regulation [M]//Communication and culture: identity, plurality, equality. Seoul: Shin-Yang Publishing, 1996.
② ITV 为商营的独立广播电视机构。BBC 为公共广播电视机构。CH4 虽为商营电视机构，但是由于有 ITV 为其提供财源，且无权经营广告，因此它并不关心收视率，也不刻意追求娱乐性节目，相反，以提供较高水平的节目为主，比如严肃的时政问题和多元化的文化观点，被称为英国商业电视的"良心"，也是世界电视史上一个奇特的典型。

身节目的品质水平在运作,整个电视系统运行得不错,大多数节目的品质水平较高;在一个健康的环境中,这些节目能够使运作机构获得相当充足的观众规模。另一方面,如果休斯和瓦因斯所研究的观众分布代表真正的观众需求,则韩国电视市场的商业化程度还不够(只有 SBS-TV 稍显右偏),倾向于"大众诉求"的节目还不足,这主要是商业频道在韩国仍然处于引进初期的缘故。①

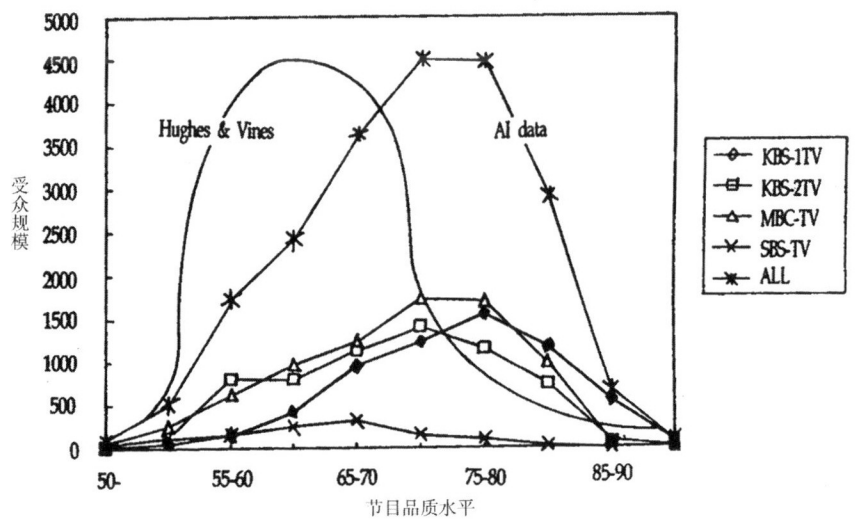

图 4 韩国各广播公司观众分布(1994 年 3 月至 10 月)

这项研究体现出整体化、系统化、差异化分析问题的特点。不同广播机构有不同的策略:商业性广播机构倾向于将节目品质水平定得相对低一些,以争夺较大规模的观众;非商业性广播机构则趋向于较高品质的节目。两者都按照自身的节目品质水平来运作。在实践中,这需要经过反复的互动、磨合和调整过程。

这种分析方式,一方面有助于各电视台(频道或节目)根据节目品质水

---

① KIM Y H. Program quality and audience size: an economic approach to network television regulation [M]//Communication and culture: identity, plurality, equality. Seoul: Shin-Yang Publishing, 1996.

平确定潜在市场,是将节目品质水平设定在一个较小范围内还是以更加多样化的方式来吸引观众,对此做出理性判断;另一方面,也有助于建立一条理想的需求曲线,并尽力缩小理想曲线与现实曲线之间的距离。事实上,这对于管理部门的宏观决策和调控也有一定帮助。就我国电视业而言,在市场分层级(或地域)、频道和节目日益多样化的情况下,对各频道和栏目采取差异化策略,以满足观众日益丰富的收视需求,也有良好的辅助参考作用。

四、结语

本文从我国电视节目评估的实际出发,力图兼顾电视学界和业界双重视角,分析目前节目评估定位、指标选择、体系建构等方面存在的问题,尤其是对满意度调查面临的困扰,以及如何处理不同频道或栏目的市场策略与节目品质之间的关系进行了探讨;在借鉴参考他人经验的基础上,提出了一些初步建议。本文的目的,更多的是提出问题以及解决问题的若干思路。这些测量手段和分析方法,在我国当前国情下,具体可操作性和应用价值究竟有多大,还有待实践的进一步检验。

城市文化网络传播效果评估指标体系研究[*]

一、引言

城市文化,作为特定地理环境中人们所创造的物质实在与精神气韵的总和①,既是一座城市的历史积淀、文物古迹与礼俗传统的延续,也代表着城市的精神风貌和整体形象,并赋予城市独特的品格与个性。一座城市文化软实力的打造,不仅成为城市发展的灵魂,也是城市文化吸引力、辐射力、感召力的综合表现。

现代媒介社会中城市文化的发展,是一个由"内化育"与"外交流"相结合的"内外兼修"、生生不息的过程。城市不仅仅作为文化出演的舞台而存在,更是在与其文化的交融中产生了关于城市本身的话语叙述与主观体验,以形成独特的城市文化表达。②当下,独特的城市文化正成为提升城市综合竞争力的有力砝码,积极塑造和传播城市文化,建设与之相适配的城市文化形

---

* 本文原载于《当代传播》2022年第5期,与吴浚诚、果雅迪合作撰写,系中国传媒大学"中央高校基本科研业务费专项资金"资助项目"基于数智传播的算法治理研究"(项目编号:CUC220A002)和北京市网信办项目"北京文化系列网络活动第三方满意度调查"(项目编号:HW21080)的成果之一。

① 关于城市文化的界定可分为两种,广义的城市文化指城市发展过程中所创造的物质财富与精神财富的总和,而狭义的城市文化指城市居民在城市发展过程中所形成的独具特色的共同思想、价值观念、基本信念、行为规范等精神财富的总和。

② 哈丁,布劳克兰德.城市理论[M].王岩,译.北京:社会科学文献出版社,2016:163.

象，已经成为促进城市发展的关键举措。

以传播视角观之，城市文化的传承和延续，既取决于文化本身的内在张力，也取决于它将如何被传播。① 在互联网时代，面对网络传播快速、海量、全符码、多样态、超链接、交互性等特征，如何从众多文化资源中提炼出具有象征意义的城市"名片"并加以大规模推广和赋能，就显得尤为重要。以新兴的短视频传播为例，截至2018年9月，重庆、西安、成都三座中西部城市的城市形象短视频播放量跃居前三，超越北上广深成为短视频中的"爆款城市"，重庆的李子坝轻轨站等地标建筑也成为网红打卡地。② 可见，网络已经成为城市文化建设的一种新兴助力。积极开展具有广泛参与性和互动性的网络传播活动，是实现城市文化影响力扩散的有效途径，也是促进城市文化软实力建设的必然趋势。

目前我国城市文化网络传播活动正方兴未艾，这些活动大多以有组织、有主题、多资源的方式周期性进行。以北京为例，北京文化网络传播活动已经连续开展数届，围绕"京·彩"做文章，依托社交媒体平台、短视频平台、门户网站等进行主题式传播。经过几年实践，这类传播活动已经形成相对成形的模式：一是"政府搭台+网媒唱戏+大众参与"。政府主办方围绕自身城市文化内涵、文旅资源和建设成果打造文化IP，借助短视频、社交媒体等网络平台吸纳传播资源和用户注意力，传播由精英主导向泛众参与演化。二是采用活动传播方式。传统上，活动传播是指在一定时间范围内面向特定受众群体取得目标传播效果的传播行为③，时下多指某一时间段内通过有组织、有创意的各类活动来实现既定目标的传播行为。与一般传播活动不同的是，活动传播不仅主题鲜明，围绕各类主题选择适合的传播手段和策略，而且在活动开展周期内有较强的脉冲性，且每个阶段的媒体计划与资源投入协调匹配。

---

① 邱志玲. 新媒体时代传统文化传播的机遇与挑战［J］. 福建商学院学报，2017（1）：89-93.
② 抖音、头条指数与清华大学城市品牌研究室. 短视频与城市形象研究白皮书［EB/OL］.（2018-09-11）[2020-12-05]. http://pdf.dfcfw.com/pdf/H3_AP201809161196406458_1.pdf.
③ RICE R E, ATKIN C K. Public communication campaigns［M］. CA：SAGE Publications，2001：13-15.

三是以效果为导向。值得关注的是，活动主办者往往引入第三方"体检机构"，将全流程动态跟踪与整体综合评估相结合，形成从活动开展到效果评估的完整闭环，以促成传播目标的实现，也为提升传播活动的有效性和后续开展活动的可持续性奠定基础。可见，立足国情开展我国城市文化网络传播活动的效果评估指标体系研究，是一项颇具实践价值和创新性的工作。

二、研究综述

城市文化作为一种资源性传播要素与城市形象的建构有着密不可分的联系。有研究者对城市文化与城市形象的关系进行探讨，认为城市文化是一座城市文化符号的总体表现[1]，而城市形象则是其中的标志性符号资源，是一座城市通过对文化资源的开发、建设所提炼出的"金名片"[2]。如何实现城市文化资源的可持续性开发和增益，成为城市品牌形象建设的关键所在，而网络传播尤其是通过网络进行的活动传播，作为一种集中化、规模化的推广方式，则成为城市文化暨城市形象建构的重要一环。

互联网的强势崛起，对城市文化的资源构成、要素创新、传播形态等均产生了深刻的影响。有研究指出，网络技术革新为城市文化的参与式创造提供了诸多新的可能——不仅催生了庞大而拥有重要话语力量的网络社会和网络群体，塑造了便捷、广泛和互动的大众媒介与数字交互传播，也生成了社会文化中泛在化的数码文本与电子文化景观。[3] 这使得充分发挥互联网作为城市文化建设的文化资源、文化介质和文化动力功能，成为提升城市形象和文化软实力的一种必然趋势。[4] 依托互联网开展城市文化传播活动，也成为不少中国城市提升形象建构的现实选择。只是，学术界对于这类传播活动的规律性探索至今仍然比较欠缺，尤其是针对其活动传播特点而展开的系统性传播

---

[1] 吴惠凡.表意与叙事：城市文化传播的符号学解读[J].当代传播，2018（3）：31-34.
[2] 刘新鑫.城市形象塑造中文化符号的运用[J].当代传播，2011（3）：130-131.
[3] 徐翔.网络文化与城市文化软实力的建构[J].学习与实践，2012（4）：135-140.
[4] 徐翔.城市文化软实力构建的"网都"范式[J].南京社会科学，2012（6）：134-140.

效果评估研究更是鲜见。

城市文化网络传播的效果评估是一项集系统、科学、量化等特征为一体的综合性评估。根据传播效果类型和评估周期,这种网络传播的效果评估大体可以分为两类:一类关注长程性、总括性的传播效果,包括以城市网络传播影响力、新文创活力等为主题的效果考察;另一类注重活动性、阶段性网络传播所取得的效果。时下,前者占据了效果评估的大半壁江山,而后者仍然处于起步初期。前者常见的是榜单评估和综合评估两种,可以分别视为城市文化网络传播效果评估的 1.0 版和 2.0 版。

1.0 版本主要以"视频播放榜""网络热度榜""粉丝数量榜"等排行榜形式进行评估,大多采用播放量、粉丝数、网络热度等单一维度的平台数据,最早也是由各网络平台与其合作方自行推出。其中,播放量是最主要的效果评判依据。由文旅产业指数实验室发布的《2021 年中国城市海外短视频平台影响力报告》和抖音与其合作方联合推出的《短视频与城市形象白皮书》,均选取了中国城市在抖音或 TikTok 上的城市标签播放量进行榜单排行,依据单一指标或少数指标的组合罗列进行效果评估。① 排行榜方式直观、便捷,适合快速产销的市场需求,但是也存在若干不足:一是单一平台数据不足以说明传播效果的全貌,有一定片面性;二是相关效果价值要素的缺失有可能造成评估失衡,无法全面、立体地反映综合性效果;三是周期较长,一般为非动态的过程性评估,实时反馈以指导实践的能力较弱。

2.0 版本则采用多维度、综合性方式,通过建构不同权重的多指标评估体系进行评价。例如,有学者从城市网络文化软实力的角度,将其分解为"城市网络信息基础层""城市网络文化提供层""城市网络传播影响层""城市网络功效扩展层"四个层面,建构了一个包括 4 项一级指标和 9 项二级指标在

---

① 中国旅游新闻网.中国城市海外文旅影响力报告[EB/OL].(2022-01-27)[2022-02-01].http://www.ctnews.com.cn/dwjl/content/2022-01/27/content_118502.html.

抖音、头条指数与清华大学城市品牌研究室.短视频与城市形象研究白皮书[EB/OL].(2018-09-11)[2020-12-05].http://pdf.dfcfw.com/pdf/H3_AP201809161196406458_1.pdf.

内的指标体系，对我国城市网络文化软实力发展情况进行评估，以各类市场报告和网络平台页面数据为数据来源。① 这项研究侧重对城市网络文化软实力的评价，主要关注城市网络文化而不仅是城市文化的网络传播；有对传播能力的评价，而非专门性的传播效果评估。另外，由北京师范大学、《中国日报》和光明网联合发布的《2021中国城市海外网络传播力建设报告》选取Google、Twitter、Youtube、TikTok四家平台作为数据来源，并根据各平台的特点设置了不同的指标和权重，如Twitter具有较强的社交属性，其指标设置包括点赞量、转发量、评论量等互动指标，其他平台则以信息量指标为主。② 由人民日报人民文旅研究院发布的《全国重点旅游城市文旅传播影响力报告》则主要针对城市文旅传播账号进行评估，分"两微一抖"，下设运营指数、发布指数、传播指数3项二级指标，涵盖25项三级指标。③ 相较于1.0版本，2.0版本的评估维度更丰富、指标更多元、综合性较强，但其更多关注网络传播能力而非传播效果，偏重城市文旅资源而非城市文化整体；而且客观行为数据较多，主观心理数据稍显欠缺；有一定周期性特征（年度），但与活动传播的效果评估仍有差异。

聚焦活动传播的效果评估相较于一般传播效果评估有其自身特点：活动传播本身呈现出较强的主题性、阶段性和周期性，其效果评估亦围绕这些特征展开并贯穿于活动开展的始终。按照活动发生的时间节点顺序，活动传播的效果评估可以分为形成性评估、过程性评估和总结性评估三种类型，也可以称为事前评估、过程评估和事后评估。④ 其中，动态的过程性评估是活动传

---

① 徐翔. 城市网络文化软实力的指标体系构建［J］. 中州学刊，2012（6）：201-205.
② 第七届中国海外网络传播力论坛暨《2021中国大学、央企、城市海外网络传播力建设系列报告》发布会在北师大举办［EB/OL］.（2021-12-31）［2022-02-01］. https://news.bnu.edu.cn/zx/zhxw/125982.htm?from=timeline&isappinstalled=0.
③ 2020年第四季度全国重点旅游城市文旅传播影响力报告［EB/OL］.（2021-01-28）［2022-01-28］. https://www.163.com/news/article/G1ER3B5R00019OH3.html.
④ BAUMAN A，NUTBEAM D. Evaluation in a nutshell: a practical guide to the evaluation of health promotion programs［M］. Sydney: McGraw Hill, 2013.

播评估的重要特点，即通过信息反馈循环来追踪传播过程，及时发现问题。①

在国外，活动传播效果评估已经被广泛应用于广告、科普和公共关系等领域，但几乎未涉足文化传播领域。而国内，对于方兴未艾的网络活动传播，既有的效果评估体系基本上仍是静态和总括性的，无法做到"因时制宜"，根据不同阶段的传播需要对评估进行动态调整，缺乏适时反馈的针对性，此其一；其二，活动传播效果评估通常具有相对明确的目标模式，评估过程实际上亦是对标的过程，既可以与之前活动的效果进行纵向比较，也可以事先设置目标，以此评判成效，而目前国内评估的对标性相对较弱；其三，网络活动传播全息性地开发利用各种资源和形式，包括图文、视频、游戏、PGC和UGC等，要应对如此多维度、多指标和参与式传播的效果评估需求，传统的评估方式已经捉襟见肘，效果评估亟待创新。因此，探索构建城市文化网络传播活动的效果评估指标体系，具有重要的现实意义。

三、活动特征与评估思路

现阶段，城市文化网络传播活动呈现出大体一致的特征，即泛众参与、立体多元、虚实交互，三者共同为本研究评估框架的确立提供现实依据。

泛众参与是网络传播时代多元主体互激互促的必然路径。城市文化网络传播活动是多方主体共同参与的一项公共活动，活动主体涵盖主办方和协办方、机构媒体和自媒体、网红大咖和普通网民等，形式包括官方发布、新闻散播、专业内容生产（PGC）、用户内容生产（UGC）等，汇流形成一首多声部的交响曲。随着移动互联网的崛起和用户媒介习惯的变迁，传统电视在视听传播中曾经傲视天下的历史已被改写，移动短视频传播成为新常态。在新媒体环境下，受众不再是被动无助、面目模糊的"大众受众"，数字技术的赋权和赋能，促使他们逐渐由受传者向"受—传者"和"产消者"转变，成为

---

① BAUMAN A, NUTBEAM D. Evaluation in a nutshell: a practical guide to the evaluation of health promotion programs [M]. Sydney: McGraw Hill, 2013.

具有自主性、能动性、创造性的新受众。① 面对传播生态的嬗变，传播效果评估的互动性转向便势所必然。传统电视传播效果评估，主要注重内容品质和视听效果，未能凸显网络时代受众的"受—传"主体性功能转换的新特征，以及主动积极的参与互动行为。当下，效果评估指标体系需要增加对"互动"维度的考察，才能更贴合现实的传播生态。

立体多元是网络媒体变革所带来的渠道和内容的结构性变化。从传播渠道看，信息传播呈现立体网状结构，受众在电视大屏、电脑中屏和手机/平板小屏等不同屏端游走和切换，收看和参与行为交融。从传播形态看，目前城市文化网络传播活动的开展是全息性的，包括文字、图片、音频、视频、游戏动漫等几大类；再细化下去，又可以分为图文传播、网络音乐、短视频、Vlog、音频公开课、体验式游戏等多种内容，旨在全员辐射"老、中、青"三类用户，满足不同信息接收习惯的用户需求和偏好，提升受众覆盖面，以实现文化传播"广泛触达、对标满足"的适切效果。当然，考虑到不同传播形态所产生的传播效果及次生效果的差异，比如屏端收视和图文阅读在传播形态、接收方式、受众心理等方面均存在不同，效果评估指标体系需要打破以往机械硬性的一刀切思维定式，立足不同传播形态的特点，进行有针对性的建构。本研究根据传播文本的特征分为图文、视频两个版本，但是总体评估思路和逻辑保持一致。

虚实交互是城市文化传播虚拟与现实相互交叠的发展趋势。城市文化网络传播通常采用"线上为主、线上线下相辅互促"的方式进行。线上短视频、小游戏等沉浸式传播形态，推动着地标建筑、物质遗产和文化IP在虚拟空间中可视、可听、可玩、可感，信息技术对线下文化元素起到了协同增强、补充感知的作用。与此同时，虚拟网络中的文化共振与打卡效应，也促推着人们进行地标景观与文化资源的现实体验。在这个过程中，网络传播在为线下地标导流，线下体验也在丰富和落实网络认知。当然，这种虚拟与现实相互延伸的趋向，经由网络传播所引流的线下体验以及线下体验所产生的网络抒

---

① 刘燕南.从"受众"到"后受众"：媒介演进与受众变迁［J］.新闻与写作，2019（3）：5-11.

发，所产生的效果及其与各影响因素之间的关系，存在着一定追踪和分辨的难度，需要采取相对综合性的主观效果评估的方式予以把握。因而，本研究采用满意度这一心理指标衡量人们的参与感受和反应，以尽可能从多元角度充实和完备城市文化网络传播活动的效果评估。

综上，本研究基于城市文化网络传播活动的一般目标和实践特征，形成基本的评估思路：一是围绕活动传播不同的内容特点和形态，对指标体系进行有针对性的分类建构；二是注重社交媒体语境下互动指标的开发；三是将指标的相对稳定性和动态调整性相结合，实现纵向或横向可参照和可比较的评估框架。

具体来说，本研究遵循科学、系统、开放、可操作的原则，兼顾"客观+主观+比较"三个维度，聚焦受众的"行为+心理"层面，探索构建一个综合量化、多元开放、对标可比、动态适配的城市文化网络传播效果评估指标体系。其中，客观维度包括内容度、传播度、参与度，分别用以衡量传播层面的内容能量、传播触达和互动效果；主观维度则以受众/用户的满意度为主，包括意见建议；比较维度包括纵向和横向的对比与参照。整体评估框架分为三大部分（见图1）。

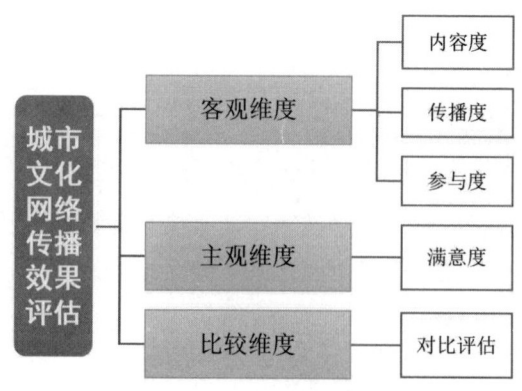

图1 城市文化网络传播效果评估框架

来源：本研究自制。

四、指标设置与评估体系

依照上述评估思路和基本框架,本文探索建构了由内容度、传播度、参与度、满意度四项一级指标组成、有图文和视频两个版本的综合性传播效果指标体系,用以评估城市文化网络传播的效果。"度"在此主要有测量和评判之意。

内容度,下设内容生产和内容品质两项二级指标。传播内容是传播活动开展的基础,内容的"质"和"量"是最重要的致效因素。内容生产侧重对内容产量及其类别的评估,包括对话题量、内容量、内容更新频率的监测,以考察内容矩阵在传播活动过程中的充裕性、时间分配的合理性。内容品质则主要从专业性和社会效应的角度来考察内容产品对历史考古、遗址遗迹、文化新潮等的描述和介绍是否准确到位,内容是否丰富多样,是否具有原创性,形式是否新颖等。

传播度,包括平台覆盖和传播触达两项二级指标,主要表征网络传播的客观效果。平台覆盖反映网络传播平台覆盖用户的能力,是信息渠道实力的基础支撑,包括平台数、平台用户数、平台广告资源、传播账号粉丝数等。传播触达则指相关活动内容的阅读或播放量,以及所触达的独立访客数和用户平均停留时长,是对城市文化网络传播活动实际效果的衡量。

参与度,分为互动式参与和跟随式参与两项二级指标,反映活动传播所引发的再传播及后续效果,这是网络传播不同于大众传播的关键所在。互动式参与指用户因主办方及协同(合作或授权)媒体围绕活动首发的宣推性内容而产生的互动行为,包括点赞、评论、转发等常规指标;跟随式参与则指用户/非协同媒体主动参与活动进程中所产生的参与行为,即响应传播方及协同媒体的号召或引导,在相关话题/专题下生产内容、投稿或发布的自主产发行为,比如短视频平台中的翻拍视频和创意视频、微博相关话题下的体验打卡微博等,一般通过话题/专题下的内容量、阅读/播放量和转、赞、评等指标进行评估。

满意度，主要有用户感受、平台媒体、内容质量三项二级指标，反映用户对传播活动的主观评价。其中，用户感受指用户对活动相关内容的提及和认知情况；平台媒体用以评估用户使用平台媒体的满意程度和推荐情况；内容质量则反映用户对传播内容的满意度和文化贴合度的评价。

基于上述，本研究针对图文和视频两种传播形态及其各自特点，分别建构了图文版和视频版两个版本的传播效果指标体系。需要说明的是，评估框架中比较维度的评估，因每次活动主题不同，所设定的对比目标各异，该维度的指标未被列入常规性评估指标体系中。

（一）图文版

在城市文化网络传播活动中，图文传播始终是最为基础的模块。图文传播大体分为两类：一是活动主办方或协同媒体发布的原创内容，主要通过图文、专栏、H5、宣传片等展示性传播形态吸引用户，注重内容的质与量；二是其他主体的跟随式内容传播，包括各类主流媒体、专业媒体、自媒体等对相关内容的跟进报道、转发或自主产发。

网络活动传播效果评估指标体系的建构，与图文传播形式的特点密切相关：第一，网络图文传播通常以话题/专题的形式进行，话题/专题的数量与热度直接关系到传播效果，故此设置了话题/专题的数量及阅读指标；第二，图文传播讲究内容的质地新颖，内容矩阵的结构功能失衡、内容要素的缺失或碎片化往往会使传播效果大打折扣，因此设置了完整性、创新性和专业性三项指标覆盖内容品质；第三，图文传播中的跟随式参与主要是其他主体（各类机构媒体、自媒体）的跟随式报道、转发或自主产发，及其引发的后续传播效果，反映活动传播持续扩大的覆盖面和影响力，本研究设置了跟随式参与的内容量和转赞评等监测指标。

本研究建构的图文版城市文化网络传播效果评估指标体系，由内容度、传播度、参与度、满意度四项一级指标组成，下设九项二级指标和二十八项三级指标（见表1）。

表 1 城市文化网络传播效果评估指标体系（图文版）

一级指标	二级指标	三级指标	受众调查	网络监测	专家评审	其他方法
内容度	内容生产	话题/专题数量		√		
		首发内容数量		√		
		首发内容更新频率		√		
	内容品质	完整性			√	
		创新性			√	
		专业性			√	
传播度	平台覆盖	传播平台数量		√		
		平台用户数量		√		
		平台广告资源		√		
		传播账号粉丝数		√		
	传播触达	独立访客数		√		
		话题/专题阅读数		√		
		内容阅读数		√		
参与度	互动式参与	首发内容点赞量		√		
		首发内容评论量		√		
		首发内容转发量		√		
		首发内容收藏量		√		
	跟随式参与	跟随内容数量		√		
		跟随内容阅读量		√		
		跟随内容点赞量		√		
		跟随内容评论量		√		
		跟随内容转发量		√		
满意度	用户感受	提及知名度	√			
		提及认知度	√			
	平台媒体	使用满意度	√			
		使用推荐度	√			
	内容质量	内容满意度	√			√
		文化贴合度	√			√

来源：本研究自制。

（二）视频版

视频传播，尤其是借助短视频、Vlog等微粒化方式的视频传播，近年来在城市文化网络传播活动中大行其道，逐渐占据主导位置。相较于图文传播，视频传播的传播热度更为集中，同时其所产生的用户参与性、响应性较强，能够形成"波纹效应"，迅速扩大城市文化的影响力。

视频版效果评估指标体系与图文版的有所不同，主要源于视频传播的三个特点：其一，视频内容是否新颖可观、动态表现力如何，是吸引用户的关键，为此，评估体系专门新设了表现力指标进行考察；其二，活动通常采取"达人引导＋民间参与"的挑战赛传播方式，通过邀请部分短视频达人发布首发视频，激活网民的参与热情和创作活力，发布自己的跟随性短视频作品，形成更大的传播合力，因而，这类活动传播的效果评估也主要围绕达人分享和普通用户的跟随和收藏情况展开；其三，由于短视频平台界面任意滑动的使用特征，简单的播放与互动数据并不能完整地呈现传播效果的有效性，需要辅以完播率、播赞比、播评比、播转比等播放比例数据和播放时长数据，以对传播效果进行补充和佐证。

视频版城市文化网络传播效果指标体系，由四项一级指标、九项二级指标、二十九项三级指标组成。其中，一级和二级指标与图文版一致，三级指标则比图文版增加了一项。不仅如此，该评估体系中有半数以上的指标根据视频传播特点进行了调整（见表2）。

表2 城市文化网络传播效果评估指标体系（视频版）

一级指标	二级指标	三级指标	受众调查	网络监测	专家评审	其他方法
内容度	内容生产	内容数量		√		
		首发视频数量		√		
		首发视频更新频率		√		
	内容品质	专业性			√	
		创新性			√	
		表现力			√	√

续表

一级指标	二级指标	三级指标	受众调查	网络监测	专家评审	其他方法
传播度	平台覆盖	传播平台数量		√		
		平台用户数量		√		
		平台广告资源		√		
		传播账号粉丝数		√		
	传播触达	独立访客数		√		
		视频播放量		√		
		平均播放时长		√		
		播放比例数据		√		
参与度	互动式参与	首发视频点赞量		√		
		首发视频评论量		√		
		首发视频转发量		√		
		首发视频收藏量		√		
	跟随式参与	跟随视频数量		√		
		跟随视频播放量		√		
		跟随视频点赞量		√		
		跟随视频评论量		√		
		跟随视频转发量		√		
满意度	用户感受	提及知名度	√			
		提及认知度	√			
	平台媒体	使用满意度	√			
		使用推荐度	√			
	内容质量	内容满意度	√			√
		文化贴合度	√			√

来源：本研究自制。

（三）数据来源

效果评估指标体系的建构，是研究逻辑与现实可能相互博弈的过程，要想真正落地可操作，拥有可得、可信、可靠的数据来源至为关键。目前，城市文化网络传播效果评估指标体系涉及不同维度和多项指标，其数据来源大体分为受众调查、网络监测、专家评审以及其他方法四类。

受众调查主要采用问卷方式，了解受众对传播活动或内容产品的主观评估，尤其是满意度情况，通常由第三方效果评估机构提供。

网络监测指通过互联网收集传播内容和用户行为等数据，包括对用户网媒接触行为、转赞评等互动行为、用户生产内容等的监测，由网络平台和第三方机构提供。

专家评审指邀请相关行业内具有一定素养和经验的专业人士对活动传播进行评估，主要用于内容层面的评估。

人工统计、深度访谈、认知神经科学中的"脑电—眼动"实验法等数据采集方法，一并归入"其他方法"。本研究采用"脑电—眼动"实验与受众调查相结合的方式，对活动宣传片进行效果评估，了解受众在无召唤和有召唤两种情境下对城市文化的不同认知和情感反应；在满意度调查中，也时常采用深度访谈法了解用户的心理反应和需求及建议。

五、反思与讨论

本研究对城市文化网络传播效果评估指标体系进行了探索性建构，就目前而言，无论是从城市文化网络传播实践的角度还是从体系建构与实施的角度来看，这项系统工程仍处于起步阶段，有不少亟待改进之处。

（一）效果评估指标体系的多元开放和动态适配性需要加强

城市文化网络传播活动具有周期性、阶段性、多线程等特点，每届主题不同，活动时长不同，合作平台不同，各子项目起始时间交叉延展。本研究努力构建一套结合共性与个性，相对稳定、统一的指标体系，但是在多维覆盖和动态调适方面仍存在不足。未来指标体系的建构与完善需要兼顾两种取向：一是从活动传播的角度出发，以时间节点为轴线，将活动分为筹备期、活动期和完成期，所对应的评估分为预评估、过程性评估和总结性评估，尤其要强化过程性评估。二是从文化传播角度出发，将效果分为广度与深度、即时效果与长期效果等，并体现在认知、情感和行为等各个层面，侧重关注用户的响应效果，这是再传播扩大活动影响的关键。城市文化网络传播是一个动态发展和不断流变的过程，其效果评估指标体系的构建也需要不断健全和改进。

（二）协调和完善融合评估机制

城市文化网络传播活动通常由主办方联合不同网络平台协作进行。网络传播形态丰富多样，音频、视频、游戏、Vlog 等层出不穷，不同平台各有擅长的领域和独门秘籍，这为效果监测带来不少困难。从数据实践的角度看，不同媒体平台所监测的数据，从监测周期、数据类型到统计口径都不一样，网络传播效果评估体现了主办方、承办方（媒体平台）和第三方评测机构之间的互动和博弈，尤其需要平台方的开放和配合，能够提供更加丰富、实时、颗粒度更细的后台数据，而不只是页面数据。总之，城市文化网络传播效果的评估，应协调各方力量，建立和完善融合评估机制，尽可能消除数据壁垒，标准化数据处理，实现从大小数据融合到传播效果融合，促进评估机制的融合创新。

（三）推进效果评估从指标体系向评估体系升级

城市文化网络传播效果评估是一项极具现实意义的工作，目的在于通过效果反馈，提升后续传播决策对实践的有效性和针对性，因而，强化可操作性是其追求的重要目标之一。本研究建构了一个由四个维度、三级指标组成的效果评估指标体系，但各指标的权重分配尚未完成，亦即需进一步落实评估体系的实操性。这一方面是由于评估实践尚处于起步阶段,维度和指标的确定有一个考察和试行的过程;另一方面则是因为评估活动从主题到形态都在演变,评估指标本身也在吐故纳新,不断更进。指标变动不居,权重分配难行。要实现"多项指标、一把尺子"的体系建构目标,需要在开放纳新和相对稳定之间寻求平衡,协调各项指标之间的关系,不断优化评估体系的建构。

融合篇

中国国际传播研究的议题变迁、知识生态和共同体建构*

一、引言

国际传播拥有悠长的历史，国际传播研究的萌芽和生长却要晚近得多。早在现代意义上国家和国界概念出现之前，人类跨越地理边界的交流、交换和碰撞便已然成为常态。在中国古代，域外使节和民间往来促进了汉、唐等王朝的经济文化繁荣。近代民族国家的形成，成为定义基于国与国之间往来交流的国际传播的开端。在学术界，不少人将19世纪30年代作为追溯国际传播史的起始年代，彼时电报试验成功并在法、美等国家陆续使用，而铁路、轮船等的问世则大大加快了国际新闻与金融的流通，使得全世界的经济紧密联为一体。① 可以说，社会经济和交通通信的发展，推动了国际传播的兴旺，也在促进国际传播研究的滥觞。

国际传播作为一个专门的研究领域，20世纪50年代中期在美国被正式提

---

* 本文原载于《中国新闻传播研究》2022年第5期，与潘紫菱、王雪颖合作撰写，系中国传媒大学"中央高校基本科研业务费专项资金"资助项目"基于数智传播的算法治理研究"（项目编号：CUC220A002）的成果之一，收入本书时略有改动。

① 福特纳.国际传播：全球都市的历史、冲突与控制[M].刘利群，译.北京：华夏出版社，2000：10-11.

出，60年代末作为独立学科的合法性也被确立。① 目前，国际传播研究范畴广泛，覆盖从全球传播、跨文化传播、发展传播、国际传播新秩序到传媒与外交政策、国际商务，从传媒产业结构、新闻制作与舆论监督到新媒体及受众效应，可谓包罗万象，不一而足。② 国际传播的概念界定也因时而进，狭义上主要指国家与国家之间基于包括大众传媒在内的各种媒介的信息流动，广义上则指以民族国家、国际组织、社会机构、企业、个人为主体进行的包括各种传播形态的跨国界传播活动。③

"国际传播"作为一个独立的概念被引入中国，被学界及业界认同并使用，可以追溯至20世纪80年代初④，不过，与国际传播意涵相关的实践在此之前早已有之。改革开放以来，随着我国综合国力和国际影响力的逐渐提升，我国国际传播也不断发展，如今更是在制度性力量的推动下日益蓬勃。与此同时，我国国际传播研究也逐步开展起来，虽然较西方起步略迟，但是在资源投入、研究积累、成果产出和学术社群建构等方面都取得了相当的进展。

在我国，国际传播研究中有一种"张力"始终存在，它来源于对宣传与传播、外宣与内宣、对外与国际、国家战略与传播逻辑等不同范畴的诠释和选择，并隐隐约约共时性地嵌入了全球化、民族主义、跨国主义和世界主义等多种思潮的较量，同时涉及传播学、外交关系、国际政治、国际舆论等多个领域的互动。这种"张力"的存在，极大地影响着国际传播研究的学术走向和实践逻辑，并通过研究议题的变迁、知识生态的再造、学术共同体的建构等方面表达出来。

---

① 李智. 国际传播 [M]. 北京：中国人民大学出版社，2013：9-10.

② 沈敬国. 国际传播学 [M]// 鲁曙明，洪浚浩. 传播学. 北京：中国人民大学出版社，2007：482，487.

③ 刘继南，周积华，段鹏，等. 国际传播与国家形象：国际关系的新视角 [M]. 北京：北京广播学院出版社，2002：1.
　刘燕南，史利. 国际传播受众研究 [M]. 北京：中国传媒大学出版社，2011：30.

④ 龙耘，潘晓婷. 历史回音与现实交响：改革开放以来中国国际传播研究回顾（1982-2018）[J]. 对外传播，2018（12）：11-14.

我国国际传播四十多年来的发展为学术研究奠定了实践基础，而对这些研究进行全景式"再研究"，近年来也在升温。目前学界对于中国国际传播的回顾以梳理性和阐释性为主，定性方法居多，采用科学量化方法的研究近年来虽有所增长，但仍属少数。本文基于文献计量学和社会网络分析，通过CiteSpace、Gephi软件对CNKI和CSSCI收录的自1990年到2020年发表的国际传播研究文献进行处理，尽可能全面科学地描述和分析中国国际传播研究三十年来的脉络演进、现状特征和学科成熟度，力图回答如下问题：三十年来我国国际传播研究有哪些热点议题以及嬗变轨迹如何？国际传播研究发展呈现怎样的知识生态？该领域学术共同体的建构有何特征？

二、文献综述与研究设计

关于我国国际传播四十多年来的研究历程，龙耘、潘晓婷曾经对自1982年改革开放初期到2018年的相关研究文献进行梳理，认为无论从议题、视角、研究方法还是成果产出方面，我国国际传播研究在逐步走向理论化、多元化和规范化，早期主题围绕国际传播新秩序展开，随后出现了国家形象、国际传播能力和全球治理等研究热点，其主要特征是"一直在回应国际政治领域的重大议题"；而研究议题的变迁，既显示出研究者主体意识的不断增强，也折射出我国国际关系和国际地位的变化。① 李智在反观我国国际传播研究历程的基础上，将研究总结为三大主题：媒介帝国主义批判、国际传播能力建设和国家形象建构；认为这些研究几乎都遵循着这样一套逻辑，即在批判媒介帝国主义的基础上提出中国对外传播的战略策略，从而改善中国的国家形象。② 在他看来，中国国际传播研究更注重对当下国际政策的响应，而非理论的深入发展。邰书锴则采用二次文献检索方法，通过对"文献中的文献"《新闻与传播》进行分析，综述进入21世纪十年来国际传播理论的发展并归

---

① 龙耘，潘晓婷.历史回音与现实交响：改革开放以来中国国际传播研究回顾（1982-2018）[J].对外传播，2018（12）：11-14.
② 李智.国际传播[M].北京：中国人民大学出版社，2013：20-21.

纳出三个重大主题，分别是全球化时代与中国立场、跨文化传播与国际议题、传播软实力与国家形象。作者认为，这三大主题都呈现出较强的国家主义取向，跨文化传播与国际议题也集中于"寻求跨文化传播中我国国际传播的可行性路径"，而且这三大主题具有很强的现实针对性，倾向于从实际操作的角度提出政策解读和建议。① 吴飞等人则总结中国国际传播研究的现状，认为国际传播的理论研究集中于三大主题，即全球化时代的中国立场、传播软实力和国家形象建构，其中尤以国家形象的研究最为突出。②

上述学者对我国国际传播的演进脉络尤其是主题变迁进行了比较深入的分析，不难发现这些论著关于国际传播主题的总结大同小异，有分歧，更有共性，即认为无论是国家形象建构还是国际传播能力建设，抑或是全球性议题，中国的国际传播研究基本上以响应国家战略为主旨，受内政外交政策影响颇深，对国际重大问题的回应也以此为基础，研究主题更偏向策略性和应用性。另外，关于国际传播研究的历史梳理主要是从经验出发对理论或案例进行条分缕析，依赖研究者的主观判断和知识视野，相对缺少科学方法和翔实的数据支撑，对于全面展现研究样貌和发展逻辑有一定影响和囿限。

近年来，随着文献计量方法③在社会科学领域的广泛应用，国际传播研究也引入该方法对既有成果进行量化分析。相德宝、张弛运用基于文献计量和可视化呈现的知识图谱方法，对从1981年至2016年我国国际传播研究的热点、分期和作者网络进行分析，指出中国国际传播研究二十余年来，经历了从关注国际主权硬实力转向关注国家形象、国际话语软实力塑造，再到建构具有中国特色的国际传播理论和话语体系这三个阶段，国际传播研究共同体初步显现，国家形象塑造、国际传播能力建设、国际涉华舆论研究、对外

---

① 邵书锴.国际传播10年：理论研究述要与思考——基于2001-2010年《新闻与传播》的文献研究 [J].东南传播，2011（10）：17-19.

② 吴飞，韦路，等.国际传播的理论、现状和发展趋势研究 [M].北京：经济科学出版社，2016：134-135.

③ 文献计量法是一种定量分析方法，以研究文献作者、关键词、引文等外部特征作为研究对象，采用数学与统计学的方法来描述、评价和预测科学技术现状与发展趋势。参见：朱亮，孟宪学.文献计量法与内容分析法比较研究 [J].图书馆工作与研究，2013（6）：64.

报道研究、公共外交和跨文化传播成为中国国际传播研究的六大领域。① 全文通过发文量和共词分析对研究热点领域进行概括，对分期进行归纳。稍显不足的是，对于历史阶段和研究分期的划分标准略为模糊；虽然提及了高被引文献，但是对于文献共被引、作者合作网络等学术共同体的分析着墨不多。

印闯、葛岩、秦裕林通过对论文关键词进行共现词分析，并通过聚类、多维尺度分析、社交网络分析等方法对关键词加以分类组合，解析关键词的影响力度，总结出国家形象研究的五大研究主题群落，包括武术、奥运会与文化事件、意识形态与新闻和传播策略、软实力与公共外交和国家利益、国家品牌与中国梦等。② 该文以国家形象为论述主题，虽然这只是国际传播研究的一个部分，但所涉内容和研究主体与国际传播研究领域有相当的重合之处。总体上，该文关键词的应用因受制于技术方法多少有些影响主题范围，由于未涉及作者网络和文献引用分析，对学术共同体的关注也略显不足。同样是关于国家形象研究，吴飞、林心婕对2009—2019年这十年间中英文数据库中关于中国国家形象的相关论文进行梳理，采用CiteSpace和VOSviewer软件，以知识图谱方法分析主题流变及中外差异。结果发现，关于中国国家形象研究，中文学界的研究热度稳定上升，英文文献数量则处于较低水平；国际传播思路、反思他者视域、符号与刻板印象、文化策略、国际竞争力是中文学者研究的五个主要主题，而英文文献则主要集中在媒介化事件、外交软实力、国际关系和他者观察视野。③ 作者关注中英文研究者之间学术共同体的建构，认为尚未形成明显的学术共同体，但未详加论述，亦未涉及中国学者之间学术共同体的建构问题。上述关于中国国家形象的相关研究，不仅中国学者得出

---

① 相德宝，张弛. 议题、变迁与网络：中国国际传播研究三十年知识图谱分析 [J]. 现代传播（中国传媒大学学报），2018（8）：73-77.
② 印闯，葛岩，秦裕林. 对国家形象研究的文献计量学分析 [J]. 现代传播（中国传媒大学学报），2016（12）：110-116.
③ 吴飞，林心婕. 近十年中国国家形象研究的发展与趋势：基于Citespace和VOSviewer的可视化分析 [J]. 当代传播，2020（5）：4-9.

的研究主题不同，中外学者之间也存在一定的差异。

综上，国内学者关于我国国际传播研究演进脉络与特征的把握以定性探讨为主，少量采用量化方法的研究，尚欠缺对知识生态和共同体建构的系统分析；对于国家形象的研究，在研究维度和方法应用上比较丰富和科学，但是聚焦点并非国际传播研究全域。从文献计量方法的角度看，现有研究主要采用共词分析①，探究热点研究领域，缺乏对于高被引文献的分析，对学科知识生态的整体描述也有所欠缺；同时，鲜少涉及对研究机构、研究者等知识生产主体的关联考察，忽视了对于核心作者分布、作者合作网络等学术共同体和学科群建设方面的探讨，这多少影响了对于国际传播研究现状和特征的全面把握。

鉴于上述，本文选取 CSSCI 和北大中文核心期刊中新闻传播类别的 20 本期刊②，以其中与国际传播相关的论文为研究对象，选择"国际传播""中国故事""对外传播""全球传播""国家形象"等为关键词，对知网（CNKI）数据库进行检索，发现 CNKI 收录的最早有关国际传播研究的论文发表时间为 1990 年。因此，本文将 1990 年 1 月 1 日设为研究的起始时间，2020 年 12 月 31 日为截止时间，在 CNKI 中共检索出 2528 篇论文。两位编码员在接受培训后进行数据清洗，编码员信度检验为 92.6%，最终得到论文 1814 篇。本研究借助文献计量软件 CiteSpace 进行知识图谱可视化分析，以反映三十年来（1990—2020 年）我国国际传播研究的热点议题及其流变趋势。

由于 CNKI 中部分文献缺乏详细的被引和作者信息，巧妇难为无米之炊，为探究中国国际传播研究内部知识生态特征和外部学术影响力问题，本研究

---

① 共词分析是文献计量的一种重要手段，通过选择关键词，且关键词能够真实反映文章内容，以此探究领域热点内容、领域分布和学科结构。参见：李杰，陈超美. Citespace：科技文本挖掘及可视化（第二版）[M]. 北京：首都经济贸易大学出版社，2016：200–201.

② CSSCI 和北大中文核心期刊中新闻传播类别的期刊有：《编辑学报》《新闻与传播研究》《中国科技期刊研究》《出版发行研究》《国际新闻界》《现代传播》《出版科学》《编辑之友》《当代传播》《中国编辑》《新闻记者》《现代出版》《科技与出版》《新闻大学》《新闻爱好者》《青年记者》《传媒》《新闻界》《新闻与写作》。

进一步聚焦 CSSCI 数据库，采用共现分析考察国际传播研究的高被引文献，同时采用社会网络分析法探讨国际传播领域学者之间的合作关系。因 CSSCI 数据库仅收录 1998 年之后的文献，所以本研究的共被引分析也将时间段调整为从 1998 年 1 月 1 日至 2020 年 12 月 31 日，同样将前述五个词语作为关键词，经过检索，在 CSSCI 数据库中共得到 2047 篇文献，清洗后得到有效文献 1504 篇。

三、研究热点与议题变迁

根据每年的发文量，并结合内政外交、国际形势和节点性事件的动态，本研究将中国国际传播研究划分为三个阶段。第一阶段为萌生期（2000 年以前），这一时期国际传播研究发文量较少，且年际差别不大，均为个位数。第二阶段为成长期（2001—2009 年），这一时期整体发文量呈上升趋势，国际传播研究在摸索中前行。第三阶段为壮大期（2010 年至今），2010 年论文发表迎来小高潮，之后虽有所下降，但总体保持在百位数水平，且在 2016 年后持续增长，说明这一时期的国际传播研究已经颇具规模，呈现出蓬勃壮大的态势（见图 1）。

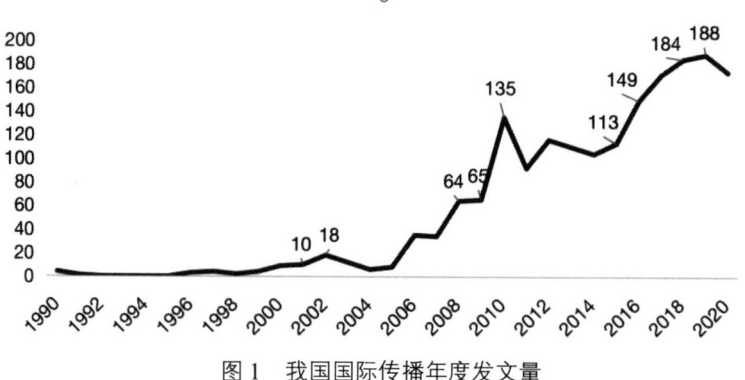

图 1　我国国际传播年度发文量

来源：本研究自制。

（一）热点与变迁

本研究以年为时间单位进行文献分析，通过 CiteSpace 共得到 697 个关键词。图 2 是高频关键词节点构成的图谱，图中的每个圆形节点代表不同的关键词，节点大小代表关键词出现的词频高低。节点越大，该关键词出现的频率越高；反之，越低。

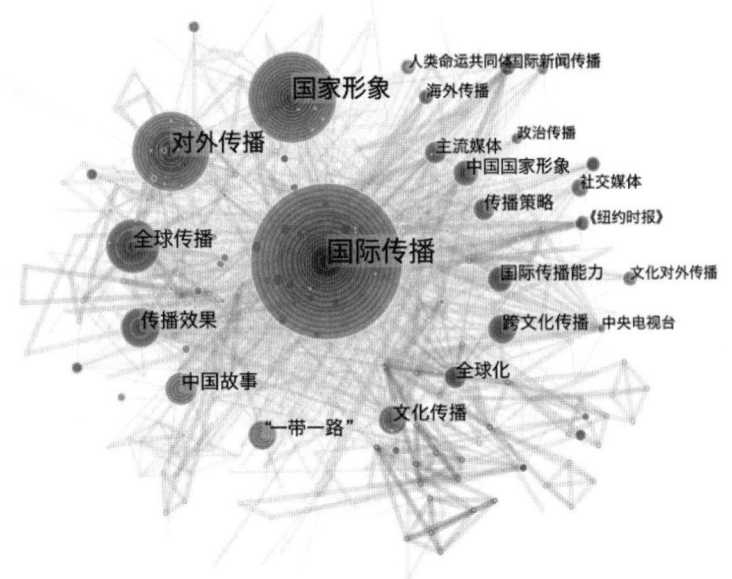

图 2 关键词图谱（部分）

来源：本研究自制。

图 2 显示的是三十年来我国国际传播研究热点的概貌。不难发现，除国际传播外，国家形象、对外传播、全球传播、传播效果、中国故事是出现频率最高的五个关键词，反映中国国际传播研究中的五大热点议题。此外，"一带一路"、文化传播、全球化等议题也具有相当的热度。为进一步把握不同时期热点议题的分布情况，我们将关键词图谱与时区相结合，得到关键词时区图（见图 3），其中，节点大小依旧反映代表该议题的关键词出现频率的高低，节点中心所对应的时间则表示该关键词首次出现的年份。

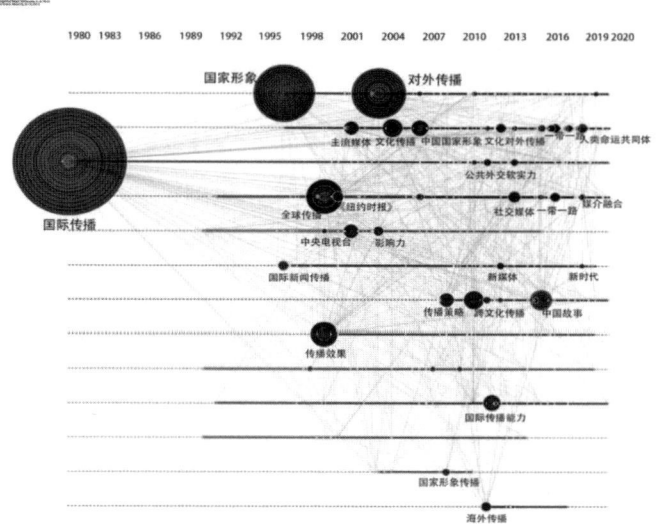

图 3 关键词时区图谱

来源：本研究自制。

如图 3 所示，20 世纪 90 年代，国际传播研究进入萌生期，研究议题开始逐渐丰富。自 1982 年居延安首次将国际传播这一概念引入国内[①]，直到 20 世纪 90 年代后，这个领域才出现与国际传播相关的其他议题，此前关于国际传播的研究议题一直比较单一，这也从一个侧面印证了以 1990 年为文献分析起始点的合理性。1996 年，徐小鸽发表在《新闻与传播研究》上的论文《国际新闻传播中的国家形象问题》，是最早关于"国家形象"的研究。该文以国际新闻传播文献中有关国家形象的理论和研究成果为框架，以中美两国新闻媒介中对方国家形象的对比研究为例，探讨造成国际新闻传播中国家形象问题的原因和影响以及解决办法。[②] 此后，"国家形象"逐渐成为显要议题而备受关注。"全球传播"亦是该时期的新兴议题，盖因 20 世纪 90 年代后，全球化浪潮日渐消弭政治意义上的传播国界，信息流通主体的多元化和身份的去界

---

① 居延安.记美国国际传播协会第 32 届年会[J].新闻大学，1982（5）：82，105.
② 徐小鸽.国际新闻传播中的国家形象问题[J].新闻与传播研究，1996（2）：35-45.

域化成为突出特点。除此之外，强化传播规律意识，关注效果产出，"传播效果"开始成为国际传播研究的关注点之一。

进入21世纪，国际传播研究步入成长期，研究议题更趋丰富，"对外传播"成为最主要的研究热点。根据程曼丽等学者的观点，对外传播由对外宣传的概念演化而来，指国际传播中的信息出境问题，常常出现在国际传播研究发展之初。① 在我国，"对外传播"出现在成长期，一定程度上延续了之前的"外宣"思路，仍留有"内外有别"的思维惯性，但同时也在试图弱化"宣传"倾向，与世界接轨，呈现从"宣传"到"传播"的路径转化。

2010年后，国际传播研究挺进壮大期，新的研究议题层出不穷，包括"中国故事""跨文化传播""国际传播能力""传播策略""一带一路"等研究议题纷纷涌现，以及再度兴起的"中国国家形象"研究。

纵观中国国际传播研究的演进历程，国家政策、外交关系、国际形势及其变化在这一过程中影响颇深，表现在研究数量的增长和主题的契合上。2001年中国加入WTO，在国际舞台上日益活跃，国际传播研究的重要性逐渐凸显。2002年后，国际传播研究开始发力。2008年，中国成功举办第29届夏季奥运会，一度成为世界的焦点。这一年前后，以"北京奥运""中国国家形象"等为主题的国际传播研究出现小幅井喷。2009年6月，中央下发《关于印发〈2009—2020年我国重点媒体国际传播力建设总体规划〉的通知》，我国重点媒体国际传播能力建设被正式纳入国家经济社会发展总体规划②，提高国际传播能力开始提上日程。在该建设工程启动后的第二年，2010年国际传播研究发文量达到一个高点，此后每年的发文量都维持在较高水平。这期间，有关"传播策略""软实力"等的表达，均体现了对于国际传播能力建设的研究倾斜。2016年后，论文总量继续增长，这与2015年3月"一带一路"建设正式进入实施阶段，以及2016年12月中央全面深化改革领导小组第三十次会议指出"软力量是'一带一路'建设的重要助推器，国际传播能力建设是

---

① 程曼丽，王维佳. 对外传播及其效果研究[M]. 北京：北京大学出版社，2011（5）：9.
② 徐天博，刘宇昕. 中国对外传播研究的学术路径[N]. 中国社会科学报，2018-06-22（004）.

为'一带一路'提供支撑的重要力量"不无相关。① 此后,"一带一路"成为新的研究热点。

(二)关注度与关联性

通过 CiteSpace 的关键词分析,本研究得到 687 个关键词节点。根据二八定律,其中前 139 个节点为"关键少数",因篇幅所限,本研究选取了 139 个节点中的前 20%,即出现频次排名前 25 的高频关键词,如国际传播、国家形象、对外传播、全球传播、传播效果等(见表 1)。此外,列举了中心度排名前 25 位的关键词(另加"一带一路"和"人类命运共同体"),以方便比较。所谓中心度,是指某一节点在整个学术研究网络中起到连接作用的程度。高中心度节点是网络中的关键性节点,具有连接不同议题的功能。

表 1　高频次与高中心度关键词

频次排名	关键词	初现年份	频次	中心度排名	关键词	初现年份	中心度
1	国际传播	1990	349	1	国际传播	1990	0.52
2	国家形象	1996	176	2	国家形象	1996	0.2
3	对外传播	2003	146	3	对外传播	2003	0.15
4	全球传播	1999	73	4	传播效果	1999	0.15
5	传播效果	1999	57	5	全球传播	1999	0.12
6	"一带一路"	2016	66	6	全球化	2001	0.09
7	中国故事	2015	55	7	文化传播	2004	0.07
8	文化传播	2004	47	8	国际传播能力	2010	0.05
9	全球化	2001	41	9	传播策略	2008	0.05
10	跨文化传播	2010	39	10	中国国家形象	2006	0.05

---

① 程曼丽. 中国对外传播的历史回顾与展望(2009–2017 年)[J]. 新闻与写作,2017(8): 5–9.

续表

频次排名	关键词	初现年份	频次	中心度排名	关键词	初现年份	中心度
11	国际传播能力	2010	38	11	主流媒体	2001	0.05
12	传播策略	2008	37	12	海外传播	2011	0.05
13	中国国家形象	2006	34	13	信息传播	1990	0.05
14	主流媒体	2001	33	14	国际新闻传播	1996	0.04
15	社交媒体	2013	27	15	中央电视台	1999	0.04
16	国际新闻传播	1996	25	16	中国故事	2015	0.03
17	海外传播	2011	25	17	社交媒体	2013	0.03
18	人类命运共同体	2018	22	18	《纽约时报》	2000	0.03
19	中央电视台	1999	20	19	政治传播	2006	0.03
20	《纽约时报》	2000	20	20	国际受众	2007	0.03
21	政治传播	2006	20	21	大众传媒	1998	0.03
22	文化对外传播	2012	20	22	传播学	1990	0.03
23	影响力	2003	18	23	传播活动	1990	0.03
24	新闻传播	2006	17	24	大众传播媒介	1996	0.03
25	传播	2002	16	25	跨文化传播	2010	0.02
				26	"一带一路"	2016	0.02
				38	人类命运共同体	2018	0.01

来源：本研究自制。

由表1可知，大多数关键词的频次排名与中心度排名差异不大，亦即拥有高关注度的议题往往与其他议题具有较高的关联性，例如"国际传播""国家形象""对外传播"，这些关键词反映的议题既有高研究热度，也有高辐射度，在整个国际传播研究版图内具有重要地位。

但也有例外，频次排名与中心度排名差别较大的有四个关键词，分别是"一带一路""中国故事""人类命运共同体""跨文化传播"（见表1）。它们虽属高频关键词，但是中心度较弱。由 CiteSpace 的 Kleinberg 算法分析可知，词频突现强度最高的三个关键词是"一带一路""中国故事""人类命运共同体"，突现起始年份分别为 2017 年、2017 年和 2018 年。这些研究随后犹如雨后春笋般生长，数量多、增长快，然而，词频激增并不意味着它们会迅速与其他议题产生紧密联系（即中心度变强）。"一带一路"是国家倡议，这类研究往往与顶层设计相适配，更倾向于建言献策，对策性较强；具有类似特征的"中国故事"和"人类命运共同体"，作为战略性话语下沉的特性同样明显，而且大都出场不久，这或许是造成它们与其他学术话语和学术议题之间关系相对疏离的原因之一。注重策略性和实用性，是这类研究的主要特点。

频次排名第 9、中心度排名居 25，"跨文化传播"也存在频次和中心度排名严重不对称的特点。"跨文化传播"是传播学的重要分支，长期以来已经发展出一套相对独立的学术性和民间性相结合的话语体系。近些年，以社交媒体为代表的网络传播力量在跨国跨文化领域风起云涌，这在一定程度上会为文化话语赋权和赋能，非官方话语权重增强，文化交流有渐趋主流之势。"跨文化传播"已经形成一门相对个性的、有别于国际传播话语的较为成熟的学科领域，同其他议题有所区隔。

（三）五大类别：聚类与集群

为更加直观地把握中国国际传播研究的主要类别，即将散布的热点议题进行归类和整合，本文在共词分析的基础上，采用 CiteSpace 的 LLR 对数极大似然率算法，根据议题间的相似性进行聚类，得出了十大类别（见图4），并分别用序号"0—9"命名。序号越小，所包含的节点越多。为突出类别的代表性，本文将相似聚类合并同类项，最终得到五大集群类别（按照"聚类"序号大小顺次排列）：

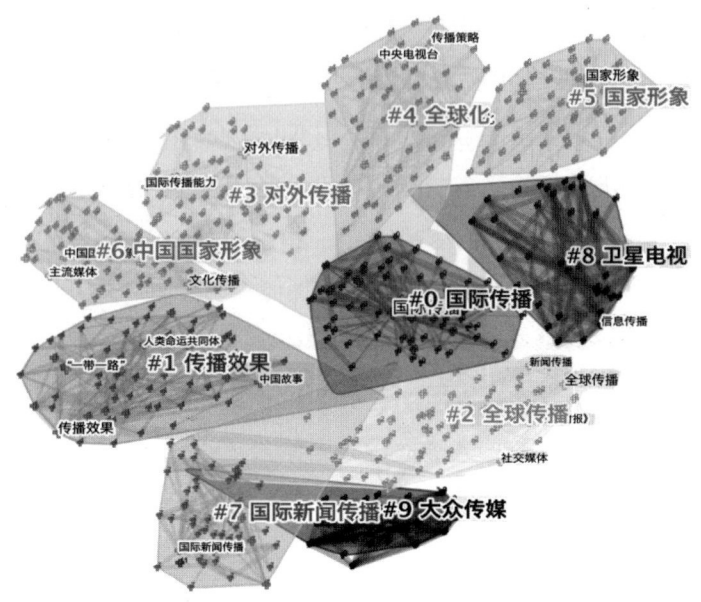

图 4 关键词聚类图谱

来源：本研究自制。

1. 国际传播与传播效果

这类研究主要如图 4 中的"#1"和"#0"所示。聚焦国际传播主题，关注传播效果及海外受众变化动向，是这类研究的特点。该类别与"一带一路""人类命运共同体""中国故事"等热点紧密相连，显示在有关国家战略的新兴议题背后，研究者从注重国际传播到考察受众与效果的全链路思维。代表性关键词有"中国故事""人类命运共同体""一带一路""传播效果""海外受众"等。

2. 全球化与全球传播

美国学者霍华德·H. 弗雷德里克（Howard H. Frederick）于 1993 年最早使用"全球传播"一词，此后这一概念逐渐被广泛运用，且通常与全球化背景相联系。① 相关研究主要为图 4 中"#2"与"#4"所示。1999 年，国内

---

① 崔远航."国际传播"与"全球传播"概念使用变迁：回应"国际传播过时论"[J]. 国际新闻界，2013（6）：55-64.

已经出现了以"全球传播"为关键词的论文,这类论文关注数字新技术赋能下世界传播环境的变迁和传播新动向。与"国际传播"不同,这一聚类下的研究力图超越民族国家范畴,以全球视野探讨开展跨越国界和有形疆域的信息交流和文化沟通问题。代表性关键词有"社交媒体""纽约时报""政治传播""短视频"等。

3. 对外传播

这类研究主要如图4中"#3"所示。对外传播脱胎于对外宣传,仍留有内外二分的惯性思维,强调"由内向外"的信息输出,蕴含着区分"自我"与"他者"的话语特征,通常侧重研究对外传播的策略与技巧问题。近年来,随着综合国力的提升,我国逐步构建起以主流媒体为骨干,多主体、立体式的"大外宣"格局,显现在图谱中的代表性关键词为"走出去""国际传播能力""对外宣传"等。

4. 国家形象与文化认同

这类研究见图4中"#5"和"#6"所示。国家形象塑造是国际传播的主要任务,如何塑造积极正面的国家形象是国际传播研究的重点。有关国家形象的研究早在20世纪90年代便已出现,并一直延续。这类研究注重分析中国在国外媒体和受众中尤其是西方世界的形象呈现,关注中国媒体如何讲述中国故事、推进中华文化走出去,其中不乏与文化和身份认同、文化自信相关的研究。代表性关键词有"大国形象""主流媒体""中华文化""刻板印象""他者视阈""他塑"等。

5. 传媒与国际新闻传播

这类研究如图4中"#7""#8""#9"所示,主要关注传媒能力和致效性,以及如何增强影响力。这部分研究侧重新闻领域,探讨国际新闻传播如何有效提高在国际舆论场上的话语权,扩大中国观点的能见度,为舆论竞争赢得主动,以提升我国在国际事务处理方面的能力与地位。强调中国立场和媒体在场,注重国际传播能力建设和受众效果,是这类研究的主要特征。代表性关键词有"信息传播""国际新闻传播""国际受众""传播理念""国际话语权"等。

四、知识生态与学术影响

美国学者乔治·珀尔（George Pró）率先将生态学理念引入到知识管理领域，他认为知识生态是由信息、灵感、洞察力、人的组织能力交互而成的自组织系统；知识存在于生态系统中，在这个系统里，信息、思想和灵感杂合并且相互吸取营养。① 知识生态可以被视为一个交互网络和知识仓库②，狭义上指知识内部各资源的开放与流通、互联与协作，进而构成动态有机的关系网络。在国际传播研究领域，从高被引文献与同行认可等角度，对其内部知识生态和外部学术渗透与吸纳进行考察，不失为一项有益的探索。这也是文献计量方法可适配的研究领域。

（一）高被引与多元化

本研究对所选 CSSCI 论文引用的文献进行分析，从中一窥中国国际传播研究的知识生态。表 2 显示，排名居前的 13 篇论文被引频次由 7 次到 4 次不等，总体偏低，多少反映出我国国际传播研究尚缺乏高影响力的成果；从文献属性来看，高被引文献均为期刊论文，未涉及著作书籍，也大体折射出我国国际传播学科建制化的某种不足。缺乏有影响力的研究成果，意味着学科建设缺少有分量的压舱石。

从文献内容来看，在被引频次较高的 13 篇文献中，有 9 篇均与国家形象

---

① PRÓ G. Designing Knowledge ecosystems for commu–nities of practice［EB/OL］.［2006-12-06］(2021-02-01). http://www.co–i–l.com/coil/knowledge–garden/dkes cop/index.html，PRÓ G. The ecology of knowledge: a field of theory and practice, key to research & technology development［C］//Consultation meeting on the future of organizations and knowledge management of the European commission's directorate – general information society technologies. Brussels，2000: 23-24.
转引自: 孙振领，李后卿.关于知识生态系统的理论研究［J］.图书与情报，2008（5）: 22-27，58.

② 孙振领，李后卿.关于知识生态系统的理论研究［J］.图书与情报，2008（5）: 22-27，58.

研究相关，其中4篇是关于国家形象的塑造或建构研究，这凸显了国家形象研究的重要性与集中度，也大致反映出以国家战略目标为取向和出发点的研究旨趣。从CNKI标记的文献所属领域来看，被引频次较高的文献主要来自国内新闻与传媒、政治学和国际关系三大研究领域。这与国际传播本身的跨学科性质有关，也多少表明，国内有关国际传播研究的知识基础以新闻传播为主，兼及政治学和国际关系学，对其他学科如社会学、心理学、人类学、计算机科学等的借鉴较少，资源比较单薄，相对封闭。另外，这些高被引文献均来自国内，大体反映出国际传播研究对于国外成果少有借鉴和参考的现状，长此以往是否会影响学术研究的国际视野，是否会制约学术创新的外向突破和扩张，答案应该是肯定的。

总体来看，高被引文献现象反映了我国国际传播研究的三大特点。其一，学科建制化仍显不足。期刊论文有时新性和专题性，但是经典的、有较高影响力的著作却是学科建设的重要基石。其二，学理性略显薄弱。国际传播研究有很强的实践针对性，也具有一定的学术属性，如果应用性决策强于知识性生产，会影响深度的学术产出。其三，知识养分多样化不足。国际传播研究更多局限在新闻传播、政治学与国际关系领域，缺少跨学科多元知识的滋养，尤其是新兴学科知识的哺养；而且，对国外重要文献的援引不足，也从侧面印证了国际传播研究的国际化关联与合作存在短板。

表2 CSSCI论文高被引文献

被引频次	文献名称	作者	发表年份	学科领域
7	主体·诉求·渠道·类型：四重维度论如何提高中国传媒的国际传播力	胡智锋、刘俊	2013	新闻与传媒
6	国家形象概论	张法	2008	艺术理论
6	当前中国国家形象建构的误区与问题	张昆	2013	国际关系、新闻与传媒
5	新世界主义视野下的中国传媒发展	邵培仁	2017	新闻与传媒

续表

被引频次	文献名称	作者	发表年份	学科领域
4	国家形象的内涵及其功能	孙有中	2002	政治学
4	理想与现实：40年来中国国家形象变迁	张昆	2018	新闻与传媒
4	"国家形象"研究的知识图谱及其政治学转向	王海洲	2013	政治学
4	大众传播与国家形象塑造	程曼丽	2007	国际关系、新闻与传媒
4	中国传媒迅速崛起的实证分析	胡鞍钢、张晓群	2004	国际关系、新闻与传媒
4	国家形象的塑造：中国外交新课题	金正昆、徐庆超	2010	国际关系
4	2006中国国家形象——基于《纽约时报》涉华报道的文本分析	司国安、苏金远	2007	新闻与传媒
4	国家形象的多维塑造与传播策略	范红	2013	国际关系
4	国际传播视域中的新世界主义·"命运共同体"理念的流变过程及动力机制研究	邵培仁、周颖	2017	国际关系

来源：本研究自制。

（二）同行认可与学术影响

一方面，本研究对所选CSSCI国际传播研究论文中所引用文献的来源期刊进行统计，以把握期刊品质与论文水平之间的双向互动性；另一方面，分析这些期刊的被引文献所占比例，了解国际传播研究的同行认可度，以进一步考察国际传播研究的学术影响力。

研究发现，被引文献中，来自《国际新闻界》与《现代传播》的最多，均为153篇，以下依次是《对外传播》（137篇）、《新闻与传播研究》（95篇）

和《当代传播》（68篇）。考虑到不同期刊的刊期不同、每期刊载的论文数量不同，仅仅通过来源期刊被引文章的篇数进行判断失之偏颇，因此，本研究选择被引文献来源期刊TOP10，对各期刊被引篇数占该期刊发表论文总数（1998—2020年）之比进行统计，结果如表3所示。

不难发现，被引文献占比最高的期刊是《新闻与传播研究》，占比4.7%，复合影响因子3.535；其次是《国际新闻界》，占比3.3%，复合影响因子3.272；以下依次是《国际论坛》（复合影响因子1.694）和《现代传播》（复合影响因子1.907），占比分别为3.1%与1.7%。影响因子较高的《世界经济与政治》和《新闻大学》的占比也较高，均为1.6%。可见，新闻传播学界影响因子最高的期刊《新闻与传播研究》，也是国际传播论文被引占比最高的期刊；影响因子高达4.731的《世界经济与政治》以及被引文献占比排名第三的《国际论坛》，在国际传播研究领域多有贡献。可以说，我国国际传播研究得到了新闻传播学和国际政治、国际关系等领域较高的学术关注。

表3 被引文献来源期刊

期刊	被引文章数	被引篇数占发表总数（1998-2020）	复合影响因子
《国际新闻界》	153	3.3%	3.272
《现代传播》	153	1.7%	1.907
《对外传播》	137	1.6%	0.587
《新闻与传播研究》	95	4.7%	3.535
《当代传播》	68	1.1%	1.833
《国际论坛》	55	3.1%	1.694
《世界经济与政治》	52	1.6%	4.731
《新闻记者》	45	0.6%	3.096
《新闻大学》	45	1.6%	2.537
《新闻界》	44	0.6%	2.270

来源：本研究自制。

五、学术共同体建构

学术共同体的形成和发展，是一门学科或研究领域走向成熟并且产生一定影响力的重要标志。英国哲学家波朗依（M. Polanyi）在《科学的自治》一文中首次提出了"学术共同体"的概念，用以指称具有相同或相近的价值取向、文化生活、内在精神和具有特殊专业技能的人，出于共同的价值理念或兴趣目标，并且遵循一定的行为规范而构成的群体。[①] 当前语境下，则主要体现为通过论文发表所反映出的人（作者）、机构及其相互之间互动关系的集合。

从发文机构来看，国际传播学科发展相对领先的高校和科研单位是主要力量。1990—2020年期间，中国传媒大学发表的论文数量最多，总计202篇；其次是中国人民大学，78篇；排在第三、四、五位的机构分别为清华大学（71篇）、华中科技大学（48篇）和复旦大学（42篇）。发文量排名前十的机构，共发文603篇，占全部发文量的33.2%（见表4）。

表4 我国国际传播研究发文 TOP10 机构

排名	机构	发文量	排名	机构	论文数量
1	中国传媒大学	202	6	北京大学	41
2	中国人民大学	78	7	北京外国语大学	34
3	清华大学	71	8	上海交通大学	30
4	华中科技大学	48	9	暨南大学	27
5	复旦大学	42	10	重庆社会科学院	20

来源：本研究自制。

从数据上看，最早在核心期刊上发表有关国际传播论文的机构是中国社

---

① 皮尔逊.科学的规范[M].李醒民，译.北京：华夏出版社，2003：14-18.
参见百度百科：https://baike.baidu.com/item/%E5%AD%A6%E6%9C%AF%E5%85%B1%E5%90%8C%E4%BD%93/10589788?fr=ge_ala.

科院研究生院新闻系,早在1990年便"榜上有名"。今天在国际传播研究领域卓有声誉的著名高校,大多在20世纪90年代中期开始关注这一领域,近些年来研究成果更日渐丰硕。2010年,中国传媒大学论文发表量增至23篇,之后每年发文量均超过10篇;中国人民大学从2010年开始,发文量年均在10篇左右;清华大学是发文量排名第三的学术机构,自2015年起,年发文量均在6篇以上;复旦大学从2008年开始稳定产出,年发文量多在3篇及以上。总体上看,排名靠前的学术机构基本都在持续关注国际传播领域,核心期刊上的发文量不仅相对稳定,且多数稳中有升,在我国国际传播研究中起到了一定引领作用。

检索CNKI数据库,1814篇论文出自500位作者之手,发表论文数量排名前十的作者论文发表均在6篇以上,他们共发表了110篇文章,占所有作者总发文量的5.7%,在国际传播研究领域具有一定的影响力。其中,史安斌发表论文数最多,共有18篇;其次是刘小燕(17篇);张昆、刘滢、程曼丽等学者发文量均超过10篇。

就学科发展的成熟度而言,核心研究者的重要性不言而喻。根据普莱斯定律(Price Law)计算高产作者数量,并通过洛特卡定律(Lotka's law)推测高产作者的数量是否符合研究者群体发展的规律和趋势,这一方法已经在学术界得到比较广泛的应用。本研究尝试根据这两个定律,考察中国国际传播研究领域是否已经形成自己的核心研究者群体,以进一步把握国际传播学术社区的特征。

普赖斯在其代表作《小科学,大科学》一书中曾有如下论述:在同一主题中,半数论文为一群高生产能力作者所撰,这一作者集合在数量上约等于全部作者总数的平方根。① 经过修正,普赖斯定律又可用公式表达为:$M_p = 0.749\sqrt{N_{\max}}$($M_p$为统计时段内高产作者的最少发文量,$N_{\max}$为统计时段最高产作者的发文量,0.749是发文量系数)。② 根据表5数据,在统计时段

---

① 转引自:王崇德.期刊作者的量化研究[J].情报科学,1998,16(6):471.
② 丁学东.文献计量学基础[M].北京:北京大学出版社,1992:220–236.

内国际传播研究领域的最高产作者的发文数为 N_{max}=18，用上述公式计算可知，高产作者的最少发文量应为 3 篇，亦即发文量在 3 篇以上的作者为高产作者。

洛特卡定律主要描述特定领域作者的文献产出率以及科学生产率频率分布的规律，即在某个特定领域，撰写 N 篇论文的作者数是写 1 篇论文作者人数的 $1/N^2$，只撰写 1 篇论文的作者数占该领域全部作者的 60%。通过洛特卡定律可从文献计量的角度预测科学家数量的增长和科学发展的规模及趋势。①本文中，在国际传播研究领域仅发表一篇论文的作者数为 338 人，占全部作者的比例约为 68%，高于洛特卡定律的 60%，发表 3 篇论文的高产作者数量为 28 人（见表 5），少于按洛特卡定律计算得出的 38 人（338×1/3²≈38）。这在某种程度上说明，国际传播领域核心作者的数量比较有限，尚未形成稳定的、有一定规模的核心研究者群体，多数人仍是"一篇游"。

表5　国际传播领域作者发文量分布

论文数	作者数	作者百分比（%）	论文数	作者数	作者百分比（%）
18	1	0.20	6	4	0.80
17	1	0.20	5	7	0.14
12	1	0.20	4	10	2.00
11	2	0.40	3	28	5.60
9	1	0.20	2	106	21.20
8	1	0.20	1	338	67.60

来源：本研究自制。

此外，研究者之间的合作并不紧密。社会网络分析（Gephi）发现，论文作者的合作网络整体连通性不高，密度较低（Density=0.001），网络节点之间关系稀疏，呈现高度分散的状态（见图5）。这反映出国际传播的研究者们绝

---

① 张海燕. 基于文献计量学的洛特卡定律研究综述［J］.中华医学图书情报杂志, 2013（8）: 18–21.

大多数是单兵作战，独立作者较多，只有少数作者之间有合作关系，合作强度也不高。根据子网络规模分析可知，2—3人节点组成的子网数量最多，3人以上的子网数量很少。子网规模小，网络中大多数节点之间没有连线，各子网相互独立，即研究者们形成的合作团队多以2—3人的小范围合作为主，大的合作群体尚未形成，学术共同体发展规模不足。

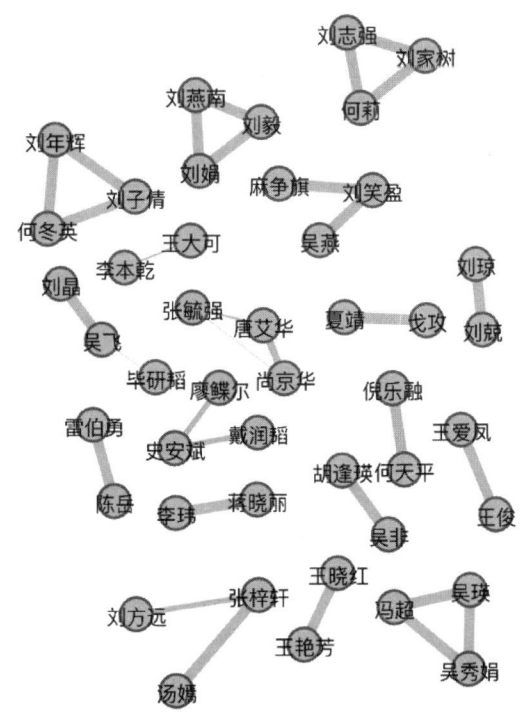

图5　作者合作网（部分）

来源：本研究自制。

值得注意的是，我国国际传播研究领域中学术机构的合作也较为匮乏。机构之间的合作密度较低（Density=0.001），合作关系弱，整体结构松散。从图6来看，各学术机构之间彼此独立，发文量位居前十的机构之间合作较少甚至几无关联，这种情形显然不利于学术共同体的形成。尽管一些机构如中国传媒大学同中央电视台、北京电视台、新华社等媒体和中宣部宣传舆情研究中心、国务院新闻办等党政机构有连接，但是彼此之间的合作频率并不高，联动较少。其他学术机构也有同样的问题,即拥有各自独立的、松散的圈外合作群体,但彼此之间的合作较少。可以说,主要学术机构之间多次合作的现象比较罕见,国际传播研究机构和研究者仍处于"单打独斗"的境地。

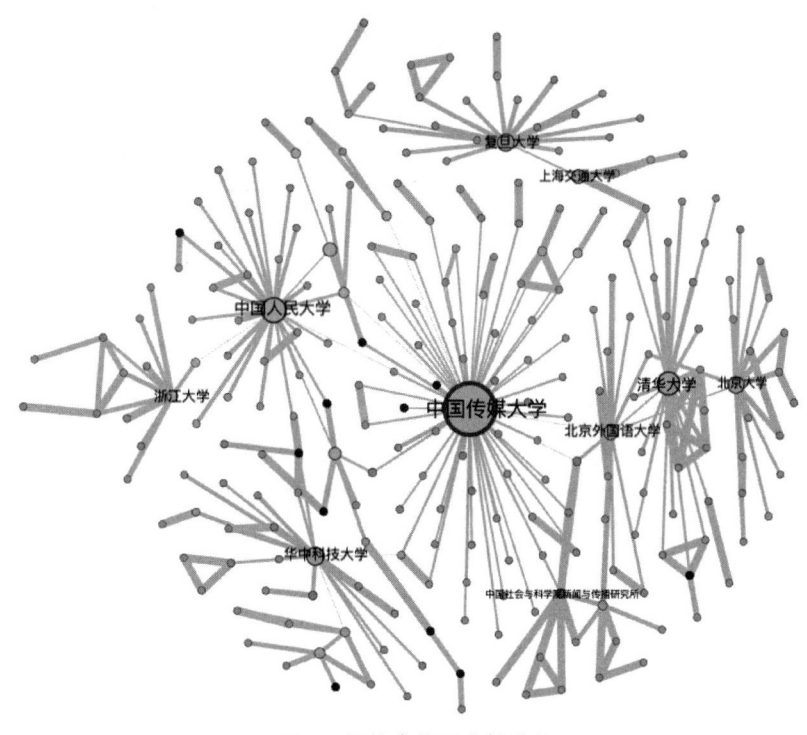

图 6　机构合作网（部分）

来源：本研究自制。

六、结论与讨论

本文采用文献计量学和社会网络分析法,对近三十年来（1990—2020年）我国新闻传播学核心期刊中有关国际传播研究的论文进行检索,研究不同时期的热点议题、知识生态和学术共同体特征。

研究发现,中国国际传播研究的发展大体可分为三个时期,即1990—2000年萌生期、2001—2009年成长期、2010年至今的壮大期,形成了以国家形象、对外传播、全球传播、传播效果、中国故事、"一带一路"、文化传播、全球化、跨文化传播、国际传播能力等为代表的显性热点议题，以及国际传播与传播效果、全球化与全球传播、对外传播、国家形象与文化认同、传媒与国际新闻传播五大研究类别。

我国国际传播研究的发展主流与国家战略方针、国际关系变化大抵保持共振和调适，与传播实践密切关联，对策性研究较多，学理性探讨稍弱。早在20世纪初，就有学者指出中国国际传播研究存在"术化"的弱点，即聚焦于对策研究，一切以实用化为目的。[①] 二十年后的今天，国际传播研究依旧没能突破学理化不足、政策话语强于学术话语的藩篱。[②] 具体表现在知识生态方面，国际传播研究受到新闻传播学、国际政治和国际关系等领域较高的学术关注，但是学科建制化仍在初级阶段，学术积累尚不丰厚，有深度、有较高影响力的学术经典产出稀少，研究的跨学科渗透以及对多元化知识养分的吸纳仍显不足，也缺乏更加开放包容的国际视野。从内部看，国际传播研究尚未形成稳定的、成规模的核心研究者队伍，各学术机构之间的交流和合作比较稀疏，大都呈孤岛状态，多数研究者仍是单兵作战，学术共同体的建设仍然"在路上"。

我国国际传播研究是在不断响应国家战略要求和回应传播实践需求的"双重驱动"下发展的，这一方面会促使研究者提高站位和把握大局，注重研究的合目标性和实用性；另一方面也难免顾此失彼，某种程度上影响研究者对于学理性的追求，以及对于纯粹学术规律性的探寻。或许正是因为这种趋向，使得国际传播研究面临着种种问题。近年来，国际形势风云变幻，我国国际传播实践和国际传播研究都面临着全新挑战，如何平衡"双重驱动"的压力，尤其是如何立足中国实际，在加强国际交流和扩大价值共识的基础上，在研究中广泛汲取包括新世界主义、全球传播在内的各种理论新思，提升我国国际传播研究的学术自主性，强化理论创新，值得深入思考。

---

① 刘笑盈，麻争旗.关于深化国际传播学研究的思考[J].现代传播，2002（1）：38-41.
② 张毓强.边界作业：新时代中国国际传播的知识生产：以"新时代国际传播理论与实践研究"丛书为例[J].对外传播，2022（4）：60-64.

本研究基于"数据事实"进行描述分析和价值判断,对文献数据库的质与量颇为依赖,然而所面临的问题是:(1)国内期刊论文数据存在可得性障碍,如CNKI缺乏被引文献的早期数据,CSSCI的部分引文数据也存在缺漏;(2)尽管数据均经过清洗和整理,但不排除部分文献在收录时存在格式不统一、不规范的问题,样本文献中作者标注关键词也缺乏统一标准,存在"同义不同形"现象,不同说法可能对应同一主题,虽然可以做合并处理,但难免出现疏漏,影响后续数据处理的清晰度和准确性。这些都对研究造成了一定的困扰。

此外,本文基于文献计量学通过计量手段对研究脉络和议题特征等进行勾勒,但对于研究热点的深度分析和具体理论的阐释探讨,显得力有不逮,进一步研究仍需采用如传统的内容分析等更加多元的质化和量化方法深入进行。

融合视角下的出版概念辨析与展望*

数字技术的发展及其向出版领域的渗透，开启了迄今为止最具创新性和持续性的出版再造运动。从电子出版、桌面出版、网页出版、网络出版、在线出版、离线出版、手机出版、跨媒体出版到数字出版，"出版"二字随身附带的令人眼花缭乱的各种前缀，反映了出版形态、出版特征和出版业的不断变化，以及由此所引发的关于出版概念的一系列思考的演进。

所谓出版，依照1991年颁布的《中华人民共和国著作权法实施条例》，是指"将作品编辑加工后，经过复制向公众发行"。这里，编辑、复制、发行三者密切关联，编辑和复制是出版的必要环节，发行是出版的终极目的。这一说法主要针对传统出版而言。今天，随着数字化和网络化的全方位深入，传统出版正经历着从内容生产、经营模式、组织架构到市场生态的深刻转型。出版活动早已突破有形的"编印发"三环节模式，纸质印刷被淡化，"内容与承载它的物理载体相分离"①，编辑和发行更多地依托无形的数字介质和网络渠道。在技术与市场的双重驱动下，新兴业态不断涌现，极大地模糊和扩张了出版业的界域，呈现出要素纷繁、变动不居的局面。

---

* 本文原载于《现代出版》2017年第6期，与姚远合作撰写，系北京市社科联课题"网络出版管理、服务现状及政策建议研究"（项目编号：2016SKLJ2009）的成果之一。课题组先后走访了原国家新闻出版广电总局数字出版司、中国新闻出版研究院、北京市新闻出版局、中信出版社、外语教学研究出版社、中文在线、掌阅科技、北京市动漫游戏产业联盟、首都版权联盟等14家机构。

① 卡斯多夫. 哥伦比亚数字出版导论[M]. 徐丽芳，刘萍，译. 苏州：苏州大学出版社，2007：2.

与之相应，如何界说数字时代的出版，成为业界和学界关注的焦点。尤其是，对目前常用的"网络出版"与"数字出版"两个概念，存在各种理解和争议，尚未形成共识和定论，在不同场合和各种论著或报告中，两个概念也常常被混用或替用。概念使用上的各行其是和混淆替代，与不同视野、立场、利益等因素的影响有关，但本质上，是人们对于出版活动的认识与出版业发展进程及趋势的不同步、不一致、不匹配所致。这不仅会影响出版实践的有序进行和学术研究的清晰建构，也不利于出版业的长远发展。

本文尝试从历史与逻辑相统一的角度出发，分析"网络出版"和"数字出版"概念的演进和异同，探讨数字时代出版业的嬗变对概念内涵和外延的影响，并展望其未来的发展。

一、网络出版概念：演进与解说

"网络出版"（Network Publishing）的概念于 20 世纪 90 年代传入我国[①]，继"电子出版""互联网出版"等概念的流行之后，21 世纪初开始进入主流话语体系。1994 年原新闻出版署颁发了首个针对新兴出版的规范性文件《关于加强电子出版物管理的通知》，1998 年正式出台了《电子出版物管理规定》；2002 年原国家新闻出版总署和信息产业部联合颁发了《互联网出版管理暂行规定》；时隔 14 年，2016 年国家新闻出版广电总局与工业和信息化部又联合颁行了《网络出版服务管理规定》。至此，网络出版完成了对互联网出版、电子出版的迭代，成为官方正式文件用语。

《互联网出版管理暂行规定》和《网络出版服务管理规定》具有内在延续性，正如"网络出版"和"互联网出版"这两个概念均以互联网的发展为依托，相互之间有很强的关联一样。根据前者，互联网出版是指"互联网信息提供者将自己创作或他人创作的作品经过选择和编辑加工，登载在互联网上或者通过互联网发送到用户端，供公众浏览、阅读、使用或下载的在线传播

---

① 邓万明. 网络出版的概念界定和发展态势 [J]. 科教文汇，2008（1）：199-200.

行为"。《网络出版服务管理规定》并未直接定义网络出版,而是将其落脚到"服务"上加以解释:"网络出版服务,是指通过信息网络向公众提供网络出版物。"网络出版物则是指"通过信息网络向公众提供的,具有编辑、制作、加工等出版特征的数字化作品"。换言之,网络出版是一种通过信息网络向公众提供具有出版特征的数字化作品的服务。

上述两项规定的共同之处是,都强调传递信息的网络技术,强调出版物为数字内容。不同之处在于:首先,前者强调出版主体是信息提供者,后者则有意淡化或忽略了出版主体。这种处理,可以说是对互联网作为一个开放系统,朝着赋权个体、激活所有人潜能的方向不断发展的一种回应。当然,淡化主体并不意味着忽视主体,或不予管理,而是将管理下沉到平台服务商,通过压力传导的方式对其他主体进行管理。其次,网络(Network)不等同于互联网(Internet)。网络概念更加宽泛,既包括互联网,也包括局域网、通信网等,泛指信息网络。网络出版可以说是对互联网出版的更新和拓展。

研究界关于网络出版概念的界定,大体可以归纳为三类[①]:(1)认为网络出版是传统出版在互联网上的延伸。这类观点关注传播渠道的扩展,将网络出版视为传统出版模式从线下向线上的简单搬转。(2)认为网络出版是电子出版的特殊形式。这类观点属于网络发展初期的一种认识,主要着眼于信息的介质、载体及发行、使用方式,力图用电子出版这个相对低维的"属"概念来定义一个蓬勃生长的新物种。其实网络出版融合了更多的数字形态,包含更多的新兴业态,"电子出版"一词难以涵盖互联网所带来的这些新事物。(3)认为网络出版即网络信息传播。这类观点从传播视角出发,将网络出版看作是一种新的信息传播方式,从广义、跨界的角度思考出版形态,打破了传统的理解出版活动的思维定式。不过,将所有传播行为都一股脑地纳入"出版"体系当中,也一定程度上虚化了"出版"的内涵,泛化了网络出版的传播属性。

---

① 有关分类,参见:朱伟峰.网络出版的概念界定及发展中存在的问题[J].中国出版,2005(8):42-44;张立.数字出版的若干问题讨论[J].出版发行研究,2005(7):13-18;邓万明.网络出版的概念界定和发展态势[J].科教文汇,2008(1):199-200.

关于网络出版，上述政策法规与研究者们的各种界说，除了强调网络技术和数字化特征外，相互之间也有差别，主要表现在：一对出版特征（编辑、制作、加工）的强调与否；二对出版主体的强调与否；三网络出版究竟是一种传播还是一种服务，抑或两者兼而有之？这些差别，在数字出版概念的生成与界定中也多少存在，只是侧重点有所不同。

二、数字出版概念：辨析与界定

"数字出版"在我国的流行始于21世纪初。2005年中国首届数字出版博览会正式使用"数字出版"概念[①]；2006年原新闻出版总署在《新闻出版业"十一五"发展规划》中，第一次明确提出"数字出版产业初步形成"；2010年原新闻出版总署在《关于加快我国数字出版产业发展的若干意见》中首次对数字出版进行了界说；中国新闻出版研究院在每年发布的《中国数字出版产业年度报告》中，也采用数字出版的概念进行类目统计。

关于数字出版的概念有多种界说。有的侧重介质和技术角度，比如，"所谓数字出版是指在整个出版过程中，从编辑制作到发行，所有信息都以统一的二进制代码的数字化形式存储于光磁等介质中，信息的处理与传递必须借助计算机或类似设备来进行的一种出版形式"[②]。有的侧重网络角度，比如，一种着眼于业务层面，认为数字出版的基础在于网络，即"（数字出版）是一种以互联网为流通渠道、以数字内容为流通介质、以网上支付为主要交易手段、基于网络的出版和发行方式"[③]；另一种着眼于关系层面，认为数字出版与网络出版的内涵、外延较为接近，数字出版包含网络出版，二者是包含关系。[④] 这些观点对网络的强调，实质上是关注数字信息的处理、传输、交易等在互联网上的汇流。还有的侧重流程—产业链角度。比如，数字出版"包括原创作

---

① 张立.数字出版学导论［M］.北京：中国书籍出版社，2015：10.
② 谢新洲.数字出版技术［M］.北京：北京大学出版社，2002：12.
③ 书生之家.数字出版，引发书业革命［J］.中国电子与网络出版，2003（4）：16-17.
④ 侯欣洁.数字出版概念界定的再认识［J］.现代出版，2014（5）：44-46.

品的数字化、编辑加工的数字化、印刷复制的数字化、发行销售的数字化和阅读消费的数字化"①。所谓全流程数字出版解决方案，即"通过内容制作平台、资源加工平台、内容资源管理平台、多渠道发布平台几个环节，构建出版社数字出版系统整体框架"②。这类观点以流程为重点来诠释数字出版，实际上反映的是，随着数字出版产业向纵深发展，人们的认识逐渐从介质、技术、传输等角度向全流程拓展，注重数字出版不同于传统内容的电子化或网络化，是对传统出版产业链的颠覆和创新。

关于数字出版，目前尚未形成统一的界说。陈昕在《美国数字出版考察报告》中总结了数字出版的三个特点，即数字化、网络化和服务性。③2010年原新闻出版总署在《关于加快我国数字出版产业发展的若干意见》中指出，数字出版"是指利用数字技术进行内容编辑加工并通过网络传播数字内容产品的一种新型出版方式，其主要特征为内容生产数字化、管理过程数字化、产品形态数字化和传播渠道网络化"，强调内容产制和管理的数字化以及传输的网络化，并落脚到"一种新型出版方式"上。严格说来，这并非真正意义上界定概念的方式，因为"**出版是一种出版方式"，有同义反复之嫌。

有学者认为，技术和内容是数字出版的两个基本要件，"内容为体、技术为用"是描述两者关系的妥帖方式，并从这样的体用关系出发，将数字出版定义为"基于数字技术的内容选择、编辑加工与传播活动"④。这个定义简洁明了，力图从数字出版的本质着手，对其进行界定。只是，数字出版除了内容这一核心、技术这一手段外，还有传播这个关键。正如该定义最终落实到了"传播活动"上一样，数字出版离不开传播，仅有"内容+技术"，那只是一种自嗨，缺乏踏实的触达落地。另有研究者提出，数字出版是"用数字化

---

① 张立.数字出版相关概念的比较分析[J].中国出版，2006（12）：11-14.
② 赵冰.构建全流程数字出版平台[J].出版参考，2009（11）上旬刊：15.
③ 陈昕.美国数字出版考察报告[M].上海：上海人民出版社，2008：4.
④ 方卿.论数字出版产业发展中的五大关系[M]//范军，徐丽芳.创新·融合·转型：数字出版专题研究论集.武汉：华中师范大学出版社，2015：48.

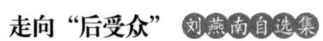

（二进制）的技术手段从事内容出版、传播和服务的活动"[1]。这一定义对数字技术进行了深度解析，进入 0 和 1 二进制这个更本质的层次。不过，将数字出版定义为"用……从事内容出版……"有同义反复之嫌。上述两种观点的共同之处是，都指出了内容、技术、传播等要素，并将数字出版归结为一种活动，而不是一种方式或者形式；不同之处在于，前者由内容选择、编辑加工向传播递进，后者则将内容出版与传播和服务并列，增加了服务这一功能。

数字出版是一个与时俱进的概念。随着数字技术的持续渗透，新兴出版形态和业态不断涌现，数字出版概念的内涵在丰富，外延在持续扩大，但是究其根本，离不开内容、技术、传播和服务这几个要素。没有内容无所谓出版；没有数字化（及网络）技术[2]的支撑，遑论数字出版；离开了传播和服务，数字出版便失去了存在的理由。这里，用"传播"一词替代发行，既是对传统出版止于发行的突破，也是对传统出版囿于单向发行而缺乏数字时代开放、互动、超链接功能的超越。用"传播"和"服务"而不是只有"传播"，是因为从数字出版业的发展来看，既包括内容传播部分，也有相当一部分属于知识服务和数据检索、游戏娱乐等服务范畴，而且服务的范畴还有继续扩张的趋势。

因此，按照形式逻辑对事物下定义的"属 + 种差"方式，参考上述定义，我们将数字出版的概念表述为：基于数字技术进行的内容编制及传播、服务活动。狭义上，指基于数字技术进行的内容编制及传播活动；广义上，指包括这类活动在内的服务活动。数字出版"属"于一种活动，充满动态感，富含人的主观能动性；采用数字化（及网络）等高新技术，对内容进行编辑、制作、加工等一系列处理，并向公众进行传播、提供服务，则是它区别于其他活动的"种差"。

---

[1] 张立.数字出版学导论［M］.北京：中国书籍出版社，2015：2.
[2] 数字化技术是指运用 0 和 1 两位数字编码，通过计算机、光缆、通信卫星等设备，来表达、传输和处理所有信息的技术。数字化技术一般包括数字编码、数字压缩、数字传输、数字调制与解调等技术，是计算机技术、多媒体技术以及互联网技术的基础。参见 https://wenku.baidu.com/view/02b5db7dcc7931b764ce153d.html。

三、比较与分析

数字出版和网络出版都是新技术对出版业不断渗透和影响的产物,两个概念有相当的重叠和交叉,但是两者并不等同。单从字面上看,网络稍微具象,数字更加虚拟。如果说网络是分子层面的考察,数字则是原子层面的考察——分子是组成物质的最小单位,而原子则是化学反应的最小单位,是创造新事物的基元。数字出版更加灵动和包容,赋予新的出版形态和业态跨界生长的极大可能。两个概念无论从涵盖力、侧重面还是从通用性来看,都有不少差异。

(一)涵盖力

数字出版概念下的行业分类相对丰富而清晰,其涵盖的范围,几乎包括所有的数字出版形态和业态。根据中国新闻出版研究院发布的《2015—2016中国数字出版产业年度报告》,数字出版产业包括互联网期刊、电子书、数字报纸、博客、在线音乐、手机出版、网络游戏、网络动漫、互联网广告等九大行业。虽然对于网络游戏、网络动漫、互联网广告是否应该被划入数字出版产业范畴,学界和业界都争论不已,但是在政府有关部门的统计口径中,它们无疑是数字出版产业最重要的组成部分,也是收入占比较大、增长较快的部分。目前数字出版的类别还在不断丰富,产业边界也在不断拓展。

相较之下,网络出版尚缺乏来自权威机构明确的行业细分,多数只是笼统地提到网络出版所涉及的领域。按通常的说法,网络出版主要包括两类:一类是传统出版物的网络化,包括电子书刊、有声图书、在线影视等;一类是基于网络生成的新事物,例如数据库、网络原创电子书、网络游戏等。2016年出台的《网络出版服务管理规定》对网络出版也只是进行了内容来源说明,并未涉及行业分类。

网络出版所涵盖的范围,有相当一部分与传统出版的类别几乎完全对应,概念的开放性和包容力相对有限,在数字时代要容纳更多的新形态和新业态,难免捉襟见肘。而数字出版并非来自传统出版，它是出版业与高新技术相结合产生的新兴出版形态和业态，往往直接以新形态、新业态为基础生成子类别，这一概念具有相对较强的涵括性和表达力。

（二）侧重面

数字出版和网络出版的应用有不同的侧重。从政府规划层面看，数字出版多见于顶层设计和与产业发展相关的文件中。如2012年发布的《国家"十二五"时期文化改革发展规划纲要》，从国家战略的高度提出要加快发展包括数字出版业在内的新兴文化产业；2010年出台的《关于加快我国数字出版产业发展的若干意见》，提出要把数字出版产业"打造成新闻出版支柱产业"的总体目标。从研究层面看，数字出版已经成为主流用语，人们围绕数字出版的流程再造、产业链重组、版权等问题展开研究，或探讨数字出版的规律与未来方向。

网络出版则在各种法律规章中出现较多。最典型的就是2016年出台的《网络出版服务管理规定》。这类文件通常用于管理网络出版主体、出版内容、版权等问题，强调合规性。"网络出版"一词被较多地用于网络规制和管理领域，与"网络"相关联，这和网络出版被认为比较偏重传统出版的网络化不无关系。传统出版带有较强的政府管理和规制色彩，网络出版概念在这一领域的应用，被认为带有同样的基因，是政府对传统出版的规制管理在网络时代的延伸。这种新旧规管的某种承续性，本质上体现的是相同的管理思路，即所谓的模块化管理，从原有的管理模块中找到对应的管理主体和对象，演绎路径依赖。相对于"数字"的虚拟性来说，"网络"更具实在性和对象感，政府对网络出版的管理要落到实处，首先就是要找到管理的抓手。采用网络出版概念，便于管理部门锁定目标，提升管理的效率和针对性。从这个意义上来说，网络出版概念的应用与规制管理及其操作性密切相关。

（三）通用性

数字出版从一开始便是以数字技术创新为起始，以产业融合为发展取向，这符合世界出版业数字化转型升级的发展潮流和内在逻辑。数字出版（Digital Publishing）与多数国家习用的概念在内涵和外延上高度重叠，这一说法也为多数国家所采用。

以美国为例，据其普查局的数据，美国数字出版和网络搜索业在2013—2014财年的总产值同比增长了13.1%，达到1096亿美元，其中数字出版业占据较大比重。① 这一数据不仅表明美国数字出版业的发达，同时也说明数字出版已经成为官方认可的行业类别和统计用语。在西方，一些大型出版集团也主打数字化转型和数字出版，提供了不少"数字出版的成功范式和模板"②。而网络出版在国外多表述为"在线出版"（Online Publishing），涵盖范围相对较窄。如在美国，网络出版更多指互联网广告以及传统报纸和图书业的网络化，鲜少包含原生新业态；网络出版也未与数字出版成为并列的概念，大体作为数字出版的一个子业态存在。

数字出版在我国是一个被管理层、业界和学界广泛采用的概念，这与数字出版相比网络出版更深入、更本质地揭示了事物的特点分不开。这一概念本身具有较强的张力，能够在通约的基础上获得更广泛的共识和应用。数字出版注重技术创新和产业再造，已经成为我国重要的战略性新兴产业，这与全球数字出版的发展态势相符，概念的使用也基本一致。从学术研究来看，数字出版已经成为通行的学术概念，围绕这一核心探讨问题的论著在快速增长。按照学术标准而非行政或市场标准从事研究，这是学术研究的一贯要求，这一要求也同样会体现在对不同概念术语的取舍和使用上。就此而言，数字出版的学术对话性更好。当然，从我国数字出版业发展的不均衡、不充分的现状来看，网络出版概念的存在仍然有其一定的合理性和适用性，尤其对于规制和管理领域而言。数字出版与网络出版两个概念并存，或许本身就是产业发展和规制管理不断博弈的结果与动因。

---

① http://www.prnewswire.com/news-releases/internet-publishing-industry-revenue-reached-110-billion-in-2014-credit-card-issuance-revenue-retracted-census-bureau-reports-300211678.html.

② 刘银娣. 数字出版启示录［M］. 北京：世界图书出版公司，2014：2.

四、融合视角看"出版"

印刷术发展至今,出版业经历了一个由自给自足到融合扩张的过程。从最初通过自身发展和进化来满足读者需要,到随着音视频技术的出现而被逐渐纳入传播业的框架中①,随着数字时代的到来,数字技术进一步打破了各媒介之间的隔阂,将原来各自为政的媒介从载体的束缚下解放出来,统一递归到"数字"这个唯一的基元上,以内容为资产,以用户为对象,以网络为平台,走向融合传播的创世纪。

美国麻省理工学院伊契尔·索勒·浦尔(Ithiel de Sola Pool)教授在《自由的科技》(The Technologies of Freedom)一书中曾经指出,"媒介融合"就是各种媒介呈现出多功能一体化的发展趋势,各种媒介之间的界限变得模糊,单一媒介的服务功能可以被多种媒介所替代提供。数字出版,作为一项新的传播和服务活动、一种全新的业态,覆盖了从电子书、在线音乐、手机出版到网络游戏在内的多个类别,呈现出自媒体、移动媒体、互动媒体等多媒体样态并存,文字、图片、音视频等多媒体形态相互交织的情形。数字出版颠覆了以往的传统模式,模糊了原有的行业分野,无论从概念界定还是产业实践来看,可谓出版业向数字传播和服务业演进升级的产物。

数字技术的发展带来出版业生产方式的变革,并导致生产关系乃至社会关系的重构。综观数字出版的发展态势,其组织形态、运作流程、资源配置、经营方式和商业模式在不断更新,与相关行业或产业之间的互动和渗透在持续推进,新形态、新业态在不断裂变和滋长。某种意义上,我们正在进入一个融合与分化并行的时代,一个出版业及其概念急剧变化的时代,一个所谓的"后出版时代"。具体表现为:(1)出版的内涵在逐渐淡化。从淡化纸质印刷到淡化出版主体,从淡化内容至引入信息到淡化发行至引入传播,直至淡化出版本身。当所有内涵被淡化后,传统出版内涵的消解和概念的空心化便

---

① 周蔚华. 数字传播与出版转型[M]. 北京:北京大学出版社,2011:9.

在所难免。（2）出版的外延在不断膨胀。新形态、新业态如雨后春笋般层出不穷，传播和服务等功能被放大，且势头强劲。当所有阈限被突破后，出版业的跨界或被跨界融合便势所必然。其结果是，要么走出"出版"，用新的概念和认知框架去界说这个新物种；要么刷新"出版"，赋予出版全新的内涵和生命。

数字技术将出版业带上了融合发展的快车道。随着技术、观念、行业壁垒的不断突破，新业态的发展将会模糊出版业、影视业、广电业、游戏业等诸多信息产业的边界[①]，未来的产业发展可能会超出今天的全部想象。无论是用大出版、后出版还是数字出版、内容产业、信息产业去命名新业态，我们需要的不仅是寻找更有概括性和表现力的概念和术语，更重要的是要有求真务实、面向未来的胸怀和视野，以及与时俱进的认知和行动力。

---

① 李频.中国期刊数字传播转型的认知起点和可能的实践路径［J］.出版发行研究，2016（5）：20-23.

"后真相"的理论谱系与现实反思[*]

"后真相"是一个令人困扰的痛点,也是一个日新又新的论题。2016年,随着特朗普当选美国总统和英国脱欧等"黑天鹅"事件的发酵,西方民主社会面临着一个解构性难题——"后真相"(post-truth)。同年11月,牛津词典将该词选为年度第一热词,指称一种特殊情形:诉诸情感和个人信念比陈述客观事实更能影响公众舆论的情形。[①]它将客观事实与主观情感、信念等进行对立式阐述。时隔数年,新型冠状病毒疫情的横行引爆了更为复杂的信息生态,残酷的疫情背后是舆情的争夺与拉锯,"造谣者"的正名、双黄连抢购风波的兴澜乃至扑朔迷离的阴谋论论调,等等,不断刺激着本就紧张的公众神经。显然,在此次疫情中,公共事件的舆情发展往往难以追究真相与谣言之间的绝对分野,而是在扑朔迷离的事件进程中颇具后真相的暧昧色彩。因此,站在今天的视角重新审视后真相及其表征,是把握现代舆情脉络以及复杂信息生态的题中应有之义。

仔细思忖"后真相"这一组合词汇的涵义,其既蕴含了后现代主义等后学思潮中(post-x)解构与颠覆现有秩序的寓意,又将真相、真理或事实这

---

[*] 本文原载于《现代传播》2020年第11期,与吴浚诚合作撰写,系中国传媒大学"双一流"学科建设项目"融媒体前沿创新研究"(项目编号:YLTS180505)的研究成果之一。中国人民大学复印报刊资料《新闻与传播》2021年第3期全文转载。

[①] 原文为"Relating to or denoting circumstances in which objective facts are less influential in shaping public opinion than appeals to emotion and personal belief",被收录为牛津词典2016年度词。参见 https://www.oxforddictionaries.com/press/news/2016/12/11/WOTY-16。

些一百年来哲学论战的焦点重新推到公众面前。有关后真相的探讨绵延至今，复杂的动因也使得该概念牵一发而动全身，衍生出涵盖哲学、政治学、新闻传播学、社会学等多领域的思辨与求索，呈现出百家争鸣的学术态势；而其概念表征、成因及影响更是涉及社会发展的方方面面。

作为对目前社会信息形态的概括性描述，"后真相"一词因其模糊、复杂、多元等一些非排他性特征而充满迷思。首先，从一种学术话语出发看待"后真相"，该概念覆盖了哪些问题焦点与辩证关系？又存在什么样的立场与价值预设？其次，在多学科阐释中，作为新兴信息社会嬗变出现的新现象，后真相与真相的关系呈现怎样的形态？最后，以今天的现实立场考察"后真相"，我们又将何去何从？

一、哲学争鸣：从关于真相的省思出发

在人类社会发展进程中，真理或真相这一关乎事物本质及表现形式的探讨绵延数百年，衍生出了本体论、认识论等多元复杂的认知体系。然而，关于后真相的哲学探讨并未执迷于真理或称真相本体论意义上的实在性，而是将视角聚焦于认识论层面的比较维度：真相是否拥有普遍的客观版本？又是否存在相对主义？本质而言，这是哲学意义上如何认识"真"的问题。

长期以来，在西方后形而上学的时代，对应于后真相存在的所谓"真相"体系大抵践行一种符合论（correspondance theory）与共识论（consensus theory）相结合的真相观。符合论要求真相必须符合外部世界而存在，提供一种求索事实的客观依据，通常被视为新闻求真的主导理论。[①] 共识论则以普遍的主观性来检验所得真相的有效性，同时将客观事实转化为经验真相。换言之，前者作为真相的定义而存在，后者在此之上扮演着标准检验者的角色。英国哲学家罗素（Russell）曾揭示过其中的一致逻辑：尽管对真实的判定取决于是否与事实相对应，但普遍的联系将为其提供一种最高的自证性（self-

---

① 杨保军. 如何理解新闻真实论中所讲的"符合"[J]. 国际新闻界，2008（5）：43-48.

evident）。① 显然，在一个共识充分形成的时代，双方具有较高的互惠性与一致性。前者为后者提供真相的依据，后者维护关于前者的基本价值、认识意愿与表达程序。然而，"后真相"所带来的主体多元、意义复杂、语境林立等演进趋势，无疑突破了原有客观性与普遍主观性的调和，以挑战者的姿态冲击传统共识，亦即所谓的客观性瓦解与主观意见不断扩张的状态。在这种对立的框架下，推崇上述真相观的哲学家们开始对后真相现象的风行提出了尖锐的批评，有忌于共识的消解与客观事实的流逝，重建客观以及重返社会共识和经验真相，也因此成为一种主流的社会呼吁。② 然而，社会学家史蒂夫·富勒（Steve Fuller）却对这种主流批评提出了质疑。在他看来，所谓"事实"永远都是需要打上特殊引号的存在。③ 这意味着我们需要清醒地认识到哲学家口中的事实合理性只能在特定的假设框架内获得特殊含义，而非一种历经完全公共讨论所形成的事实形态。事实上，这样一种反精英、反共识的论调逐渐形成了一股对于后真相的反制趋势。

当我们摆脱上述真相观的桎梏，致力于寻找真相更广泛的价值时，后真相或不再面貌可憎。2017 年，悉尼大学政治学教授约翰·基恩（John Keane）在与柯林·怀特（Colin Wight）的一场辩论中指出，所有真相都离不开语言环境的诠释，其本人则用真相的历史学与地理学（history and geography of the truth）来描述不同时空下的诠释差异。④ 就该层面而言，后真相提供了质疑所谓绝对真相（hard truth）的新机遇。⑤ 这种观念大体源自哲学解释学的视角。在伽达默尔看来，理解已然超越了认识与方法，本身即为存在。作为理解

---

① RUSSELL B. Truth and falsehood：problems of philosophy［M］. New York：Henry Holt，1912：210.
② 蓝江. 后真相时代意味着客观性的终结吗［J］. 探索与争鸣，2017（4）：10–13.
汪行福."后真相"本质上是后共识［J］. 探索与争鸣，2017（4）：14–16.
③ FULLER S. Post-truth：knowledge as a power game［M］. London：Anthem Press，2018：17.
④ Sydney initiative for truth［EB/OL］.（2017-10-26）［2018-08-30］. https://sydneyinitiative-fortruth. org/2017/10/26/for-and-against-truth-prof-john-keane-and-prof-colin-wight.
⑤ 刘沫潇."后真相时代"的媒体与民主：访著名政治学家约翰·基恩教授［J］. 国际新闻界，2018（6）：162–172.

立足点的"视域"(horizon)是融合生成的,蕴含了历史与共时、自我与他者、主体与客体的整体统一,语言则被视为贯穿始终与通达理解的存在。① 因此,在解释学视角下,真相不可能是纯粹的客观呈现,而必然在历史、语言、实践等理解要素中差异生成。在这个层面上,相对主义(relativism)或称视角主义(perspectivism)显然走得更远。法国哲学家布鲁诺·拉图尔(Bruno Latour)在其《脚踏实地:新气候体制下的政治》(Down to Earth: Politics in the New Climatic Regime)一书中强调,在全球化的气候、政治、经济危机之下,建立于共享文化基础之上的真相已经瓦解。人们应该走向地方寻求经验支持,而非重建具有精英色彩的全球共识。② 作为一种颇具解构性的意涵,相对主义强调真相及其相关价值由视角制造,在不同立场与经验中有不同的阐释。③ 基于此,尽管后真相仍然在重重争论中疑云未解,本身也尚未增加任何有关真实的认识论论据,但至少创造了一种开放的契机来审视何以为真。站在多元主义的立场上,有学者表达了一种较为包容的态度:后真相自身就是当代真理的表达方式,应该将多元公共意见纳入真理体系之内,而不是将其视为有待克服、规训的情景。④

事实上,以一种去蔽的哲学视角考察后真相,人们会发现其并不等同于"无真相"或"真相已死"的悲观论调,而是指向了真相的多元价值重构问题。英国哲学家朱利安·巴吉尼(Julian Baggini)在诠释了真相的多元认识之后,用一个隐喻揭示了真相体系的意涵:我们往往认为真相是花园中的众多砾石,它们闪闪发光、清晰明朗且不可改变。事实上,真相更像是一个有机的、完整的真实花园,其中有些特征将持续永恒,有些品质则会随着时间

---

① 伽达默尔.真理与方法[M].洪汉鼎,译.北京:译文出版社,1999:8.
② LATOUR B. Down to earth: politics in the new climatic regime [M]. Cambridge: Polity Press, 2018: 23-25, 100-103.
③ 刘擎.共享视角的瓦解与后真相政治的困境[J].探索与争鸣,2017(4):24-26.
  HIGGINS K. Post-truth: a guide for the perplexed [J]. Nature, 2016, 540 (12): 9.
④ 夏莹."后真相":一种新的真理形态:兼与吴晓明、汪行福等教授商榷[J].探索与争鸣,2017(6):66-70.

交替成长、改变与消亡。① 因此，要重拾对真相的强大信念，首先不能回避的就是该体系的复杂性。在这个体系内，多元真相观共同形塑了完整的真相有机体，而并非截然对立的哲学抽象。正如学者潘忠党所言：不同意义体系下有不同的"现实"与"真相"，它们不可完全通约（但不是完全不可通约），亦不可简单地以优劣排序。② 一种朴素的经验判断是：一篇纪实报道未必比一本个人日记更加真实；同理，集体记忆也难说就比个人书写离真相更近，哪怕前者是媒体构建的碾压式主流表达，后者只是个体视角的独白式个性观察。因为问题的关键不在于简单地质问真实与虚妄，也不在于谁能收获所谓绝对公理的青睐，理解二者书写真相的认识论意义及差异并由此展开公共对话，才是求真实践的应有之义。因此，当我们面对充满争执与对立的"后真相"世界时，不妨尝试以一种更为包容的认识论立场来理解其中的真相体系与表达程序。

当然，怀特对基恩的现实回应也提醒我们，应该谨慎对待方法论层面的价值：既然真相不能武断确定，那么我们该如何甄别谎言？需要辩证的是，开放的认识论立场并不意味着个体原子化的方法论准则。历史的经验已经揭示了无度秩序的严重恶果——"个人理性的结果几乎总是集体非理性的"③。如果不希望看到谎言横行、野蛮丛生，我们就需要思考一种方法论意义上的重构，即：如何在新技术语境下求索真相？人们拥有多少自由的裁量权，又应该在哪些层面受到制约？总体而言，后真相的哲学进路暗含了一条关于权力的线索：以共识为基础的真相观转化为一种多元主义的价值取向。真相价值的失衡总会让人无所适从，但也使得人们能够动态反思真相的真正意涵，并在多元认知与对话中捍卫关于真相的共同意义。事实上，这种由一到多的权力变迁，与当今技术赋能下民主政治形态的更迭不无关系。

---

① BAGGINI J. A Short history of truth：consolations for a post-truth world [M]. London：Quercus，2017：188.
② 潘忠党. 在"后真相"喧嚣下新闻业的坚持：一个以"副文本"为修辞的视角 [J]. 新闻记者，2018（5）：4-16.
③ 赵汀阳. 第一哲学的支点 [M]. 北京：生活·读书·新知三联书店，2017：135.

二、政治异动：权力与权利的博弈

在政治场域中，"后真相"似乎已经构成一组复杂的组合词项。假新闻（fake news）、民粹主义（populism）、右翼运动（right-wing movement）、部落政治（tribal politics）、党派偏见（partisan bias）等一干词汇与后真相一道，冲击着嬗变中的政治生态。但显然，我们要做的不是执迷于这种快速且确切的断言，而是探究后真相与这些词汇的联系究竟是如何形成的。2017年，第53届慕尼黑安全政策会议发布了以"后真相，后西方，后秩序？"（Post-Truth，Post-West，Post-Order？）为主题的报告，其中直指后真相的关键威胁："后真相"文化的风靡侵蚀了自由民主制度所赖以为继的基石——理性的公开辩论。① 作为西方民主政治的根基，开明辩论的意义早在古希腊城邦演讲与自由辩论兴盛的时代就已经确立。亚里士多德就曾经以用事实公开论战的呼声回应智者派的煽动言论。② 直至近现代，即便是对公众力量感到悲观的李普曼也承认，自由的公开辩论至少能够帮助公众辨明党派偏见与私利维护者并形成可追随的公共意见。③ 就这一点而言，政治在公开辩论过程中彰显了其天然本性：建构、维护和捍卫超越任何"个人"和"私域"的"公共"秩序。④

然而，公开辩论的呼喊也无法解决协商主体本身的难题。在个体身份的辗转变化中，一系列古老的问题也始终困扰着民主政治生活的坚实拥趸：公众将在公共政治中扮演何种角色？其公共与私人的身份界限又该如何辨明？显然，这事关我们需要什么样的民主。从政治传播学的角度来分析，甘惜分先生曾经将该问题置于更宏大的人类文明史中去思考，提出传播权力与权利概念的出现以及两者之间的冲突和争夺，是民主对抗专制的法律表现，二者

---

① 参见2017年慕尼黑安全政策会议报告 file:///C:/Users/DELL/Downloads/MunichSecurity-Report2017.pdf.
② 亚里士多德.修辞学［M］.罗念生，译.北京：生活·读书·新知三联书店，1991：147.
③ 李普曼.幻影公众［M］.林牧茵，译.上海：复旦大学出版社，2013：81.
④ 荆学民.走向传播深处："后真相时代"思潮的哲学检讨［J］.南京社会科学，2019（4）：106-121.

在历史长河中交替演进，此起彼伏。①事实上，只要存在阶级或阶层差异，关于传播资源的权力与权利的斗争就将不断延续，公共政治的边界以及民主形态的流变则在具体的历史语境中相应生成。

在网络化语境下，权利主体突破了通过大众媒介及组织参与公共政治的藩篱，转而以原子化的身份投身政治活动。这种民主实践的变化主要呈现两大特征：首先，随着精英政治与代议制民主的衰落，精英政治与底层政治之间搭建起了直接对话的桥梁，促进了监督式民主（monitory democracy）和参与式民主（participatory democracy）等大众政治模式的崛起，公民能够以对话的形式广泛地监督、参与公共政治。②当然，这并不意味着政治参与主体享有同等的地位。其次，社交媒体为公众构造了快速且普遍的联结方式，尤其体现在近年来以身份政治（identity politics）所主导的社会运动中。通达了这两点，就不难理解后真相作用的现实场域：权利的弥散与权力的失落。双方的此消彼长似乎本是历史斗争中的常态。

（一）政治谎言：当权力左右权利

在第一个特征上，当政治领袖绕过传统公共媒体直接与公众对话，似乎一竿子插到底，那么其必然的路径便是，将修辞和话语技巧作为政治人格化与吸引选票的优质策略，特朗普的推特执政就是其中的典型案例。语言学家罗宾·拉科夫（Robin Lakoff）指出，为了赢得选民与影响力，特朗普更多基于语用（pragmatics）层面的考量来发表言论，跳过了与事实相关的语义（semantic）层面。③在马丁·蒙哥马利（Martin Montgomery）看来，正是这种本真（authenticity）取代真实（truth）的混谈帮助特朗普赢得了美国大

---

① 甘惜分.传播：权力与权利的历史性考察［J］.新闻爱好者，2004（12）：11-13.
② 刘沫潇."后真相时代"的媒体与民主：访著名政治学家约翰·基恩教授［J］.国际新闻界，2018（6）：162-172.
③ LAKOFF R T. The hollow man Donald Trump, populism, and post-truth poli-tics［J］. Journal of language and politics, 2017, 16（4）：601.

选。① 按照一些学者的说法，这些言论中包含以情绪化路线主导的另类事实（alternative facts）、为利益编纂事实的胡扯（bullshit）、社会阶层差异所制造的系统性谎言（systematic lies）以及闪烁其词的误导信息（misinformation），等等。② 总体而言，这种科学理性的分析还算中立客观，另一种更为偏激的表述是：这是为了操纵公众而编织的谎言。有研究者用"武器化谎言"（weaponized lies）形容这种颇具杀伤力的修辞包装。③ 本质上，武器化谎言或者说谎言的武器化，其重点不在于粗浅地衡量真实与否，而在于揭示这种话语方式的杀伤性和俘化力，即能够获得公众的善意支持与包容。哈佛大学教授迈克尔·林奇（Michael Lynch）在其文章中有过这样的论述：当我们把目光从特朗普身上挪开，才能意识到后真相所面临的真正困难——站在他以及另类事实背后的另类支持者。④ 基于此，学者们普遍表达了一种担忧：权力操纵了权利并从中获益。

（二）民粹主义：当权利压制权利

当公众得以广泛联结，第二个层面的表征便开始显现：社会行动者们基于底层价值以建立等价链接（equivalential links）的方式为民粹主义提供温床。⑤ 瑞典智库机构 Timbro2019 年的数据显示，在已经开展的欧洲大选中，有 26.8% 的选民选择投票支持民粹主义政党，民粹主义政党的支持率持续上

---

① MONTGOMERY M. Post-truth polictics：authenticity，populism and the electoral discourses of Donald Trump［J］. Journal of language and politics，2017，16（4）：619.
② LEWANDOWSKY S，COOK J，ULLRICH K H. Letting the Gorilla emerge from the mist：getting past post-truth［J］. Journal of applied research in memory and cognition，2017，6（4）：422.
③ LEVITIN D J. Weaponized lies：how to think critically in the post-truth era［M］. New York：Dutton，2017：20.
④ LYNCH M P. Post-truth，alt-facts，and asymmetric controversies（Part I）Between Liars and Truthers，First 100 Days［EB/OL］.（2017-02-06）［2017-08-30］. http://first100days. stsprogram. org/2017/02/06/post-truth-alt-facts-and-asymmetric-controversies-part-i/.
⑤ HARSIN J. Post-truth populism：the French anti-gender theory movement and cross-cultural similarities［J］. Communication，culture and critique，2018，11（1）：32.

升。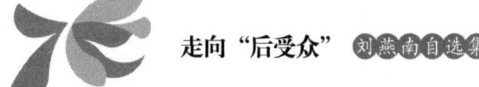对于西方后真相语境下民粹主义的抬头趋势，学界也产生了多维度的解读与分析：本质上，这是市民社会兴起背景下无限制的主观性发展的必然结果②，具体可以表现为平民公共领域的崛起及其与精英公共领域的价值断裂。③同时，在西方经济下行的本土趋势下，对精英价值的文化反冲（Cultural Backlash）与强调精神实现的后物质主义（Post-materialism）价值转型等因素为民粹主义的孕育提供了良好的土壤。④尽管民粹的成因机制涵盖政治、经济、社会等诸多因素，但是，学者们却都毫无例外地表达了一种"托克维尔式"的担忧：民粹主义的泛滥或将让大众政治走向"多数暴虐"，压制理性声音的表达。需要辩证的一点是，民粹主义本身夹杂多元诉求与观点纷争，是一定社会情绪的出口，同时也具有反精英、平权化的期许；但是，民粹主义浪潮中所表现出的反理性、反建制与排他性的一面，又暗含着反多元、反民主的内在特征。因此，在大众政治的新一轮崛起中也潜藏着党派偏见与政治部落化的新型症候。

后真相所引发的担忧不无道理，集中反映了西方现代文明发展的矛盾表征。然而，以一种动态的权力与权利观来考察民主，会发现现代民主的可贵之处在于建立起的是一种制度意义上的平衡路径，而非依赖于权力引领权利的精英治国，抑或是权利驱动权力的直接民主。⑤甘惜分先生也曾指出权力与权利的关系是相互拉锯、相激共生的，二者共同维护着制度生态的平衡。⑥一些现行体系中的危险倾向已经引起了西方知识共同体的普遍警觉，对权力与权利的失衡进行反制，这未尝不是积极的一面。因此，从辩证的视角来理解

---

① 参见《提布罗威权民粹主义指数》（*Timbro's Authoritarian Populism Index*）关于欧洲民粹主义状况的简报。
② 吴晓明. 后真相与民粹主义：坏的"主观性"之必然结果[J]. 探索与争鸣, 2017（4）：4-7.
③ 龚群. 后真相时代与民粹主义问题：兼与吴晓明先生唱和[J]. 探索与争鸣, 2017（9）：55-60.
④ NORRIS P, INGLEHART R. Cultural backlash: Trump, Brexit, and authoritarian populism [M]. London: Cambridge University Press: 2019, 36.
⑤ 刘瑜. 民主的细节[M]. 北京：生活·读书·新知三联书店, 2009：5.
⑥ 甘惜分. 传播：权力与权利的历史性考察[J]. 新闻爱好者, 2004（12）：11-13.

民主，需要注意的是现代民主体系在处理权力与权利问题中的复杂机制与纠错能力。正如郭小安所述：公众的情绪、自私与偏见在民主中虽然导致了一些不良后果，却也在相互博弈中形成了"隐形"的权力分散机制，发挥着不易察觉的功能。①

事实上，真正需要我们思考的是，立足当下如何重新定义公众角色在民主中的作用。在可以预见的未来，人们会时常提及李普曼在《公众舆论》中所描绘的令人失望的公众形象，但是我们应该明白这并非要回到民主必然精英的保守信念中，而是要反思当上下力量能够击穿制度性层级时，我们能够做些什么？

三、传播生态：后真相与真相市场

在哲学与政治的争鸣中，真相与权力这两组核心概念看似不可通约，却又在后真相语境中有着千丝万缕的联系。当我们揭开附着于真相之上的权力迷雾，如何求真的问题又将重新浮现。事实上，传播生态作为社会信息流动的环境，不仅承载了呈现真相的使命，也往往是权力与权利争夺的现实场域。因此，哲学与政治所反映的后真相问题都不可避免地要在传播领域中寻找现实出路。

（一）权威消解：走向谈判桌的真相

新闻社会学告诉我们：作为传统的事实调查机构，新闻业一直以对客观事实的追求维护着它们言说真相的权威，保证其对收集和管理信息的合法地位。②与此同时，新闻实践所确立的客观准确、平衡报道、公正无私等一系列共识性的操作准则，维系着基本的公共交往秩序，具有天然的公共性特征。因此，传统信息生态的共识也主要存在于上述两个层面：一是专业新闻业建

---

① 郭小安.公共舆论中的情绪、偏见及"聚合的奇迹"：从"后真相"概念说起[J].国际新闻界，2019（1）：115-132.
② 塔奇曼.做新闻[M].麻争旗，等译.北京：华夏出版社，2008：195-196.

构的职业权威，二是由客观性主导的内生价值。二者共同维护共识社会中的事实标准与交往规范。

然而，后真相所引领的解构浪潮不断冲击着传统新闻业主导的信息生态。大多数学者对此采取的是一种技术性归因，即依托网络技术的社会化分发和分享式民主给专业新闻业带来了冲击。面对大环境的冲击，专业新闻业与新闻价值却拥有着截然不同的境遇。在普遍公信力危机的侵蚀下，专业媒体的权威地位备受挑战，主要表现为以下两个方面："其原有真相界定者及其界定方式正在受到前所未有的质疑；公众与传统真相界定者之间原本稳定的联结关系也变得飘忽不定。"① 然而，新闻价值却在一种连接受众的语境中被赋予了更为乐观的期待。有学者认为，后真相是西方奉为圭臬的客观新闻学转向以"后现代主义"思维指导的以多元化、去中心化、碎片化为主要特征的"对话新闻学"的具体体现。② 在这个层面上，关于新闻求真的标准与价值将不再囿于传统权威。另有一些学者指出，新闻将由此拥有更广阔的实践空间，得以在公共生活实践中以交往性原则重新诠释价值伦理与交往规范。③ 从上文所提及的权力与权利观展开分析，这或成为一次可能的历史契机：在历经权力去蔽之后，真相的价值与标准才得以摆脱教条，在谈判桌上获得新生。

当然，所有谈判桌上的"筹码"分配都并非公正无缺，权力与权利的拉锯形塑了其中的微妙关系。首先，权利正在向权力拓展边界。作为权利的表达一旦获得普遍认同，那么往往能在新的信任机制中生成权力。因此，新的多元权力与信任机制正在介入真相表达。美国学者杰森·哈尔辛（Jayson Harsin）就曾指出，后真相所反映的传播生态是"真相市场"（truth market）繁荣的体现，以参与文化（participatory culture）为代表的新兴权力正在参与、

---

① 胡翼青.后真相时代的传播：兼论专业新闻业的当下危机［J］.西北师范大学学报，2017（6）：24-35.
② 史安斌，杨云康.后真相时代政治传播的理论重建和路径重构［J］.国际新闻界，2017（9）：54-70.
③ 潘忠党.在"后真相"喧嚣下新闻业的坚持：一个以"副文本"为修辞的视角［J］.新闻记者，2018（5）：4-16.

传播与表达。① 本质上，作为一种流动的权威，新的事实机制赋予了受众更多的主观自由，选择什么事实、相信什么事实以及如何阐释事实都将由个体把握。信息生态由此在不确定的联结关系中完成了比尔·科瓦奇与汤姆·罗森斯蒂尔所指称的从信我（trust-me）时代到秀我（show-me）时代的转变。② 其次，权利主体的认同来源也由阶级差异泛化为种族、性别、文化甚至兴趣爱好、生活方式等等与主体身份休戚相关的各类维度，尤其是在社交媒体语境中，广泛的情感与主观联结成为可能。在主观自由与情绪作用的加持下，后真相对于公共讨论的遮蔽作用开始显现：人们根据预设立场与偏好来选择他们所愿意接受和表达的信息。主观自由指导下的碎片化建构逐渐消解了完整事实的严肃意义，转而在讨论中追求观点的表达与阐释。最终，事实也被简化为观点与主张在意识形态场域内的辩论。③

后真相也因此游离于一种去蔽与遮蔽的复杂状态中，既带来了更为广泛的真相探讨，也有可能造成情感层面上的颠覆与扭曲。然而，需要指出的是，传播权力的嬗变与以往颇具颠覆性的斗争方式有所不同，权力与权利主体所争夺的对象不再以作为集合体的受众为目标，而是面向一个构成多元、属性多重、身份多样、功能复杂的后受众生态。④ 因此，多元权利主体与交错的认同机制势必长期共存。认识到表达权体系中多元主义的必然性，就应该看到拯救真相意义的方式是寻求更积极的对话解蔽，而非大而划一的真相共识与权力垄断。后真相的尴尬状态就像是笨手笨脚的人们刚刚站上岌岌可危的谈判桌，而学习交流碰撞，省思"我"和倾听"他"，也是探寻真相的传播活动。面对不确定性的真相迷雾，对话与辩论至少能帮我们更确信地接近真实。

---

① HARSIN J. Regimes of post-truth, post-politics, and attention economies [J]. Communication culture & critique, 2015, 8（2）: 327-333.
② 科瓦奇，罗森斯蒂尔. 真相：信息超载时代如何知道该相信什么[M]. 陆佳怡，孙志刚，译. 北京：中国人民大学出版社，2014：15.
③ GIBSON T. The post-truth double-helix: reflexivity and mistruth in local politics[J]. International journal of communication, 2018（12）: 31, 71.
④ 刘燕南. 从"受众"到"后受众"：媒介演进与受众变迁［J］. 新闻与写作，2019（3）: 5-11.

（二）重构传播：符号学视角的对话

基于此，本文一以贯之的认识论立场是：真相是一个多元的有机整体，体系中思想的碰撞与活跃维系着真相作为整体而存在的意义。问题的关键不在于为人类寻找一种超越性的客观价值，赋予其先天正确的神话意涵。站在权力的角度上，这样的倾向总是危险的。一种更为真诚的路径是：在对话中理解多元、建立规范以及纠正偏误。换言之，人不应成为被某种假定的"真相"所制约的人，而是在解蔽过程中不断开放的人。①

正因如此，传播过程中需要破除的是一种二分的对立思维——真实与虚假、事实与价值、主观与客观，而应理解语境化、多元化真相的复杂性，正视后真相语境中真相与价值的普遍互构的可能性。②甚至，当我们将真相的未来置于对话中阐释时，就应该对不同主体的差异境遇抱有理解。当然，对话中所还原的真相必然不是生而完整的。有学者指出，社交媒体在歼灭时间与空间的同时也消灭了确定性的新闻文本。③当真相不再一尊，我们该如何求索真相？又该如何在碎片化的文本拼凑过程中制衡偏见？

面对这个问题，传播符号学提供了方法论思路。沿着建构主义道路摸索，符号学将对真相的追求投射于符号文本、意义生成（能指）及其与对象事物（所指）的联系之中。多主体下多元歧义的符号文本，意味着真相（意义系统）越发扑朔迷离。秉持再现真相而非还原真实的信念，符号学者选择了一条"再现之真—对话之真—历时之真"的动态述真路径以平衡主客观性：符号再现真实、形成事实文本；对话纠正偏误、通达公共合意；而历时则加以检验并还原整体事实。④可见，符号学所追求的并非绝对真实抑或是绝对非真，

---

① DONNELL E O，刘学蔚.否思"后真相"：基于李普曼舆论学视角［J］.新闻与传播评论，2020（3）：5-14.

② 虞鑫.语境真相与单一真相：新闻真实论的哲学基础与概念分野［J］.新闻记者，2018（8）：30-37.

张庆园，程雯卿.回归事实与价值二分法：反思自媒体时代的后真相及其原理［J］.新闻与传播研究，2018（9）：51-67.

③ 胡翼青.再论后真相：基于时间与速度的视角［J］.新闻记者，2018（8）：23-29.

④ 李玮，蒋晓丽.从"符合事实"到"社群真知"：后真相时代对新闻何以为"真"的符号哲学省思［J］.现代传播，2018（12）：50-58.

而是在兼具客体性、主体间性、符号性和历史性等因素的"对话真相"中寻求平衡。此外，在事实意喻不明的后真相语境中，围绕对话展开的传受主体意图也被视为述真的检验条件。

符号学所提供的是一种基于还原与整体的对话视角：事实的碎片式还原为整体提供信息，整体则为还原提供视角以及对话的空间。该视角的特殊性在于，呈现了一种动态发展的求真模型，且能够容忍事实还原过程中所存在的个体差异乃至相对性，并在整体层面予以制衡。事实上，制衡偏见的方法并不源于道德层面的个体审判，而取决于社会述真与知识体系的良性互构。当主体积极参与事实再现，整体关于事实的价值与网络不断扩张，编织尽可能多的真实路径，信念与事实的一致壁垒才可能走向土崩瓦解，还原活动也得以生成自适应、一致性的意义与规范。在这种状态下，谎言与谬误能够被广泛纠正，事实网络的强大意义才得以真正彰显。而实现良性互构的充分条件是：一个更为开放的对话体系与意见市场。

四、现实反思：后真相语境下的问题表达

当我们把视野从众多表象中拉开，"后真相"大体可以被描述为这样一种状态：在客观与主观、权力与权利的拉锯中，围绕真相展开的公共价值正在重构，真相、事实以及新闻都在重塑自己的表达方式与求索标准。此次新冠疫情的发生及其世界性蔓延，呈现出了关于真相与事实的新态势。

除了媒体或专家发布疫情信息和解析，吹哨人李文亮医生最早在微信群里披露了关于疫情的传染性信息，自媒体账号丁香医生也率先推出疫情地图与实时通报平台，以及海内外各种输入输出疫情动态；无论是医护、患者还是公众，文字、图片、录音、视频、聊天记录等都可以成为记录一线及疫情场景真实情况的形式，而社群的线上聚集则为信息的流通提供了传播空间。毫无疑问，在公共交往与普遍联系中探寻事件的真实性已经成为一种时代趋势。

由这一视角观之，后真相所反映的问题将是常态化和全球性的。在权利

开放与权力失落的趋势下，后真相的出现意味着真相市场的再繁荣，但也不可避免地存在意见建构与情绪渲染的可能，甚至寓于书写事实的符号方式中，问题在于我们如何看待这些可能的偏误。总体而言，客观事实难以完全还原，新闻本身也并不具备传递客观事实的全部属性，而更多表现为一种建构主义的取向。因此，试图以一种经过打磨的"客观事实"来统摄多元现实的方式是不可行的，也是不现实的。无论是真相价值还是书写方式，未来的必然取径都是"共绘"而非"独白"。宏观严肃的历史书写中也应该存在随笔或日记一类的个人观感，包容疫情中不同视角的真实记录与还原。尽管这些表达未必绝对客观，未必纯粹理性，但总体上构成了现实社会的真实图谱。德国哲学家汉娜·阿伦特（H. Arendt）曾经提出过"真相是专制者"的箴言洞见。今天看来，所谓"专制者"的真正意义不在于维持一种不容分说的强制性与暴力体系，而在于启发人们思考如何在意见表达过程中秉持对事实与真相的专注信念。① 某些外在力量的强权逻辑往往会让人们偏离真相的轨道，而一个世界永远无法容忍两个"专制者"的统治。当然，同样不能排除的另一种可能的压制是，当权利成为"专制者"。

从中国的现实语境出发，中西方关于真相的价值文化难以完全贯通，关于权力与权利的关系亦有不同的辩证表达。在全球性的主体崛起的大趋势下，后真相问题在当代中国的传播生态中有其特殊的显现形式。比如，围绕某些不确定或敏感问题，由"禁果效应"引发的膨胀的好奇心与擦边意识，以及由"寒蝉效应"如威吓或噤声所激发的报复性话语反弹，两者实际上互为表里，每每带来浓重的后真相迷雾。当传统信息市场上单向式、宣导性话语仍居主流，普通公众难以有效参与公共事务的进程时，人们向网络信息场的流溢和恣意扩张技术赋权便在所难免；而在具有"高选择性"的信息环境中，纷繁的信息对冲，不仅使传统的信任机制有陷入失灵的危险，情绪化、非理性话语也会对真相表达形成严重冲击。

面临全球性疫情蔓延，世界各国在面对这一人类共同的挑战时，却丝毫

---

① 阿伦特. 过去与未来之间 [M]，王寅立，张丽丽，译. 南京：译林出版社，2011：224.

没有消停意识形态领域的争斗，反而愈演愈烈。一些国家的"甩锅"指责和说辞，使得真相问题由一地一国演变为国际冲突话语，并由此展开了颇具后真相色彩的信息战、舆论战。在网络信息流中，有"递刀论""卖国贼"和"爱国贼""义和团"等各种标签和帽子纷飞，各类话语、话术在推波助澜。面对"疫情"和"舆情"的双重挤压，坚持改革开放大目标，坚持基于科学、客观、公正的真相理念殊为关键，而更重要的，是要警惕外部刺激下民族主义情绪的内爆式高涨，并防止其滑向更具破坏力的民粹主义。历史的经验表明，民粹主义泛滥不仅会模糊事物的焦点，还会绑架和裹胁民意，更别说被某些政治力量所操控的威权民粹主义，更具杀伤性。这种倾向与上述两种效应一样，都会让真相市场被泛滥的情绪和观点所壅塞，导致真相不断后撤，乃至湮没，走向另一种意义上的"后真相"。

专业（专家）话语进入信息市场，接受挑战、争论和征询，是此次疫情中后真相问题的新特征。对于来势凶猛的新冠疫情，人们知之甚少，无措之际，希望倾听专业的声音也在情理之中。只是，人类对于未知领域的探索大多是在已有的知识坐标内进行，而坐标本身却在不断变化。有关疫情何时落幕的预言被一再证伪，某些被寄予厚望的"特效"药物的效果也不再笃定，专家权威不是万能的，也没有万应良方。在知识（所谓客观确定性）与信仰（所谓主观确定性）的混杂和对抗中，人们也在确定与不确定性中挣扎和争辩。对于世界性难题的攻关创新，或许我们需要更多的时间、更多的耐心和信心，以及必要的容错机制，这未尝不是开放多元的"后真相"题中的应有之义。而面对信息场域中专业性、新闻性和意识形态话语的杂糅如何分辨，在现实利弊和历史得失之间如何权衡，仍然值得省思。

一种基于现实的纾解路径，或许寓于传播体系的创新和再造中：立足中国实际，建构良性互动、相辅共生的对话型传播生态，既着眼于权力的制衡，也要看到权利发声的必然趋势，赋予两者更多的对话与耦合空间，尊重关于真相表达的新兴文化，共建良好的有关真相的公共价值体系，而非试图一劳永逸地替代人们去思考。

电视节目"多维组合"分类法及其编码设计*

一、引子

随着星网结合成为电视传播的主流覆盖方式，我国电视业已经从频道稀缺时代进入多频道竞争时代。

多频道时代的特点主要表现在三个方面：一是观众可接收的频道数大幅增长。以北京、沈阳、上海、武汉、广州、成都和西安七大城市为例，2000年观众可接收的频道数达70个，平均每户接收到的频道数达24个，比三年前的1997年分别增长了20个和12个。① 二是专业化频道纷纷涌现。除中央电视台形成了包括12个频道在内的最大专业化频道家族外，几乎所有省级电视台都办有不止一个专业频道。三是由此而来的观众收视日益多元化、分众化。主流频道的收视率和市场占有率呈下降趋势，地方性和专业化频道的收视却逐步增加。电视市场上日益激烈的频道竞争，促使各级电视台包括过去"传播者本位"意识浓厚的电视台都放下身段，加入争夺注意力的行列，面对观众日益多样化的收视需求，开始不遗余力地寻求节目内容和样式的创新。一时间中国的电视荧屏上，各种内容别致、形式新颖的栏目（节目）竞相登场。

---

* 本文原载于《现代传播》2003年第1期，与夏征宇、李颖、杨振荣合作撰写。人大复印报刊资料《新闻与传播》2003年第5期全文转载。

① 据央视—索福瑞媒介研究公司《中国电视受众研究》(2000年) 数据计算。

花样翻新的栏目（节目）为荧屏带来了亮色，与此同时，如何给这林林总总的新节目分类，成为摆在人们面前的一道难题。传统的电视节目分类偏重于采用单一标准，比较常见的是以内容为标准，将节目分为新闻、教育、文艺、专题和服务五大类别。然而今天，不仅节目内容早已突破了原有类别所涵盖的范围，出现了诸如法制、财经等一些新节目，而且一批以形式特征见长的节目，如谈话节目、真人秀等也十分抢眼；此外，一些对象性节目，如女性、少儿和老年人节目等也活跃在荧屏上。传统的分类方式，在电视业发展初期或许尚敷一用，但是在电视荧屏已经丰富繁荣的今天，便显得有些捉襟见肘，在应用时难免顾此而失彼。事实上，缺乏严格的分类标准一直是我国电视界长期以来的痼疾所在，即使是偏重以内容分类，也往往存在多种系统、多个标准，致使节目分类标准重叠、分类结果交叉的现象屡见不鲜。新出现的一些电视节目，尤其是一些新引进的所谓"类型节目"，由于大多具备多种特性和要素，强调新颖出奇，注重内容、形式、行业与对象等要素的异质组合，而人们对于节目的理解不一，观察视角各异，因此对于节目类别的划分，引发了十分活跃的思考，往往出现言人人殊、难达共识的情形。

以中央电视台《开心辞典》栏目为例，就其内容来说，主要是关于一些普及知识类的问题，这些知识涉及各行各业，包括一些日常生活小常识；就其性质而言，兼有知识性和娱乐性；就其节目形式来说又具有竞赛特色，丰厚的奖品更凸显出其潜藏的博彩卖点。然而，该栏目却在经济频道的黄金时间播出，是隶属于中央电视台经济部的一个名牌栏目。该栏目拥有众多特点，却似乎难有一个明确的归属。类似这种情况，在全国各电视台还有很多，其归属的部门和播出的频道也是五花八门。

节目归属如此混乱，节目分类陷入如此窘境，归根到底，还是与我国电视行业多年来未能建立健全一套科学系统的分类标准体系有关。因此，如何吸收传统节目分类的有益因素，并与当今节目种类日益丰沛的实际相结合，建立一套科学、全面而有效的节目分类体系，成为电视传播业亟待解决的问题。

二、中美电视节目分类比较与分析

迄今为止，我国的电视节目分类可谓多种标准并存。有以内容属性、专业领域、节目体裁、节目组合方式为标准的分类，也有以传播对象的职业、年龄和性别特征为标准的分类。比如，以内容属性为标准，分为新闻节目、社教节目、文艺节目、服务性节目；按照内容涉及的专业领域，分为经济节目、卫生节目、军事节目和体育节目；按照节目体裁，分为消息、专题、访谈、晚会和竞赛节目等；根据节目组合形式，分为单一型节目、综合型节目、杂志型节目等；甚至以传播对象的社会特征为标准，将节目简单地划分为少儿节目、妇女节目和老年人节目；或者工人节目、农民节目等。[①]

1999年，国家教育部人文社科项目"世纪之交中国城镇电视观众需求变化及其对策"正式启动，这是继中央电视台1986年进行的首次全国城市观众抽样调查之后，在全国范围内进行的又一次大型城市观众调研。研究者在编制节目类别表时，力图囊括近年来中国电视荧屏上出现的新类别和新型节目，经多方征求意见，最终将节目划分为24类。它们是新闻信息、新闻评论和深度报道、纪录片、财经报道、教育讲座、体育竞赛、游戏娱乐类节目、综艺节目、戏曲文艺、影视剧、音乐类节目、科技文化和健康卫生、法制、军事和警事、妇女节目、老年人节目、少儿节目、农村和农业节目、环境保护、社会服务（衣食住行指南）、时尚（服装、化妆、汽车）、气象预报、广告节目和其他。[②]

另有我国传播学研究者采用统计学中的因子分析法，对电视节目内容进行归类，结果大致归为五大类，即纪实类、说服类、传统戏剧类、现代戏剧类和竞赛类。[③]

在美国，电视节目类别的划分也是五花八门。T.G. 艾尔斯沃思（Thomas

[①] 一云. 电视节目的分类与界定新论 [J]. 电视艺术，2002（1）：20-22.
[②] 参见由叶家铮、刘燕南等人主持的"世纪之交中国城镇电视观众需求变化及其对策"调研报告，2001年7月.
[③] 陈崇山，孙五三. 媒介·人·现代化 [M]. 北京：中国社会科学出版社，1997：130.

G. Aylesworth）教授在其著作《图解美国电视史》中，按照节目类型标准，列举每一类型最具代表性的节目，对整个美国电视发展史进行了梳理和归纳。艾尔斯沃思列出的类别有：综艺节目（variety shows）、情景喜剧（situation comedies）、犯罪片（crime shows）、科幻片（science-fiction shows）、冒险片（adventure shows）、电视剧（drama）、肥皂剧（soaps）、西部片（westerns）、少儿节目（children's shows）、医生节目（doctor shows）、游戏节目（game shows）和新闻（news）。①

作为观众了解节目排期的向导、判断节目内容的依据，电视节目单能够在一定程度上反映节目分类情况。目前美国电视节目单上的划分大致如表1所示，共有24类节目，这也是美国电视节目划分中最常见、最基本的分类方式。

表1 美国电视节目单上的节目类别

序号	类别		序号	类别	
1	Adventure	冒险	13	Musical	音乐
2	Children's	儿童	14	Mystery	悬疑片
3	Comedy	喜剧	15	News	新闻
4	Comedy adventure	冒险喜剧	16	News magazine	新闻杂志
5	Comedy drama	喜剧电视剧	17	Religion	宗教
6	Crime drama	犯罪电视剧	18	Science	科学
7	Documentary	纪录片	19	Science fiction	科幻
8	Drama	电视剧	20	Serial drama	系列剧
9	Family drama	家庭电视剧	21	Sports	体育
10	Fantasy	幻想片	22	Thriller	恐怖片
11	Game	游戏片	23	Variety	综艺片
12	Magazine	杂志类	24	Western	西部片

来源：TV Guide.Triangle Publications，1982-1991，various Fall and Winter issues，Radnor，Pennsylvania. 本研究编制。

---

① AYLESWORTH T G. Television in America：a pictorial history［M］. River Falls Public Library，1996.

综上，无论是中国还是美国的电视节目分类，几乎都广泛罗列了众多的节目类别，不同在于，美国节目分类是以其荧屏上的电视节目为基础，我国的节目分类则针对自身的节目实际。值得注意的是，两者有一个明显的相同之处，即都是以单一维度或属性来划分类别的。各种划分方法都希望"一锤定音"或者"一锹到底"，力图从单一维度出发，用一种属性来划分节目类别。由此带来的问题就是，节目分类要么过于冗繁琐碎；要么过于简略粗疏；在面对一些富于较多个性特征的节目类型时，又因为单一维度划分标准而难以顾及和凸显节目的多种特性。另一方面，从单一维度出发难以穷尽节目的所有特征和一切节目类别，其分类却力图包罗万象，这难免导致出现分类标准交叉的现象，同一节目可能属于不同的类别，难以清晰划定。

节目分类之所以成为难点，其原因主要在于人们思维方式上的单维性和定向性。人们每天都在和节目打交道，对节目的认识尤其是对特性众多的新节目的认识千差万别，却都在为寻找某个"一元化"的分类标准而费心劳力。其实，如果超越这种单维性和定向性思维的限囿，换一种思路思考问题，我们就会发现，那种试图用某个"一元化"标准为节目分类、非"一元化"标准无法分类的想法，既无必要也是无益的。这种分类已经无法反映电视节目的实际状况，也无法适应电视传播实践的发展需求。

节目分类需要应用立体思维，需要引出多个分类维度和观察点。正如不少节目存在多种特性一样，对于节目的观察和界定也有多个层次和多种视角，我们完全可以也应该从不同角度和层次出发，对节目进行多维组合性分类。

三、"多维组合"分类系统及其特点

所谓多维组合分类，是指根据节目的内容、行业、形式、对象这四种维度，将节目划分为二十四大类，并加上一个审核管理类，由此形成一个新的节目分类系统。其中，每一个节目的类别都由5位数的字母加数字串代表，即其类别的界定由最多五个、最少一个维度的类别所构成。换言之，每个节目都是一个类别的组合体。从这个意义上说，采用多维组合标准既是为节目分类，也是在多维度地凸显节目的各种特征。

我们认为，表征电视节目的维度，无外乎内容、行业、形式和所诉求的对象四个方面，这四个方面可以包容电视节目的主要特征和全部类别集合，此其一；其二，以内容维度进行的划分，参照并吸取了目前通行的、主流的节目分类的一些经验，而以行业、形式和对象维度进行的分类，则主要根据当前电视节目的实际情况进行；其三，为适应今后节目审核管理的需要，有必要设置节目审核管理级别分类（见表2）。

表2 "多维组合"分类标准表

分类维度	定义码	类别
内容	A	新闻
	B	影视剧
	C	综艺娱乐
	D	戏曲/音乐
	E	专题/纪录
	F	生活服务
	G	广告
行业	H	法制类
	I	军事类
	J	科教类
	K	农业类
	L	体育类
	M	时政类
	N	财经类
形式	O	竞赛
	P	谈话
	Q	连续/系列

续表

分类维度	定义码	类别
形式	R	杂志/板块
	S	直播
	T	卡通
	U	引进片
对象	V	老年类
	W	女性类
	X	少儿类
管理	1	严格管理
	2	有条件管理
	3	基本管理
	4	开放管理

来源：本研究自制。

"多维组合"分类标准（简称"多维标准"或"多维系统"），是在立足我国电视节目发展实际、分析研究国内外已有的节目分类成果的基础上提出的，是节目分类领域的一项创新。这套分类系统从理论上突破了传统的单维性和定向性分类模式的限囿，将多维互补、多维组合作为节目分类的理论基础和逻辑起点，力求呼应节目实践的丰富与多样化所提出的挑战，从而拓宽了节目分类的思路，拓展了节目分类的路径，体现出将学术研究落在实处的特征。不仅如此，多维组合分类系统强调科学性与实用性的结合，一改过去只有分类而无编码的传统，将定性的划分（节目特性的确定）具象化、操作化，形成一套具体的分类编码系统，从而完成电视节目分类由学术研究到实际操作的转化。

归纳起来，多维组合分类法的特点主要体现在如下五个方面：

（一）适切性

中国电视业的发展是以中国国情为背景的，适应国情是节目分类的必然要求。多维系统的适切性表现在：

其一，选择以内容、行业、形式、对象和管理为主要分类维度，每一维度内部的类别，又以目前我国荧屏上常见的主流电视节目种类为基础，同时，有选择地学习国外经验并有所扬弃，使得节目分类更能体现中国特色。比如在美国，"西部片"（Western）和"杂志类"均为重要的节目类别，但是在我国，前者不存在，后者虽为舶来品，却成为荧屏上的常客，因此多维系统省略前者而将后者纳入类别体系之中。

其二，从行业属性来看，伴随中国经济改革的深入和依法治国方针的实施，财经类和法制类节目大量涌现，节目的经济属性和法制属性引起越来越多的关注，它们理所当然地在多维系统中占据一席之地。

其三，以节目形式划分，除了连续／系列类、谈话类、杂志／板块类和竞赛类这些盛行于荧屏的形式外，直播也是一个不可忽视的重要种类。这类节目可谓将电视传媒同步动态纪实的特点发挥到极致，以强烈的吸引力取得了超乎寻常的收视效果，并且随着技术的进步，直播节目还将在荧屏上发挥更重要的作用。因此，将直播列入多维系统中便顺理成章。

其四，根据对象属性，多维系统还划分出少儿类、老年类、女性类节目，因为这三类都是目标诉求对象十分明确并且在荧屏上十分活跃的节目。

其五，鉴于有关职能部门对于节目管理和调控的需要，多维系统中特别加入了一个管理级别分类，以备使用。在节目分类中设置管理级别，这也是多维系统的主要特点之一。

（二）完备性

分类的科学与严密首先应体现在类别划分的"全"字上。针对当前电视节目可谓"海量"的特点，多维分类法选择以内容、行业、形式、对象和管理为一级维度，再由此衍生出各种节目类别，这样在很大程度上能够涵盖和包罗所有主要的、常见的节目属性和形态，换言之，每一个节目都能在多维

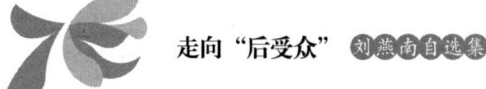

分类系统中找到自己的位置,所有电视业相关业者、研究者和观众都可以用这套系统将节目分出"子丑寅卯"来。

(三)区隔性

多维系统按照从一级维度到次级类别的顺序进行分类,各维度和各类别之间界定清晰、彼此区隔,由此划分出来的类别之间一般不会出现重叠和交叉现象。所有属性都是分类系统中独具特色的一员,不同维度各有所专、各有侧重,而又互补共存,一起形成了多维系统这个汇聚了不同节目特征的集合。从这个意义上说,区隔性与完备性是相辅相成的。

(四)可操作性

节目分类的目的是服务于电视传播实践,可操作和好操作便是其主要目标之一。从一开始,多维系统便在寻求理论创新、思维突破的同时,着眼于实际需要,建构了一套完备的节目编码系统,由字母和数字组合而成,以方便操作使用。另一方面,由于多维系统分类标准明确,各维度和各节目类别之间互斥且唯一,减少了划分时的歧义和冲突。同时,分类简洁、扼要、界定性强,不仅看上去一目了然,而且易懂好学,操作无门槛。对于快节奏的电视工作来说,如果分类标准模糊、类别烦冗,其操作性和可行性都会大打折扣。

(五)可延展性

多维系统是一个相对开放的、可延展的系统,这个特点体现在如下两个方面:

其一,多维系统采用多个维度去判断和界定一个节目,即以多维度标准,按照节目最明显、次明显的特性依次逐级划分;表现在形式上,就是每一档节目都由多达5位数的、由字母和数字组成的字符串编码来定类。由于多维系统为每一档节目都留出了5个位数,在具体分类时,可以根据不同节目属性的多寡,逐位添加编码——具有多重属性的节目可能5位编码全齐,属性比较单一的节目则可能出现编码位中置"0"的现象。多维系统可以逐位加码，无疑使得编码本身具有了某种灵活性和开放性，亦使得节目分类能够容纳并廓清多种多样、名目各异的节目类型。

其二，电视业在发展，新的电视节目类别在不断涌现。多维分类系统本身并非一成不变、固定静止的，而是在不断完善和改进，或吐故纳新，其自身拥有较大的延展空间。事实上，多维系统在其整个框架系统的构建中，一直贯穿着开放、兼容和与时俱进的思想，并具体落实到编码体系中。换言之，多维系统是将分类系统框架的相对稳定性，与吸纳新质的动态扩展性相结合，不仅分类系统中一级维度本身可以增加（或随实践的变化而缩减），而且每一维度中的各种类别亦可有相应的变化。这样一来，分类及编码系统便显现出较好的兼容性和可延展性，一改过去传统的分类标准或体系无法将新节目进行归类的窘况，为方便系统进一步升级，以容纳更新、更多的节目类型和适应电视节目发展的新要求，提供了潜力和空间。

四、"多维码"的设计与应用

将多维组合分类系统具体化和操作化，形成一整套编码系统，我们称之为"多维码"。

如前所述，内容、行业、形式、对象和管理是多维系统的一级维度，由此再细化为总共24个节目类别，加上一个4级管理分类，从而形成一个完整的分类系统。"多维码"的设计是在此基础上，对每一类别分别用相应的字母或数字来标记，然后用一个5位数的字符串来界定每一节目的类别。其具体设计如下：

首先，将上述24个节目类别分别用从A到X的英文字母来代表，称为定义码。其中，内容维度包括7个类别（A-G）；行业维度同样有7个类别（H-N）；形式维度和对象维度分别由7个（O-U）和3个（V-X）类别组成；管理维度则包括4级，用阿拉伯数字1-4来表示（见表2）。套用社会科学研究方法的术语，如果说前4个维度中的节目类别划分属于定类测量的话，那么管理级别的划分则属于定序测量。

需要指出的是，管理级别的设置，其出发点主要是为适应有关部门对于节目管理审核的实际需要。这种分类可以为有关管理决策者提供依据；而对于非管理决策者来说，这一分类也具有一定的参考价值。按照国内研究者的观点，无论是国内自产节目还是海外引进节目，大致都可以采用4级管理，即：1级（严格管理），包括新闻类、政治类、军事类、法制类、社会类；2级（有条件管理），包括电影、电视剧、历史类、宗教类、文化类、伦理道德类；3级（基本管理），包括经济类、娱乐类、艺术类、游戏类、教育类；4级（开放管理），包括科技类、体育类、自然类、生活服务类（衣、食、住、行、旅游、美容、家居……）。①

其次，节目编码位数为5位，第1位是节目的主属性（维度）码。主属性（维度）为节目最基本的属性，反映节目最突出的特征，可以是内容、行业、形式和对象维度中的任何一个，即可以是从A到X类别中的任意一种。主属性（维度）码是节目编码的非缺类项。换言之，每个节目必须至少由1位定义码来反映其类别。最后1位是管理级别码，一般情况下，亦可视具体需要对管理级别编码置"0"。

跟随节目主属性码之后的，是顺次排列的总共3个位数的次要属性编码，分别是次要属性1、次要属性2和次要属性3。这3个次要属性同样可以选择从A到X的任意一种来编码。所谓次要属性是节目除主属性之外的其他属性，用来说明节目所具有的其他方面特征。次要属性是逐位添加的，在确认节目没有或只有一个或两个次要属性的时候，在其余相应的编码位上可以置"0"（0的定义为空缺）。对次要属性进行编码，有助于人们详细了解节目的各种特征。

以下我们以本文前面提到的《开心辞典》节目为例，采用多维码对其进行分类编码。我们认为，《开心辞典》的主要属性即其内容属性为综艺娱乐

---

① 蒲建平. 关于中国影视视听节目科学管理的探索及建议［EB/OL］.（2001-06-05）［2002-08-10］. http://chinatv-net.com.

类，根据表2，选择定义码C为其第1位编码;《开心辞典》的形式特征十分明显，属于竞赛类，可以选择竞赛类的定义码O为其第2位编码，即次要属性1；该节目的次要属性2和次要属性3都不明显，故置"0"处理；接下来是确定其管理级别，按前述解说，娱乐类节目属于基本管理级，即3级，于是编码的最后一位是3。最终我们得到《开心辞典》的分类编码为CO003（见表3）。

表3 《开心辞典》节目分类编码

栏目/节目名称	主属性码 （A～V） （非缺）	次要属性1 （A～V） （可为0）	次要属性2 （A～V） （可为0）	次要属性3 （A～V） （可为0）	管理级别码 （1～4） （可为0）	分类码
开心辞典	C	O	0	0	3	CO003

来源：本研究自制。

一般节目的分类编码都会出现置"0"的现象，很少能够将5位编码全部填满。当然，不含"0"的情况也有，例如2002年亚运会期间，在亚运专题节目中有一档直播的球赛，其分类编码为ELOS4，即其主属性为专题纪录（E），次要属性1为体育类（L），次要属性2和3分别是竞赛类（O）和直播（S），这类节目属于"开放管理"级，因此管理级别码为4。

为了进一步说明多维码的应用，我们选择了CCTV-1、北京卫视、上海卫视和重庆卫视四个频道的一些主要栏目（节目）进行编码，供大家参考（见表4）。

需要指出的是，节目编码的实际操作，可以由节目创制者或原始内容提供商来承担，海外引进剧则可由节目引进商或相关部门进行。

表4 CCTV-1、北京卫视、上海卫视和重庆卫视四个频道若干主要栏目（节目）编码示例

频道	节目名称	分类码				频道	节目名称	分类码			
CCTV-1	焦点访谈	A	0	0	1	上海卫视	上海卫视新闻	A	S	0	1
	现在播报	A	S	0	1		车世界	F	N	0	4

续表

频道	节目名称	分类码				频道	节目名称	分类码			
CCTV-1	收视指南	F	0	0	4	上海卫视	好运传家宝	C	N R	0	3
	电视剧《导弹旅长》	B	I Q	0	2		电视直销	G	F	0	3
	人与自然	E	R	0	4		海洋预报	F	0	0	4
	今日说法	H	E P	0	1		CITYBEAT	E	F R	0	3
	东方时空	A	R	0	1		媒体大搜索	A	R	0	2
	综艺大观	C	R	0	3		投资上海	E	N	0	1
	科技博览	J	E	0	4		财富人生	P	N	0	3
	大风车	X	C	0	3		上海商潮	N	F	0	3
北京卫视	电视剧《跨越》	B	Q	0	2	重庆卫视	拍案说法	H	E P	0	1
	体育报道	A	L	0	4		剧场《铁甲英豪》	B	Q	0	2
	今日话题	A	0	0	1		重视新闻	A	S	0	1
	世界你好	A	R	0	1		旅游气象服务	F	0	0	4
	科技全方位	J	E	0	4		午间气象服务	F	0	0	4
	八方食圣	F	O	0	4		专题片《新世纪希望》	E	0	0	3
	周末值班室	F	P	0	1		魅力21	W	C O	0	3
	北京热线	A	P	0	1		重视情报站	F	R	0	1
	SK状元榜	E	O	0	3		环球采风	E	R	0	4
	联想城际特快	A	R	0	1		娱乐时尚前沿	C	R	0	3

来源：本研究自制。

五、多维组合分类及其编码的意义

多维分类系统以及多维码设计，对于我国电视节目研究和实践具有多方面的积极意义。

（一）有利于节目的科学管理

应该看到，我国目前对电视节目的管理还存在"过于原则化"的粗放式管理弊端，面对丰富多样的节目类型，缺乏细致有效的分类管理。其弊端既体现在节目的宏观调控乏力上（或者胡子眉毛一把抓），也体现在微观的节目库资源未能得到有效利用上，而后者是造成重复投资、资源浪费和制作成本居高不下的主要原因之一。对节目进行科学的分类和编码，不仅有助于相关部门对节目进行有针对性、有区别的管理和审稽，另一方面也有助于电视传播一线机构充分利用节目库资源。节目库包括成品库和资料库，充分利用其资源，意味着大幅度地节省投资和时间，降低节目成本。在信息时代，借助高科技电脑手段，管理也将变得更加快捷、灵便和到位。

（二）有利于节目市场的有序化发展

进入 21 世纪，中国电视业最突出的特征便是在大整合和集团化的背景下，开始新一轮战略重组。其中最引人注目的动向之一便是电视节目所进行的"制播分离"改革。事实上，在此之前，一些电视剧等娱乐性节目早已在"制播分离"的道路上行走多年。随着我国电视节目生产的社会化趋势愈益明显，除新闻节目之外的其他节目制作正逐步走向市场，了解节目信息成为制播双方的主要任务之一。由于旧的分类方法无法使从业者清晰有效、一目了然地掌握节目情况，因此，对节目进行更科学、更准确分类的要求也就日趋迫切，多维系统和多维码的出现，正是因应这一要求的产物。

科学而准确的节目分类与编码，能够使人们较好地分析市场上各种不同类型节目的总体供求状况。在收视分析中，人们常常需要从节目类型层面，总体分析市场上哪类节目更受欢迎，从而评价某类节目的供求是否平衡，观众的收视集中点落在哪些节目上[1]，依托科学而准确的节目分类与编码，人们才有可能比较好地利用市场那只"看不见的手"有效地调节节目种类和数量，

---

[1] 刘燕南. 电视收视率解析：调查、分析与应用[M]. 北京：北京广播学院出版社，2000：121-122.

避免出现供过于求的浪费和供不应求的窘迫，防止"节目供应"与"消费需求"脱节的现象发生。另一方面，科学而准确的节目分类与编码能够为节目交易双方提供一个对话的平台、一套合理且可行的节目交易基准。利用这套统一的体系加速节目在流通领域的交流和运转，将有助于推动节目市场的繁荣和有序化发展。

（三）有利于创新节目类型

随着电视业的发展，观众收视需求和欣赏水平也在不断提高，传统的节目内容和样式已经很难引起观众的兴趣，与此同时，不少节目的生命周期也在逐步缩短。如何寻找节目类型空档，不断构思和设计出能够吸引观众的新节目，着实令所有节目制作者和编导们大伤脑筋。传统的分类方式，由于基本采用单一维度标准，无法缕析和凸显节目的多种特征。相比之下，多维分类系统因为采用多种维度标准为节目划分类别，用编码顺次展示节目的各种特征，因而对于设计和创制新型节目更有帮助。

例如，通过对既有的节目进行分类和编码，详细了解节目种类现状，发现和探索节目缺项，分析的结果可以成为构建新的、适应受众需求的节目的重要依据。因为节目的每一种属性和特征就相当于制造产品的零部件，可以像工业化生产一样，将这些零部件进行各种排列和组合，按照某种标准和要求装配为一个合格的新产品。如此一来，节目创新有章可循，很大程度上能够避免探索未知的盲目性，减少成本，降低市场风险。

以节目类型化而言，在观众收视日益多元化、分众化的今天，越来越多的节目需要强调个性化和类型化。所谓"类型"，实际上是指一套制作节目的观念、内容、形式、技巧、表达方式乃至观众定位，是一个融合体，可以相应地用各种维度来界定，同样也可以相应地用各种维度来拼装和打造。类型被打造出来，便具有相对的稳定性和规范性。① 多维分类系统既能够为科学、

---

① 参见笔者 2001 年 7 月在成都参加"WTO 框架下我国电视传媒业发展战略研讨会"提交的论文《收视率分析再探》。

有效地界定各种类型节目提供"物质"基础,同样也可以为更新颖的类型节目的诞生创造条件。

(四)可为节目编排提供依据

综合性频道讲求各种节目的有机编排。专业化频道由于节目内容相对集中,也需要注意适当区隔和合理地编排节目。对节目各个不同维度进行细致区分,掌握各类节目的异同,可以为节目编排提供重要参考,有助于编播者详细了解哪类节目或哪些特性比较受观众欢迎;同时,亦有助于将节目资源进行有机整合,优化节目排期,以期获得最佳收视效果。

(五)有利于制定行业标准

同一些具有规范行业标准的市场相比,电视节目市场的行业标准亟待确立和规范。电视节目具有文化和经济双重属性,建立科学合理的电视节目市场规则,制定规范的行业标准势在必行。而一套完整、科学的节目分类系统,对于确立行业标准的重要意义是不言而喻的。

公共广播体制下的市场结构调整：韩国个案*

一、引言

20世纪90年代，数字化和全球化浪潮兴起，媒介工业的资本扩张和市场拓展运动不断加剧。面对新的世界潮流——放松规制、媒介融合、跨国竞争和自律的市场机制，世界各国包括那些历来注重自身广播电视国有和公共属性的国家和地区，都在增强自身传媒实力、参与全球竞争的目标下，以提高效率为导向，引入或强化市场机制，进行结构调整。

韩国是一个实行公共广播体制的国家。1980年，韩国政府在"电波属于公共财产，不能一味用于商业利益"的口号下，对广电业进行了以"统一合并"为特征的结构调整，将所有民营广播电视收归公营的韩国广播公司（Korean Broadcasting System，KBS）麾下，韩国公共广播体制自此确立。1990年，韩国广电业又进行了一次"有限开放"式的结构调整，在对公营广播低效率弊端的反思和抨击声中，SBS正式开播，一度被逐出业外的民营广播电视再次被纳入广播电视产业结构中。从那时起，韩国广电业一直在公营与民营并存的二元结构中成长，也在公益性与商业性的竞争中寻求平衡；电视市场格局则由两强（KBS和MBC，后者为非民营的文化广播公司）独占，逐渐演变为三足（KBS、MBC、SBS）鼎立，并一直延续至今。

---

* 本文原载于《现代传播》2003年第4期、第5期。

与世界上不少实行公共广播体制的国家相同的是，韩国一直允许公营台播出广告。不过，韩国为此专门成立了一家名为韩国广播广告公社（Korea Broadcasting Advertising Corporation，KOBACO）的机构，全权代理 KBS、MBC 和 SBS 三家机构的广告业务。换言之，广告公社将营利性广告业务从三台的主干业务中剥离出来，实行集中调控、垄断经营，并预留了公益基金。这样做在很大程度上把握住了各台的生存命脉，也在一定程度上制约了各台的赢利冲动，并从制度上保障了公共广播特点的显现。这是韩国公共广播体制的独特之处，也是它区别于其他公共广播体制的关键之点。

一直以来，韩国公共广播体制下的市场垄断不断遭人诟病。事实上，正如韩国一些学者所言，那种试图以公共领域的垄断经营来确保广播电视公共性的观点，只是电波短缺时代的认识，在多频道竞争的今天，将所有频谱资源视为公共资源的物质基础已经不复存在，固执于这一观点会妨碍广播电视的多样化发展，也无助于激活竞争、提高效率。[①] 按照媒介经济学者欧文和怀尔德曼（Bruce M. Owen & Steven S. Wildman）的观点，一般来说，竞争性市场趋于高效，专控性市场趋于低效；而市场低效的原因之一便是"限制——通常是政府鼓励实施的限制，禁止某些产品或业务的交易，或者禁止在这些业务中存在完全的市场"[②]。

进入 20 世纪 90 年代特别是 90 年代中后期以来，韩国政府开始在广电领域推行放松规制、增加行政透明度、扩大私营活动领域等政策[③]，并围绕打破垄断和培育市场进行了一系列结构调整，包括倡导制播分离、加大力度推行节目配额制、放宽有线电视经营、推动卫星电视广播，等等。这些都是韩国广电业面对时代潮流所作出的富于本土色彩的回应，也是韩国广电业在公共广播体制下进行市场结构调整的一次独特实践。

本文拟概括韩国广播电视业的结构特征，在此基础上分析其进行市场结

[①③] 参见韩国学者康贤斗 2000 年在北京广播学院（原中国传媒大学）举办的"中日韩广播电视发展国际学术研讨会"上提交的论文《多媒体时代韩国广播电视业的发展》（A Study on Korean Broadcasting Policy for the 21st Century）。

[②] OWEN B M，WILDMAN S S. Video economics［M］. London：Harvard University Press，1992：xi.

构调整的内容和特点,并对调整的功效进行初步探讨。需要指出的是,这里所谓的广电业结构,是指组成广电业的管理、生产、交换流通和播出等机构的总体构成及其相互关系形式。

二、"二元并存"、"三分天下"与"制播合一":韩国电视业结构特征分析

韩国电视业 1961 年起步,历经 20 世纪 80 年代初的体制重构和 90 年代初的结构改组,形成了"二元并存"、"三分天下"与"制播合一"的结构特征。

韩国广电业兼有公营和民营两种不同的所有制成分,这种"二元并存"并非韩国公共广播体制所独创,但是保留相当多的政府对广电业的政策主导和行政掌控权以及经营上的垄断性,却颇具韩国特色。

韩国公共广播体制是在全斗焕军人政权时期推行的,先天便带有某些政府主导的痕迹,执政当局一直视广播电视为传达政策的工具,相关法规也无不渗透着这一意识。与公共广播体制一同诞生的韩国广播委员会(KBC)和广播广告公社(KOBACO)被韩国一些学者认为是"将政策宣传式广播电视模式制度化"①的两大机构。通常所说的公共广播体制,除了以服务公众而非以盈利为目的、传播文化教育节目和兼顾多元需求外,还有一个基本要件就是,由一个代表公众利益的独立机构负责经营和管理。②然而在韩国,广播委员会从一开始便隶属于政府"公报处",接受其行政领导,负责包括制定政策、审核节目和人事管理在内的一系列事务,具有某种政府机构的性质,而非真正独立的公共机构。

至于广播广告公社,作为韩国广播委员会下属唯一的广告代理机构,被授权全权负责三大公营和民营台的时段销售、广告计划和广告费的分配等业务,并有权从中预留 6% 的广告收入用于广电发展基金。理论上说,这一措施有助

---

① 康贤斗.透视韩国广电事业的现实与课题[J].思想季刊,1991(秋).
② 吕书练.公共电视的社会价值[J].传媒透视,2002(7).

于遏制过分商业化的竞争倾向，并通过将广告利润的一部分向公益领域回馈来保证公共广播体制的延续。但是实际上，广播广告公社更像是一家管理机构，一家垄断性经营机构，而不只是维持广电业正常运行的一般广告代理，权力甚大却缺少制衡。按照广电"公益"的含义，公共广播应该首先将利润用来服务受众，提供优质的文化产品，可是批评者们认为，广告公社常常滥用职权，在与广电文化事业不相关的地方投入过多的公益资金，对发展公益广电文化事业的帮助却相对欠缺；在调节各台商业竞争中的作用也绩效不彰。[①]

更主要的是，广告公社将公营和民营两类电视台的广告业务集中管理，使得各电视台的经营被人为地"中介"，这实际上褫夺了各台自主进行收支对接的权利，压抑了其运营空间。民营 SBS 开播的主旨之一，原本是为刺激公营台提高效率，改进节目的多样化水平。可是广告公社将两种不同属性、不同经营目标的电视台的广告经营一手掌控、统一调配，对于避免过度追求视听率的竞争或许有益，但是这样一来，二元结构中民营机制的活力却多少受到抑制，也间接降解了电视台对于提高效率的追求。

从经济学的角度看，"公共广播"的原意，是指不存在个人持有大宗股票的情况，就像一家公共公司一样。然而，在韩国，公共广播可以说是一个政府持有大多数股票的政府公司，政府有绝对的控制权，对于外来民营资本可能的侵蚀，当局一直怀有戒虑。事实上，公营垄断而获取高额利润（无论其目的和用途如何），与民营资本一段时期被排除在广电业大门之外，未尝没有联系。回溯历史，20 世纪 80 年代末，当公营台的低效率和每每扮演政府宣传工具的现象不断遭到抨击，人们对为遏制商业化倾向、确保公共广播体制而实行单一公营台制度的必要性和正当性屡屡提出质疑时，迫于形势，韩国广电业开始向民间资本开放。但是这种开放是一种政府主导下的有限开放。新修订颁发的《广播法》在强调"为增进公共利益作出贡献"的前提下，一面允许非公营机构进入广电业，一面加高门槛，在运营范围、经济条件（如资

[①] 康贤斗.透视韩国广电事业的现实与课题［J］.思想季刊，1991（秋）.

本额）等方面设置一系列规定。① 这些规定已经足以令人踌躇，何况广电市场已经被 KBS 和 MBC 两强寡占多年，新来者面临的竞争态势可想而知。结果是，那些"不合条件者"被吓阻，SBS 作为唯一的民营广播机构受到接纳。

表1 KBS、MBC 与 SBS 总支出、雇员数和利润率比较

		1995	1996	1997	1998	1999
KBS	总支出（百万韩币）	739,454	917,334	951,050	803,094	859,830
	净利润（百万韩币）	111,142	77,579	68,561	-57,975	95,603
	员工人数（人）	5,488	5,625	6,434	5,738	—
	利润率（%）	15.0	8.5	7.2	—	—
MBC	总支出（百万韩币）	358,874	414,425	448,435	353,666	—
	净利润（百万韩币）	30,730	25,548	26,097	-18,702	55,910
	员工人数（人）	4,601	4,609	4,427	2,955	4,021
	利润率（%）	8.6	6.2	5.8	—	—
SBS	总支出（百万韩币）	271,217	320,247	—	255,817	301,477
	净利润（百万韩币）	29,102	28,766	12,794	-27,003	49,317
	员工人数（人）	1,555	1,350	1,370	989	788
	利润率（%）	10.7	9.0	—	—	16.3

来源：据 Ho-young Kwon, Ik-hee Kang, Woo-young Jeon, and Jae-sik Yoon, Korean Broadcasting Statistics 表4、表5 和表6 数据, *KBI Report 2001*, Seoul, Korea: KBI, 本研究编制。

SBS 的加入，给以往完全封闭的韩国公营广播带来了一定冲击。最初，SBS 仅限于首尔地区播出，不久便突破地域和由此而来的市场囿限，以"盟主台—附属台"的方式，迅速向各地扩张，很快便在整个韩国建立起了联播网。虽然就信号覆盖硬件条件而言，SBS 远非 KBS 和 MBC 的对手，就所雇

---

① CANG H. Mainstream only restrictions against alternative media in Korea [M]// LEE Y-J. Communication and culture: identity, plurality and equality. Seoul Korea: Korean Broadcasting Academic Society, 1996.

佣的员工人数来说，SBS也是三家公司中最少的（大约只有KBS的1/3到1/5），但是，它的成本最低，利润率却相当高（见表1）。SBS以其相对来说较低成本和较高效率的运作，在开播三年后便占有了大约1/4到1/3的市场份额，并一直保持至今（见表2）。

然而，SBS的出现并没有打破韩国广电市场高度集中的格局；相反，在被纳入既有的管理与经营轨道后，它的运作虽不免遭遇掣肘、面临磨合，却也多少受到了同化乃至滋养。在既得利益面前，民营资本表现出相当的可塑性。韩国公共广播体制下的市场垄断依旧，只是由"两强分噬"发展而为"三分天下"。

表2　韩国无线电视台收视率与市场占有率比较　　　（单位：%）

	KBS1		KBS2		MBC		SBS	
	收视率	占有率	收视率	占有率	收视率	占有率	收视率	占有率
1992	7.3	17	10.7	23	15.7	35	10.4	24
1993	7.4	16	11	24	14.4	31	13.1	28
1994	9.7	20	11.4	24	14.5	30	11.7	25
1995	11.7	24	11.6	24	12.7	26	11.8	24
1996	12.2	27	10.9	24	10.9	24	10.9	24
1997	12.9	28	10.4	23	12.3	27	9.8	21
1998	12.1	25	10.1	21	14.8	30	10.9	23
1999	10.7	23	9.4	20	13.2	29	12	26
平均	10.5	23	10.7	23	13.6	29	11.3	24

来源：据 Ho-young Kwon, Ik-hee Kang, Woo-young Jeon, and Jae-sik Yoon, Korean Broadcasting Statistics 表17数据，*KBI Report 2001*, Seoul, Korea: KBI, 本研究编制。

韩国广电业由韩国广播公司（KBS，包括两个频道KBS1和KBS2）、文化广播公司（MBC）和SBS三家瓜分市场，由表2可窥得一斑。就收视率和市场占有率而言，从1992年到1999年，三家广播公司播出的四个频道中，平均收视率最高的是MBC（13.6%），SBS居次（11.3%），最低的是KBS1

（10.7%）；市场占有率排序也一样。若以广播公司为单位，则KBS以两个频道21.2%的平均收视率和46%的市场占有率，排名第一，其他两家则分享另外50%以上的市场份额（MBC平均市场占有率为29%，SBS为24%）。再看广告收入，2000年，三台广告收入占韩国广电广告总收入的比例分别为26.7%（KBS）、35.4%（MBC）、18.8%（SBS）①，三台广告收入总和占广电广告总收入的80%以上，这个市场呈现寡头垄断之势。

一般播出广告的公共广播机构，其收入来源通常以收视费或国家拨款、团体捐款为主，广告收入大都作为补充。②然而在韩国，公共广播机构的广告收入已并非作为补充，而是居于主导。KBS除了每月从电视家庭缴纳的费用中固定扣取的收视费和节目销售收入外，近年来，广告收入占其总收入的比重已经超过一半，接近60%（见表3），广告收入已经成为KBS维持生存

表3 三台广播电视营销比较　　　　　　（单位：百万韩币）

	收入与比例	KBS	MBC（含地方台）	SBS
1997	广告收入/总收入	569,898 / 999,915	714,663 / 809,702	354,982 / 377,648
	比例（%）	59.0	88.2	94.0
1998	广告收入/总收入	335,882 / 774,117	506,967 / 586,461	225,394 / 245,718
	比例（%）	43.4	86.4	91.7
1999	广告收入/总收入	487,257 / 950,263	674,565 / 756,710	346,574 / 371,829
	比例（%）	51.3	89.1	93.2
2000	广告收入/总收入	672,315 / 1,157,996	892,498 / 995,232	474,353 / 507,213
	比例（%）	58.1	89.7	93.5

来源：据"放送产业"表13"放送产业营利销售现状"、表16"广播电视广告销售现状"以及《文化产业统计2001》（韩国文化观光部出版），本研究编制。

---

① 广播电视广告销售现状［M］//2001文化产业统计．首尔：韩国文化观光部，2001：239.
② ALLAN B. Economics, Public service broadcasting, and social values［J］. The journal of media economics, 1996: 9（1）: 3-15.

的主要来源。另外两家广告收入占总收入的比例则分别接近90%（MBC）和94%（SBS）。换言之，三家广电机构尽管所有制形式不同，经营目标和行为方式或有区别，但是有一点是共同的，即主要通过营利性广告行为赢得生存的资本。

人们通常认为，公营广播赢利是为公益，民营广播赢利是为分红。其实不论目的怎样、赢利的正当性如何，赢利而且是在公共体制保护下寡头垄断的市场上赢利，除了滋生诸如低效、浪费等弊端外，还会令既得利益者们为维护旧的市场格局而对任何新来者本能地予以排斥，甚至联手抗拒和化解，以抵御新来者的"入侵"。另一方面，寡头们多年来垄断传媒市场，在政治、经济和社会影响力方面已积累了一定的资本，这使得他们在进一步追求各种利益方面，很少遭遇强有力的挑战。

与"三家分晋"式垄断格局相伴，韩国广电业的另一个明显特征是"制播合一"。即韩国荧屏上播出的本土电视节目，绝大部分由KBS、MBC和SBS三家自行完成，它们不仅联合垄断了韩国电视收视市场和广告市场，而且各自垂直整合节目制作、流通和传播环节。不过，三大网相互之间鲜少进行横向节目交流，绝大多数节目在本台播出后，国内市场便极少再有人问津。

韩国电视业起步之初，由于技术限制，"制播合一"只是一种不得已的举措，况且当时专业化和市场分工阙如，"小而全"也是一种必然的选择。然而，随着公共广播体制的推行，在从制度上和结构上用公营机构取代所有民营机构之后，作为公营垄断的逻辑发展结果，节目制作和流通的市场化便失去了生长的土壤，"制播合一"则成为垄断得以延续的养料。

20世纪90年代初，韩国广电业对民营资本有限开放，作为促进节目多元化和反垄断的一项措施，节目配额制度也被提上议事日程，并自上而下开始在电视界推行。可是，无论是公营的KBS、MBC还是民营的SBS，虽然经营目标不同导致经营行为各异，但是在坚持"制播合一"方面，却无甚差别。有韩国研究者对此做出了比较：1991年，在实行节目配额制的当年，KBS两个频道播出的节目中，大约有96%由自己制作，MBC和SBS则分别为95%和93%以上；而到了1998年，三大网播出的节目中，自制节目仍然占据

80%左右的份额。相比之下，美国无线电视节目中，有超过70%是由独立制片商或电视网的下属部门生产的。①显然，韩国电视节目制作与流通的市场化，还处在较低水平。

"制播合一"与"三强垄断"的格局是分不开的，两者的负面作用也相互关联，即缺乏竞争、效率低下和节目多样化程度不足。理论上说，公共电视台和民营电视台在节目内容上应存在差异，然而有研究显示，公营的KBS和民营的SBS的新闻节目，不仅内容上有诸多雷同，而且在表现方式上也惊人地相似。②正如一位韩国研究者所指出的，"虽然韩国电视台有能力用内部制作的节目将时间占满，但是观众的满意度相对较低。这可能是因为民营和公共电视台的节目种类非常相似"③。另一方面，两者客观上也压制了节目制作与流通市场的发育。由于生产和播出之间缺少流通网的衔接，使得电视市场运转不灵、节目价值无法充分实现，造成了社会财富的浪费。

三、制播分离、发展有线电视和卫星电视：调整的内容

从某种意义上说，韩国电视业的结构调整是一次因外部压力而引发的内部改革，是被动应变，也是一种主动选择。

1997年金大中政府上台后，奉行"民主主义和市场经济"政策，对广电业从以规制为主转为追求市场经济政策。④1999年12月，韩国国会通过了颇具整合色彩的新《广播法》，该法将所有的广播电视媒体统一规定在一个法律体制之中，并由一个机构统一管理，这个机构便是经过重组于2000年3月正

---

① SONG K H. Report on the program quota regulation: what has changed after nine years in the program supply market? [M]//KBI Report 2000, Seoul: KBI, 2000.
② KANG M S. A study on television news in Korea [M]//KBI Report 2000, Seoul: KBI, 2000..
③ LEE S C, JOE S K. Key Issues in the Korean television industry: programmes and market structure [M]//Television in contemporary Asia. New Delhi: Sage Publications India Pvt Ltd, 2000.
④ 参见韩国学者康贤斗2000年在北京广播学院（原中国传媒大学）举办的"中日韩广播电视发展国际学术研讨会"上提交的论文《多媒体时代韩国广播电视业的发展》(*A Study on Korean Broadcasting Policy for the 21st Century*)。

式开始运作的韩国广播委员会（KBC）。新组建的广播委员会从政府"文化观光部"独立出来，作为民间性质的公共机构，开始独立处理广播电视事务。过去政府通过下属的广播委员会插手广电事务的历史告终，韩国公共广播体制开始迈出"独立于政府"的第一步。与此同时，新《广播法》允许设立民营广播广告代理公司，韩国广播广告公社独霸广告业务的局面也将成为历史。

在上述背景下，韩国广电业结构调整的目标开始指向打破垄断、激活市场和增强实力；调整内容也大抵集中在三个方面，即：加大力度推行节目制播的专业分工；放松有线电视管制，允许跨业经营；发展卫星电视。

（一）制播分离

在韩国，"制播分离"是被强力推行的一项措施。由于"制播合一"与"三强垄断"的历史渊源深厚，因而这一措施的推行与打破"三强垄断"的目标密不可分。其方式具体有二：一是倡导推行节目配额制，规定三大网需要播出的外制节目比例；二是通过设立基金和发放贷款，扶持独立制片商。

韩国从1991年开始实行节目配额制，并拟订了逐年增加配额比例的计划表，外制节目配额比例从1991年的3%逐步增加到1999年的20%。[①] 然而，三大网对这一制度态度消极，致使实际效果不尽理想。近两年来，韩国广电管理机构开始加大推行力度。1999年，新出台的《广播法》在第72条和《施行细则》第58条中，对电视台增加播出外制节目的份额，特别是播出独立制片商制作的节目的比例，以及黄金时间播出的外制节目的比例，均做出明确规定；与此同时，对违反这些规定的处罚措施，亦加以详细说明。

这些内容包括：（1）到2001年，电视网外制节目的播出比例将增加到40%，其中，独立制片商制作的节目份额将增加到30%；（2）按照韩国广播委员会的要求，电视网每月在黄金时间必须播出超过15%的外制节目；（3）如果违反配额制，或者黄金时间达不到所要求的外制节目播出比例，电视网将

---

① SONG K H. Report on the program quota regulation：what has changed after nine years in the program supply market？[M]//KBI Report 2000，Seoul：KBI，2000..

受到处罚，罚款金额从 300 万韩币到最高 3000 万韩币不等。①

除了对节目播出机构实施硬性的节目配额要求外，韩国有关部门根据《文化产业振兴基本法》（中小企业创业支援法，1999）第 14 条"对独立制作社的制作支援"（为激活独立制作社的制作，政府、广电法人、广播电视台……可对独立制作社进行支援）的规定，采取基金贷款、专项财政贷款的形式，对独立制作社等机构的节目制作从资金上给予扶助。资金来源包括政府文化观光部下属的"文化产业基金"、韩国广播委员会下属的韩国广播振兴研究院设立的"广播振兴基金"；资助对象包括独立制片机构、投资公司、动画制作社和有线电视节目供应商；资助额度从 3 亿到 10 亿韩币不等。

（二）放松有线电视管制

"放松有线电视管制，允许跨业经营"是韩国电视业调整的第二项内容。20 世纪 90 年代中期以来，韩国广播电视界逐渐认识到，在数字化多频道时代，那种视所有电视频道为公共资源的观点已经过时，以此为基础制定的政策和法规也需要进行相应的改变；广播电视与其他许多行业一样，可以用来创造利润，应该将其作为独立的经济实体来对待。韩国政府在所有新媒介中最先选择了发展有线电视并将其推入市场，期望以此激活竞争、打破无线电视一枝独秀的局面。与此同时，为防止新垄断的出现，韩国政府对有线电视实行了严格的经营限制和所有权限制。

韩国有线电视 1995 年正式开播。按照当时的相关法令，节目供应商（PP）、系统运营商（SO）和网络运营商（NO）之间禁止跨业经营，即 PP-SO-NO "三分立"，而且不同地域的系统运营商之间，以及制作不同节目的节目供应商之间，不允许相互进入；此外，大企业、报社和外国资本也被限制进入有线电视行业。这样做的结果是，1999 年以前，有线电视无论是系统运营商还是节目供应商，连续四年一直在亏损中挣扎；有线电视在广告市场和

---

① SONG K H. Report on the program quota regulation: what has changed after nine years in the program supply market? [M]//KBI Report 2000, Seoul: KBI, 2000.

收视市场上所占的份额，与无线电视相比也非常之低。

一些研究者认为，韩国政府的严格限制政策失大于得，尽管"三分立"有利于防止垄断，但不利于整个行业的生机。[①]有线电视业者只有单一所有权，在单一地域传播，各自为政、分散经营，在无线电视三大网联合垄断的格局下，难以打开局面，亦难以扩大市场规模和实现节目多样化，更谈不上创造经济效益；这项产业壁垒重重，横向纵向的整合都被封死，难以成规模发展。另外，"三分立"政策与时下放松规制、开放市场以及大资本、大市场、集团化的经营潮流也不符合。

有鉴于此，韩国政府开始实施缓和政策。1999年新《广播法》颁布，破除了先前横亘在有线电视各业之间的壁垒。其特点是：（1）允许有能力的有线电视转播业者成为有线电视系统运营商（SO）；（2）允许系统运营商、网络运营商和节目供应商之间横向整合，成为多重系统运营商（MSO）、多重网络运营商（MNO）和多重节目供应商（MPP），同时允许网络运营商、系统运营商和节目供应商之间打破界限，跨业经营；（3）放宽所有权和新公司进入有线电视业的限制，允许大企业和报社持有有线广播电视台33%的股份，至于参与节目供应商业务则未设任何限制。同时，对于外国资本进入上述三个领域，允许其拥有33%的股份。[②]

（三）发展卫星电视

"发展卫星电视"是韩国广电业结构调整的第三项内容。对于是否引入卫星直播电视，韩国舆论曾经存在两种不同的观点：一种是保留论，认为有线电视业的竞争已无法避免，如果再引入一种新媒介，是否会产生负面影响，

[①] 参见韩国学者康贤斗2000年在北京广播学院（原中国传媒大学）举办的"中日韩广播电视发展国际学术研讨会"上提交的论文《多媒体时代韩国广播电视业的发展》(*A Study on Korean Broadcasting Policy for the 21st Century*)。

[②] 参见韩国学者康贤斗2000年在北京广播学院（原中国传媒大学）举办的"中日韩广播电视发展国际学术研讨会"上提交的论文《多媒体时代韩国广播电视业的发展》(*A Study on Korean Broadcasting Policy for the 21st Century*)。LEE S. A study on Korean broadcasting policy for the 21st century [M]//KBI Report 2001. Seoul：KBI，2001.

因为在一些有线电视渗透率高的国家，存在一个普遍现象，即提供多频道服务的卫星电视的市场份额很低，而有线电视用户少的国家，卫星电视的需求就高，这表明有线电视和卫星电视是互相竞争的。① 在韩国，有线电视与卫星电视起步的时间差很小，同时发展这两种媒介便需要仔细权衡。另一种是尽早实施论，认为引入卫星电视是一项积极的开放策略，旨在应对开放韩国广电市场的压力。既然开放不可避免，尽早引入卫星电视，以积极的开放举措来强化国内广播电视业的竞争力是很有意义的，卫星电视的实施也会为影视市场的扩大提供机会。②

最终，在发展卫星电视、通过多样化的节目市场来增强韩国影视业的竞争力这一点上，人们逐渐达成了共识。1999 年，韩国政府开始实施卫星电视政策，该政策与有线电视新政策类似，比如，允许大企业和报社参与卫星电视业，但持股须在 33% 以内；允许外国资本参与等。

2002 年 3 月 1 日，韩国卫星电视台 Skylife 正式开播，标志着韩国正式步入卫星电视广播时代。Skylife 是第一家经韩国政府批准成立的纯粹商业目的的卫星电视，国营的韩国通信是第一大股东，KBS 是第二大股东。为了扶持卫星电视等新媒体，新政策还允诺包括放宽广告时间在内的一系列优惠条件。

四、法律与市场的双重作用：调整的特点

韩国电视业这一轮结构调整，是依藉法律规范和市场机制的双重力量进行的。韩国经济的腾飞，是在集权政治体制下取得的，经济优先的原则使韩国在短时间内跨入世界经济发达国家的行列；与此同时，韩国政局出现政治妥协的渐进变化，民主化进程加快，社会吁求法制代替专制的呼声日益高涨，

---

① LEE S. A study on Korean broadcasting policy for the 21st century [M]//KBI Report 2001. Seoul：KBI, 2001.
② 参见韩国学者康贤斗 2000 年在北京广播学院（原中国传媒大学）举办的"中日韩广播电视发展国际学术研讨会"上提交的论文《多媒体时代韩国广播电视业的发展》(*A Study on Korean Broadcasting Policy for the 21st Century*)。

大众传播也由争取言论自由逐步向法治化管理方向发展。①

在广电领域，韩国政府近年来推行"民主化与市场经济"政策，从以规制为主转向强调市场机制。韩国广播委员会从政府辖下独立出来，成为真正意义上的公共机构，相应的，法规管理的重要性也日益突出。事实上，法规的形成过程已经成为体现民主意识和推进民主化进程的一部分。市场经济是一种法治经济，法规本身既要体现尊重市场规律这一时代潮流，也要发挥相应的规范和保障作用。从这个意义上说，按照刚性的法律规范和相对柔性的市场机制要求进行广电业结构调整，是韩国广电业的必然选择。其特点主要体现为：

（一）结构调整以法规为依据进行

无论是推行节目配额制、扶持独立制片商，还是发展有线电视、开发卫星电视，包括韩国广播委员会从政府部门独立出来、实行重组，如前所述，都是在相关法规颁布或者重新修订之后，才开始实施的。这些法律包括《广播法》《有线电视法》《文化产业振兴基本法》等。先有法律，然后有行动，这种方式一方面使得结构调整有法可依；另一方面，由于法规的产生往往需要经过多次研讨和商议，以凝聚共识，避免偏差和盲目，法规本身具有一定权威性、严肃性和相对稳定性，因而有利于降低改革实施的成本，减少随意性。

（二）遵循市场规律推动结构调整

韩国广电业结构调整的一大目标是打破垄断，然而，完成这一任务不能靠硬性的行政手段，而要依照市场规则下的专业分工和竞争机制来逐步完成。比如，实施节目配额制，是对制作和播出进行专业分工；贷款扶持三大网之外的独立制片机构，是利用资金杠杆，鼓励节目的市场化生产；发展有线电视，一方面是为适应观众的节目多样化需求，另一方面也有与无线电视争夺

---

① 臧海群.韩国的大众传播与社会发展[J].新闻与传播研究，2001（1）：51-61.

市场、刺激节目市场生长的考虑；有线电视从"三分立"到允许跨业经营，是按照市场对资源配置的要求，对有线电视这一相对弱势的媒体，打开整合的壁垒，促其整合资源、扩充力量，增强与无线电视竞争的实力；开发卫星电视，则是在原有广电市场上引入新质媒体，一个新的综合性传播平台，这样做从理论上说亦会刺激节目需求，活跃市场竞争。

（三）法律本身较多地容纳市场规律的要求

以1999年新出台的《广播法》来说，该法将无线电视、有线电视、卫星电视、有线转播、音乐广播以及新兴的互联网广播等纳入同一个法律体系中，这是顺应当今世界广电与通信业大融合这一市场潮流的明显反映。韩国广电业相关法规对制播分离、有线电视和卫星电视等事业的积极推动，以韩国研究者的观点来看，说到底，仍是着眼于电视市场、着眼于与观众需求市场的变化规律相适应的重要举措。①

美国公共政策学派代表人物哈维克（John J. Havick）在谈到传播政策的制定时，曾经从理论上概括了四种模式：（1）经济规制；（2）新多元主义；（3）多元主义；（4）政府主导。②所谓经济规制，是指以经济效率为标准，强调实施规制中的产业主导原则，在此基础上制定政策；政府主导模式则是指政府依据自己的偏好制定政策，实施政府行为。按照一些学者的说法，过去在韩国，政府主导模式一直占据统治地位，然而今天，这种模式已经开始向经济规制模式转变。③

---

① 笔者2002年7月访问韩国广播振兴研究院时，姜锡晚博士、尹在植博士和宋种吉博士所言。
② HAVICK J J. Communication policy and political process [M]. Westport, Gonnecticut: Creenwood Press：1983.
③ LEE S C, Joe S K. . Key issues in the Korean Television industry：programmes and market structure [M]//Television in contemporary Asia. New Delhi：Sage Publications India Pvt Ltd,2000：132.

五、一役难竟全功：调整功效初探

韩国广电市场原有格局的形成非一日之功，结构调整也很难一蹴而就。那么就目前来看，结构调整的功效如何呢？

从若干数据上可以看到一些乐观的信息。例如，2000年的一项研究显示，MBC播出的节目已达到配额节目目标比例的92.5%，SBS和KBS也分别达到了目标比例的77.5%和65.5%。① 这多少反映出"制播分离"正逐渐生效。另外，有线电视情况也有所改观。1999年，有线电视订户增加到140万户，起步之初的1995年只有18万户，5年间增长了将近7倍；同样在1999年，有线电视开始赢利，节目供应商和首尔地区广电系统业者第一次有了净利润。② 这些都显示有线电视已经开始成为韩国电视市场上不可忽视的生力军。

然而，韩国广电市场被三大无线网寡头垄断多年。按照媒介经济学理论，寡头垄断是一种相对稳定的结构，寡头们控制经济力量的程度，远高于完全竞争或垄断性竞争的市场，他们彼此之间的联手合作甚于有限竞争，进入这个市场的障碍极大。③ 事实上，仅以"制播分离"来说，这项自上而下推行的政策，在实践中便遭受到"上有政策、下有对策"的待遇，难以实现其预期效果。

例如，从1991年到2000年，在实行节目配额制的10年当中，三大网没有一家曾经达到过规定的目标比例。在三大网所播出的外制节目中，有相当一部分（KBS和MBC在44%左右，SBS稍少）是由本公司前雇员所办机构制作的，并且交易价格低于独立制片商的节目，这多少涉有违反公平竞争之嫌。而且，即使是播出独立制片商生产的节目，三大网也大都将它们安

---

① SONG K H. Report on the program quota regulation: what has changed after nine years in the program supply market? [M]// KBI Report 2000. Seoul: KBI, 2000.
② KWON H Y, KANG I H, JEON W Y, etc, Korean broadcasting statistics [M]//KBI Report 2001. Seoul, Korea: KBI, 2001.
③ PICARD R G. 媒介经济学 [M]. 冯建三, 译. 台北: 远流出版事业股份有限公司, 1999: 57, 127-129.

排在非收视高峰时段。更有甚者，三大网凭借雄厚的资金实力，对独立制作节目采取版权买断方式，大约94.0%的独立制作节目的版权归三大网所有，4.3%由制片商拥有部分版权，仅有0.7%的节目全部版权归制片商独家拥有。结果，绝大多数独立制作的节目被三大网独家垄断，二次使用的比率仅为2.1%，使用效率极低。① 独立制作的节目未能起到繁荣市场的作用，客观上，反倒扩大了三大网在外部节目制作市场上的垄断。

此外，三大网还常常依仗其垄断地位，对独立制片商予夺予取，忽视其利益。比如，广播网与独立制片商签订的购买合同，通常是一些短片和非系列片，主要是教育、纪录片和时事类节目，每次都需要重新计划，而不是像广播网的下属公司那样，生产系列电视剧和娱乐节目，能够连续性计划，有较高收视和稳定收入。② 缺少制作这一类节目的机会，使独立制片商的节目制作类型单一，专业水平和多样化程度受限，无助于其经营成长，而这反过来又制约了独立制片商的发展。凡此种种，都使得推行节目配额制的预期目标大打折扣。

再以有线电视来说，如果说节目配额制是一种政策性催产素的话，发展有线电视则更像是一个结构性助长剂。因为从理论上说，有线电视所提供的大量频道将刺激节目需求，客观上会有益于节目制作和流通市场的生长，观众也会从中得到更多的节目选择。然而直到1999年，整个电视收视市场80%以上的份额仍然被三家无线电视据有，有线电视广告占整个电视广告市场的份额也只有8.4%。③ 这其中原因固然很多，包括起步不久便遭遇席卷韩国的亚洲金融危机，还有相关政策的失误，比如起步之初实行"三分立"政策，禁止网络业者、系统业者和节目供应商彼此跨业经营，限制了有线业者的行业整合和规模扩张，等等，然而，还有一个更主要的原因是，有线电视缺少好节目和节目来源，好节目仍然被掌握在"制播合一"的三家无线广播公司

---

①② SONG K H. Report on the program quota regulation：what has changed after nine years in the program supply market? [M]// KBI Report 2000. Seoul：KBI，2000.

③ KWON H Y, KANG I H, JEON W Y, etc, Korean broadcasting statistics [M]//KBI Report 2001. Seoul，Korea：KBI，2001.

手中。①有线电视要想吸引观众，往往得向三家无线网购买，这无形中又助长了三大网的垄断，也扼制了小制作商的生机；而无法激活节目制作和流通市场，最终亦会限制有线电视的发展。1999年实行新的有线电视法规后，情况似有好转，但是明显的改观还有待时日。

卫星电视的情况与有线电视相似。韩国发展卫星电视也有激活节目市场的初衷，但是由于制作公司未成气候，节目市场尚未成形，卫星电视的大多数节目仍然不得不从三大网购买。这样一来，实际上将三大网的强势进一步延伸到卫星电视领域，节目的多样性大打折扣，卫星电视吸引观众的能力也无从提高；再加上还要面对强势的无线电视和先行的有线电视的竞争，卫星电视面临的考验可想而知。用某些研究者的话来说，一般卫星电视5年可以正常运转，现在看来，5年后也不一定会出现理想的状态，其前景并不乐观。②目前韩国广电业界和研究界正在积极研拟应对之策，包括制定政策弱化无线电视在卫星电视中的作用；在不损害本国影视业发展的前提下，给予外国频道和国内频道同样的地位，等等。尽管如此，卫星电视要进入健康成长期，仍然面临诸多挑战。

很显然，在整个结构调整中，"制播分离"是关键的一环，它与打破三大网垄断的目标渊源深厚，与有线电视和卫星电视的生存发展也密切相关。然而，由于三大网都是在韩国公共广播体制下的垄断结构中成长起来的，这个体制既含有公营广播的特点，也吸收了民营广播的一些专长，因而积累了相当雄厚的经济实力，也积累了应对政策法规的不少经验，这使得任何新法规或新措施的推行，其效果都难免会被三大网消弭一二。另一方面，由于市场集中度过高，新来者的进入门槛被抬高，难以争得自己的份额，又缺乏市场应变的能力，举步维艰，发展不易。这些都使得法律规制和市场调控的效果，在一定程度上存在不确定性和不彻底性。

---

① 笔者2002年7月访问韩国卫星电视台Skylife时，康贤斗社长和金慈卿经理所言。
② 笔者2002年7月访问韩国广播振兴研究院时，姜锡晚博士、尹在植博士和宋种吉博士所言。

六、结语

韩国广电业的这一轮结构调整，是在既有的公共广播体制下进行的一次渐进式改革，旨在打破三大无线网的垄断，提高效率、增强自身实力进而参与国际竞争。因此，结构调整选择从推行"制播分离"着手，通过专业分工来激活节目市场，并努力推动有线电视和卫星电视的成长；其特点是坚持法律与市场机制并重，以便保持结构调整的有序性和动态平稳性。然而就目前来看，结构调整要想取得预期的效果，仍有很长的一段路要走。

转型：在变与不变之间[*]

——全球化背景下公共广播的发展及思考

在欧洲和日韩等国家，直到20世纪80年代以前，公共广播一直占据绝对主导地位。作为不同于美国商业广播模式的一种制度设计，公共广播一直肩负着为公众利益服务、传播知识文化、营造公共空间等颇多的期许。由于公共广播的收入结构中多少存在着受政府控制或影响的因素，公共传媒业也被许多人视为政治体系的组成部分，是传播政策的重要工具，并且由于频谱这一自然资源的有限性，而被置于国家高度垄断的行业之中。

20世纪后期，随着市场化、全球化和数字化浪潮的兴起，公共广播遭遇了前所未有的冲击。

在欧美等西方国家，以"放松规制"为主要内容的改革，从经济领域向意识形态等领域扩张，公共广播体制这个传统上一直在民族国家边界内运行的广播模式，亦受到市场自由主义者的质疑。他们认为，政府为公共广播机构发放许可证，在建立、组织和筹措资金方面实行倾斜，媒体公司享受特权，会遭受被政府定调的困扰。一方面，那些"超级精英们"提供给受众的常常是他们假定受众需要的东西，而非受众真正需要的东西。另一方面，科技进步尤其是数字化技术的发展极大地丰富了广播频率资源，过去政府以频率属短缺性公共资源应该服务于公众为由，占有或垄断频率资源，或者以非市场的方式分配这一资源，这一做法的合理性已经发生了动摇。市场自由主义者

---

[*] 本文原载于《湖南大众传媒职业技术学院学报》2005年第2期，与赵彩艳合作撰写。

主张,公共广播要想长期生存下去,必须为了公众的利益而放弃自身的垄断地位,公共广播应该越来越少地依靠政府,越来越多地依靠市场,特别是一个开放的、全球化的市场,使之更具有竞争性、更有效率。在他们看来,"自由与选择而非控制与稀缺,正在成为信息时代黎明的标志"①。

综观历史,不难发现,各国公共广播体制并没有统一的模式,由于各国历史、思想和政治力量作用不同,其产生的背景和发展动因也不尽相同,但是大体上,公共广播业一直是在拒绝市场诱惑和摆脱政府控制的双重努力中求生存的。近年来,随着"放松规制"带来私营广播进入市场的屏障消除,特别是跨国媒体的扩张和数字多频道时代电视竞争的加剧,市场压力日渐凸显,迫使各国公共广播业在宏观格局和微观操作上都发生了一些变化。尤为明显的是,大家纷纷寻求经济层面的转型,向市场机制迁移,并展开海外战略。传统的公共广播业已经无复旧观。

目前,公共广播业的转型在不断丰富、不断深入,转型看起来只是经营模式的变化,但是其效果已经超出了经营层面,继而影响其未来发展。那么,公共广播有什么新动向?其转型的背景和特点如何?怎样看待其未来的发展前景?本文拟对这些问题进行探讨。需要说明的是,这里的"公共广播"是公共广播电视的简称,公共广播体制、公共广播机构、公共广播业等也含有类似的简略。

一、公共广播的多元谱系

所谓公共广播模式,是指以(全部或部分)由国家(或政府)建立、组织和筹措资金的大型公共广播机构为主导的广播模式。② 某种意义上说,公共广播是一种以民族国家为界域的广播体制,同时也是一种资源分配形式。

公共广播模式被认为有三大构成要件:一是以服务公众为原则,不以盈

---

① 基恩.媒体与民主[M].邵继红,刘士军,译.北京:社科文献出版社,2003:47.
② BROWN A. Economics, public service broadcasting, and social values [J]. The journal of media economics, 1996, 9(1): 3–15.

利为目的；二是以制播具有教育性、文化性节目为主，反映本土文化，兼顾少数族群和多元文化；三是由一个代表公众利益的独立机构负责经营和管理。在现实中，由于各国历史、政治和经济背景不同，公共广播模式呈现出不同的光谱和色调。

学者麦金西（McKinsey，1999）曾经以收入来源为标准，对公共广播模式进行划分。他认为，公共广播机构的收入来源主要有视听费（最重要的非政府性收入）、政府资助（最重要的政府性收入）、广告收入（最重要的商业收入）和其他（捐助、赞助）四种。与此相应，公共广播模式可以分为四类：第一类是"纯粹的公共广播"——收入完全或几乎完全来自视听费，代表性国家包括英国、日本、挪威、瑞典、澳大利亚等；第二类是"公共主导型广播"——收入结构是混合型，但以视听费为主，例如德国、土耳其、比利时、荷兰等；第三类是"具有公共成分的国营或商业广播"——视听费占一定比例，政府补贴或商业收入是最重要的收入来源，例如法国、波兰、丹麦等国家；第四类是"纯粹的商业广播或商业政府广播"——不收视听费，收入来自政府或广告，只具有较少的公共成分，例如新西兰、葡萄牙、西班牙等国家。①

然而，有观点认为，视听费收入也应属于混合收入方式（即来自政府或非政府的收入）②，因为视听费的收取多少也会掺杂政府的调控因素在内。长期以来，以频率资源的有限性和服务公众利益为由，欧洲和亚太（韩国、日本、澳大利亚等）等国政府大都将公共广播置于垄断地位，以各种直接或者变相的方式，程度不同地介入公共广播机构的收入结构当中，在经济利益政治化或政治利益经济化的相互扭结中，获得一定的影响力。事实上，有许多研究显示，后期欧洲各公共广播体制国家的市场化转型，无一不是在政府的政策或法令的倡导和支持下进行的，这从一个侧面表明了政府因素的影响。

以英国为例，英国是实行公共广播体制的典型。英国广播公司（BBC）的经费中，过去九成以上来自征收的收视费，其余由国库补贴，不播出广告。

---

①② KOPS M. 公共广播电视及其经济来源分析［J］. 何勇，编译. 媒介研究，2004（1）：24-27.

在最初发展阶段，英国政府在许多问题上都表现出对广播的政治控制。公共广播要求具有非商业和非政府的特征，BBC 虽然通过皇家宪章保障其独立地位，但是在与政府的关系上却存在明显的受制性，不能完全免除来自政府的影响。英国政府一般不干预具体的节目制作和播出，可是通过吊销营业执照等手段，仍然保留对公共广播机构的控制权。

法国采行的则是一种国有模式。法国公共广播具有国家垄断的传统，长期以来只有国营台，不允许私营台合法、公开地经营。"二战"结束后不久，法国建立了唯一的广播电视机构——法国广播电视公司（RTF），后改为法国广播电视局（ORTF），其经费主要来自政府拨款和视听费。法国国有体制的典型特点是政府主导，媒介官员必须常常征求政府的指导和意见，政府甚至通过 ORTF 管理委员会控制法国公共广播电视的重要人事安排、财政收入、节目政策和运行形态及其方式。虽然后来的 ORTF 比 RTF 有了较大的政治、经济和业务上的自治能力，但是总体上看，"政府主导作用不但很大程度上能够左右公共广播电视经营机构，而且能够深刻影响独立的国家广播电视行业行政主管机构的政策取向和日常行政行为"[①]。与法国模式比较接近的有挪威、瑞典等国家。

与受到自上而下因素影响的英国和法国模式不同，德国公共广播采行的是一种地方联合所有模式。德国在 1950 年建立了公营性质的德国广播电视联盟（ARD），该机构由德国各州的广播电视台和德国电视一台、二台等通过民主的方式组成，通过制定公法、征收视听费来维持其正常运作。在组织体制上，德国公共广播以地方联合所有代替国家所有，接受独立于联邦政府的国家广播电视行政委员会的行业管理，但在行政、人事、财政乃至节目制播等方面仍拥有独立自主权。德国政府主要通过设立新闻局以及在各州的官方新闻办公室协调政府与传媒界的关系。政府对公共广播机构的控制作用相比英法等国要弱得多，不过，在法律允许的范围内仍可以进行一定的宏观调控。与德国情况大体相似的，还有比利时、荷兰等国家。

---

① 金冠军，郑涵. 全球化视野：传媒产业经济比较研究［M］. 上海：学林出版社，2003：420.

二、公共广播的新动向

20世纪80年代以后，随着世界经济的快速增长，私有化、市场化浪潮席卷全球，技术进步使媒体竞争加剧，并带来开放的压力。公共广播的垄断地位和在社会文化领域的影响，受到极大挑战。在实行公共广播体制的欧洲和日韩等国家中，为了顺应潮流、争取受众，也为了应对所谓公共广播体制"市场封闭、效率低下、资源配置失效、竞争机制失灵"的指责，各国政府开始积极倡导和推动媒体的市场化转型，公共广播体制无论在宏观格局还是在微观操作上，都发生了不小的变化。

这种变化的一大特征便是引入私营资本，在广播电视领域实行公私并举的双轨制运作模式。目前，公营台虽然仍然垄断视听费收视市场，但一些电视台已经开始播出广告；而私营台则完全遵循商业模式，主要靠广告费为生。双方在争夺受众方面的竞争不断展开，公共广播的垄断势力日渐削弱，在广播电视市场上的份额和在受众中的影响力也在不断降低。

例如，曾经拥有超过80%以上市场占有率的英国BBC，不得不与私营的独立电视网（ITV）平分市场；日本公共广播机构NHK也与四大私营电视网——东京广播公司（TBS）、日本电视公司（NTV）、富士电视公司（FTV）和全国朝日广播（ANB）展开了角逐；在法国，作为一家老牌的公共广播机构，法国电视二台的晚间新闻收视率已经落在私营的法国电视一台之后；德国广播电视联盟（ARD）与两大私营电视台RTL和SAT-1之间也形成了彼此较量的格局，两家私营台在市场占有率方面已经后来居上。在竞争中，欧洲的公共广播机构虽然有幸生存了下来，但是已经有点步履维艰；它们虽然仍占据1/3的市场，但由于较低的收入增长率，它们的市场份额在不断缩减。①

到20世纪末，随着新一轮的经济全球化运动向包括媒体业在内的众多

---

① 金冠军，郑涵.全球化视野：传媒产业经济比较研究[M].上海：学林出版社，2003：76.

领域不断渗透，特别是美国商业体制下的传媒巨鳄在世界范围内扩张的加剧，已经取得一席之地的一些私营资本开始抢乘这趟新时代的经济列车，进行跨国广播电视扩张。例如，德国最大的出版集团贝塔斯曼集团获准收购卢森堡广播电视台，德国私营广播电视的发展迈上了一个新台阶；法国私营的威旺迪集团近几年也涉足多个传媒领域，曾经计划收购美国电视网（USA Networks）及其下属的两个有线电视频道。在这种形势下，各国公共广播进一步向市场转变，纷纷引入多种商业运作模式，尤其是在跨国领域，不断寻求多种经营策略。

最典型的莫过于英国广播公司（BBC）。早在1994年，英国政府就审时度势，发表了白皮书《英国广播公司的未来》，明确提出了大力发展国际电视的新政策，其主导思想是促进BBC参与国际电视业务和竞争，运用包括商业手段在内的各种手段向全球扩张。根据这一精神，BBC一方面对内调整组织架构，改组成立了BBC环球公司，下设环球电视公司、环球出版公司、环球服务公司三家分公司；另一方面与有实力的传媒企业合作，共同开发世界市场。[1]1995年，环球电视公司以灵活的融资方式，吸引培生集团（Pearson Group）投资，共同开办了BBC世界电视台（BBC World）和BBC娱乐台（BBC Prime）。BBC还以发展国际业务为平台，环球服务中心把建立国际电视业务和商业活动合为一体，通过在全球范围内的节目销售以及音像制品、出版物的销售来增加收入，弥补运营经费的不足。1999年，BBC的销售额是1992年的两倍，来自商业经营的收入超过4.5亿英镑，占总收入的16%。[2]

按照澳大利亚传播学者布朗的观点，公共广播机构通过与国外商业或非商业广播机构的合作，生产和销售节目，来参与国际竞争，这种做法已成时尚，相当流行。[3]在欧洲，德国公共广播ZDF向全欧洲提供包括娱乐内容在

---

[1] 张志. 国际传播环境的新变化[J]. 世界广播电视参考，2002（2）：3-11.
[2] 周艳. 英国广播公司产业发展脉络和经营特征[J]. 世界广播电视参考，2002（8）：10-17.
[3] BROWN A. Economics, public service broadcasting, and social values [J]. The journal of media economics, 1996, 9（1），3-15.

内的各种节目,并且在北京、新加坡和东京等地设有二十几个演播室。① 由政府和公共机构资助的法国电视五台,在世界各地遍布着200多人的营销队伍,该台四分之一的收入来自海外营销收入。② 在亚太地区,2000年韩国政府修订颁布了新的《文化产业振兴基本法》,提出将从资金上支持节目制作、贸易情报、市场调查等相关机构,以鼓励它们参与国际交流和进入海外市场,提高韩国文化商品的出口竞争力。韩国最大的两家公共广播电视机构——韩国广播公司(KBS)和文化广播公司(MBC),致力于节目出口和跨国合作。2001年,KBS和MBC出口节目收入达1200万美元,是民营的SBS的3倍,比上年增长了46%③,在亚洲各国一时掀起阵阵"韩流"。

不过,BBC的转型还不止于此,它的另一个更具有典型效应的举措是,2001年,BBC在加拿大开办了全娱乐电视频道"BBC加拿大频道"和"BBC儿童频道",这是BBC在全球开发商业电视频道经营战略的重要步骤。按照许可证规定的要求,负责BBC对外电视经营的BBC环球电视公司在这两个频道中各占50%的股份,收入来自广告和电视用户的订费。④BBC通过跨国合作,成功地将自己的全球化战略由内容渗透扩展为资本把持。

三、背景与特点

各国公共广播体制的这一轮转型,尽管方式不一,动因也多有不同,但是总体上看,离不开以下几方面因素的影响:

(一)技术革命的推动

世纪之交,随着光缆、卫星和数字压缩技术的广泛应用,频道数量剧增,

---

① 上海文广发展研究部.电视的影响力[J].广播电视研究,2004(3):2-3.
② 景春寒.关于中央电视台英语国际频道在欧洲落地的思考[J].世界广播电视参考,2002(2):15-17.
③ 参见韩国《2000年放送节目进出口统计》之"广播电视节目进出口现状".
④ 徐年生.英国广播公司在加拿大开办新电视频道[J].世界广播电视参考,2002(4):7-9.

许多专业化电视频道所提供的节目已经涵盖了过去由公共广播主导的诸如文化、知识、自然、科学、纪录片和音乐等领域。"一项最新的电视节目研究表明,许多公共电视的目标正在由有线电视完成,实际上,公共电视提供的任何一类节目不但可以而且能够大量地在有线电视上看到。"① 由于受众的选择空间增大,需求的个性化日益突出,而且,随着人们获取信息的途径多样化,受众不再把媒体视为获取知识的来源和新闻文化的载体,而是将其视作能够根据自身愿望和要求自由选择的消费产品。电视也不再是紧缺的供应媒体,而是市场服务媒体。受众群的迁移和分化,促使公共广播转向更大的市场,争取更多的受众。

(二)政府倡导

在经济全球化和市场化的冲击下,各国政府放松对媒体的管制成为一股潮流;与此同时,将媒体纳入整个国家全球化竞争战略的组成部分,也成为一大趋势。一方面,市场开放,广播电视机构容易获得执照从事商业经营活动,公共广播机构一度垄断的特殊资源被赋予更多的商业特征,其公有或国有特性被逐渐淡化;另一方面,由于有限的视听费已无法保证公共广播机构的正常运转,而且近年来这笔费用还在不断减少,无法应付日益激烈的国内竞争以及国际媒体的渗透;况且,建立一套政治文化体系和相关制度比建立一个成形的市场,需要更多的时间,体系也更为复杂,因此政府更倾向于选择一条简单的路径。于是,在"给公共广播一条生路"的口号下,将公共广播推向市场,允许和鼓励其提高商业收入,强筋健骨,参与跨国竞争,便成为各国政府的必然选择。

(三)资金压力

近年来,公共广播机构的运营成本在不断上升,收入增长却在放缓。"由

---

① GRANT A E. The promise fulfilled? an empirical analysis of program diversity on television[J]. The journal of media economics,1994,7(1):51-64.

于电视媒体的技术转型，引起了多方面的结构变化，在商业电视界，这引发了一条由经济主宰的因果关系链：节目供应增加—资源减少—节目价格上升—引导消费便宜的电视节目。"① 这一现象，在公共广播界同样普遍存在，市场竞争的激化，以节目制作费、购买影视节目和体育转播权费高涨的形式，直接影响了公共广播的财政状况。例如，"20 世纪 80 年代中期德国电视台购买一部美国影片所支付的平均价是 18 万马克，到 90 年代中期平均价升至 60 万马克；到 20 世纪末，如果是购买某部影片的首播权，则需支付数百万马克"②。另一方面，视听费收入的增长以及来自政府的资助，与消费价格指数联动，而价格指数上升的幅度却远远落后于广播电视部门开支的增长速度。这些都迫使公共广播机构对内精简编制、控制支出，对外采取更多的诸如合股经营和合作制片等策略，以降低成本、分摊风险、扩大市场。

公共广播的转型受技术、政府、资金等因素的影响十分明显，但是归根结底，主要还是来自受众市场的压力。如果不是出于对受众流失的担心，以及由此而来的可能质疑其存在的正当性和合理性的忧虑，公共广播的转型不仅会缺乏动力，而且会失去目标和方向。另一方面，几乎所有的公共广播机构都在不断重申，争取受众并不意味着放弃公共广播的理念，两者并不矛盾，更不对立，相反，公共广播的转型正是为了更好地服务受众，特别是用高质量、多元化的节目内容来吸引受众。公共广播机构不仅要重构与受众的关系，而且要进一步强化自己的公共广播理念和使命感。在他们看来，因循旧制和彻底商业化，都不是公共广播的发展正途，在公共服务与市场策略之间寻求平衡，才是公共广播的前进之路。

于是，在一些公共广播机构那里，在变与不变之间，转型呈现出所谓"两分立"的特点，即公共理念与经营策略相分开、国内服务与国际战略相分立。

"两分立"被认为是公共广播的典型——BBC 率先开拓出来的一条全新

---

① 佚名.多媒体时代公共电视的社会责任[J].世界广播电视参考，2002（10）：16-18.
② 王才勇.德国广播电视业概况[J].新闻与传播，2001（6）：84-87.

的、富有活力和发展潜力的道路。BBC所持有的特许证执照，规定它必须履行自己的义务，为公众提供全方位的服务；它所面对的现实环境又要求它必须兼顾理念与经营。为了确保公共服务的根本不发生动摇，BBC努力将公共理念与经营策略区别开来，将商业活动和与收视费收入相关联的项目脱钩，并为其商业活动制定了明确的规则。这些规则包括：其一，在运作和财务方面，将公共资助行为与商业行为明确区分；其二，BBC各商业子公司从BBC其他部门获得物资和服务，均支付费用，以确保公众资金不用于商业活动，使公众资金不会因为商业活动而处于风险之中；其三，公共资助的服务项目不得用于推销BBC的商业产品和服务。[①]与此同时，BBC利用视听费收入支持新增加的数字频道和免费频道，并无偿地提供给受众，以此获得受众的支持。

BBC在经营策略方面的改变，主要表现在开拓媒介产品的国际市场和跨国合作方面，在国内依然强调公共广播的本色，即采取国内本土公营和国际市场商营这两种经营策略，两条腿走路。至今，BBC在英国本土的经营仍然以视听费为主，没有任何形式的商业广告，也不播放任何带有赞助性质的节目。20世纪末期，BBC的商业收入逐渐增加，但主要限于国际市场，限于节目、音像和书刊等产品的销售。BBC不断扩大对外广播电视业务，甚至进行机构重组，整合资源，成立统一的国际新闻和信息部门，目的就是增强自己在国际市场上的活力，在更大范围内争取受众，以加强对世界舆论的影响，并且有意通过扩大全球市场将公共服务理念推广至全世界。

从某种意义上说，BBC的"两分立"策略颇具一石三鸟之功：既强调了坚持公共广播的品质，又开辟了新财源，获得了比较丰厚的物质收益，同时还扩大了国家的影响力。用BBC总经理格雷格·戴克（Greg Dyke）的话来说就是："BBC在全球的作用是极其重要的，我们独立和公平的报道给英国带来了巨大的回报——高度的公信力。"[②]

---

① 肖冬.欧洲公共广播电视资金来源探析[J].世界广播电视参考，2001（2）：3-15.
② 温飚.英国广播公司进行重大机构整合，成立统一的国际新闻和信息部门[J].世界广播电视参考，2003（1）：18-19.

必须承认，公共广播模式的转型，确实是受到了传媒全球化、商业化发展的影响，这在世界公共广播领域是一个普遍存在的现象。在不断壮大的私营广播电视机构的重压下，特别是在以美国为首的商业媒体集团的全球性扩张的威胁下，公共广播必须寻求多种发展策略，才能求得进步。仅仅依靠传统、单一的经营模式，是无法参与日益激烈的跨国市场竞争的，也不可能壮大自身，更无所谓"坚守公共服务的使命"。就此而言，BBC 的新型发展战略——它通过改变经营模式来融入市场、通过国内国外公商分营来强化自身这种"外向型"做法，是一种必然选择，也是一项折衷式创新。

然而，并非所有的公共广播机构都采取了如 BBC 那样的"两分立"、两条腿走路的方法。由于政治、经济、文化等因素的影响不一，亦由于公共广播体制的运行模式各异，各国公共广播机构的转型步伐，有快有慢，有深有浅；在技术进步的影响下，所开拓出的模式也不尽相同，但是多多少少都是以 BBC 为榜样或借鉴、参照它来进行的。在具体操作方面，一些做法与 BBC 亦不乏相似之处。例如，德法和欧洲许多国家的公共广播机构都兼有视听费收入和广告收入。如前所述，德国公共广播 ZDF 还在包括北京在内的世界各地分设演播室，进行海外节目合作；法国电视五台在世界各地广布营销队伍，积极增加海外收入等。不过，这些机构都依然强调公共广播的公益性和服务性。当然，BBC 的新战略对其他国家的公共广播机构来说，或许并非最佳，不是所有公共广播机构都适合模仿 BBC 的模式，也不是所有公共广播机构都具有 BBC 那样的实力，何况媒体的实力往往与国家的政治经济实力相联系。然而，在一个全球化时代，将国际视野纳入竞争意识之中，这对其他公共广播机构来说或许有一定启示作用。

四、"外向型"发展及思考

应该看到，在原来实行纯粹公共广播体制的国家中逐渐开放私营广播电视，在公营机制中纳入商业机制，对公共广播的发展有一定的积极作用。它激发了公共广播机构在节目策划、制作、内容编排等方面的竞争意识，促使其提高服务质量，改进内部管理和外部经营。但是，同样应该看到的是，经过20世纪末期以来私有化、市场化、数字化和全球化的冲击，在不少奉行公共广播体制的国家，公共广播电视已经经历或正在经历一个缓慢的非主流化过程。按照德国学者库普斯（Manfred Kops，2004）的说法，公共广播电视的悲观前景在20世纪90年代初便初露端倪，如今，在许多国家已经成为现实。① 上述"四化"对公共广播发展的影响，从长远来看是正面还是负面，一直有两种不同的看法。在目前的争论中，占上风的是悲观主义者，有人甚至预言，公共广播最终将消亡。

相反的观点则认为，那些对公共广播发展前景的怀疑，更多出于经济和技术角度的考虑，而忽略了社会这个影响传媒生态的最重要因素。首先，在市场经济的新环境中，纵然商业广播电视能够大行其道，但仍然有许多传播的空白点，仍然有大量被商业广播所忽略的领域需要公共广播去关注。公共广播所提供的大众服务、对小众需求的满足、对弱势群体的贴近以及对公共议题的关注，对商业广播来说，可能没有多少商业价值，更谈不上什么利润回报，但是它们过去是、将来也会是公共广播的着力点。其次，非商业的公共广播也是平衡社会的一个重要砝码。公共广播的存在会带给私营广播一定的压力，公共广播的非商业方式以及长期以来在人们心目中建立起来的公信力，是它的一笔财富，也是在市场经济环境中一项可供开发的宝贵资源。最后，公共广播能够提供一个区别于政府和市场的"公共领域"。在日益多元化的社会中，同一性与差异性是共存的。到目前为止，只有公共广播既注重社会的同一性也注重社会的差异性。公共广播也能够为公众舆论和个人见解提供一个公开讨论的平台，一个民主交流的公共场所，这是人们所需要的。这个领域对于提升全体社会成员的文化和教育水平、强化国民意识都是必不可少的。

这一切，正如英国传播学者格雷厄姆·默多克（Graham Murdock）所言，实际上都源于公共广播与商业广播截然不同的受众定位，公共广播将受众称

---

① KOPS M. 公共广播电视及其经济来源分析 [J]. 何勇，编译. 媒介研究, 2004（1）: 24-27.

为"有权享用广泛的文化资源并以此能够积极地参与社会政治生活的公民",而商业广播始终把受众看作是"节目内外所促销的那些商品的潜在消费者"。[①]

然而,所有这些关于公共广播发展前景的争论,都是以民族国家为前提的。当以 BBC 为代表的公共广播机构试图通过引入商业机制来缓解其财政压力,特别是当这种商业机制与"外向型"扩张战略相结合,力求在更广泛的国际市场上获得生存来源时,公共广播的发展已经超越了其自身民族国家的边界,俨然成为跨国势力。也因此,人们所关注的,不再是一国之内公共广播的发展前景如何,商营机制与公共理念是否能够截然分开,公共广播是否会因为改变经营机制而改变了自己的存在性质等问题。公共广播的商营机制+"外向型"扩张战略,显然向人们提出了新的需要思考的问题。

当今世界,信息全球化在国家间带来一系列深刻的矛盾,其中,跨国传播与捍卫国家主权的矛盾、思想政治全球化与民族国家意识以及与民族、宗教意识的矛盾,反应尤为激烈。以 BBC 为代表的公共广播机构虽然缺少了一些如美国媒体巨鲸一样的商业色彩,但是一直被认为沾染了更多与本国政府的联系。由于其背后若有似无的政府之手的作用,亦由于公共广播的意识形态特质,它所携带的不只是所谓的"公共理念",更多的可能还是以西方价值观为底色的文化思想意识。当它跨出国门,面对不同国家、不同的受主权保护的媒体展开"外向型"战略时,难免会遭遇民族国家的政治屏障,遭遇各种民族的、宗教的和文化的阻碍。如果不能跨越这些屏障(特别是在一些民族主义高涨、宗教情绪激烈的国家中,意识形态冲突还很可能会转化为巨大的经济风险),公共广播机构扩大海外市场的努力即使不会完全落空,其成效也多少会打些折扣。

有人认为,公共广播的理念是一种普遍真理,放之四海而皆准,必须在世界范围内加强人们对于公共理念的理解和认识。这些观点背后是否存在明显的自我优越感和先验的绝对真理观,暂且不论,就现阶段而言,即使公共理念立

[①] MURDOCK G. 荧屏和网络:广播电视及创造性公共领域[M]// 中国传播论坛. 北京:中国传媒大学出版社,2003.

意甚佳,对于不同历史背景和发展水平的国家而言,它是否具有普适性和可操作性,是否能够经受住民族国家意识的考验,成为一种普遍的共同信仰,并且成为现实,还有许多疑问。在今天多元化时代,相当多的人信奉的是,新的跨国媒介体系应该是一种多样性下的交流平台,而不应该是某一理念的单行道。

公共广播的全球战略以商业机制为依托,将以赢利为追求的商业机制和以服务为宗旨的公共理念,按国内、国外两个维度分开。在BBC,这种"分立"被特别强调。前述格雷厄姆·默多克的说法是,公共广播和商业广播的区别,根源于两者受众观的不同。如果按照这个逻辑,在公共广播的"外向型"策略中,国外受众(他们同样是受众中的一部分)与其说被视为有权参与社会政治生活的公民,不如说更多地被视为节目促销的商品消费者。公共广播机构同样会更青睐有支付能力的受众,同样会以市场手段解决资源配置的效率问题而非公平问题,它们所遵循的市场竞争理念和扩张路径,与商业广播机构并无二致。从这一点来看,如果不考虑背景和效率的差异,公共广播机构的跨国传播与商业广播集团已然没有太大的区别,不过是全球资本主义经济扩张所链接的另一种文化资本主义扩张运动。

国际传媒市场的游戏规则,从某种意义上说,是由以美国为首的跨国商业传媒集团所规定、由那些传媒巨无霸的兼并和鲸吞行为所演绎的。一旦进入全球化的传媒竞争序列,公共广播机构对于国际市场的依赖程度会不断增加,对商业利润的追求也会不断增强,并且在效率原则的驱使下,公共传媒组织自身(或至少是某一部分)也会逐渐向企业化转型,这几乎是不可避免的趋势。在此情形下,公共广播的"两分立"转型,它的商营机制+"外向型"扩张策略,是一项权宜之计,抑或一项长期战略,究竟伊于胡底,不免引人关注。

很显然,公共广播机构如何能够自如地游走于国内和国际,准确地拿捏公商兼营的平衡态势,既抵御政府的干预,又避免商业利益的侵蚀;既能够获得足够的资金,又能够为公众提供所谓民主的"公共领域",无疑是摆在其面前的一道难题。

是否承认公共广播的存在价值和意义,是否看好其发展前景,或许并不重要;公共广播要用自己的方式证明这一切,这才是最重要的。